사랑하는　　　　　님께

라이프 아티스트
조성민
2025年 5月

숨, 고통 그리고 나
당신의 고통은 더 이상 고통이 아니다
– 철학이 몸에 닿고, 수련이 삶이 되는 순간 치유는 시작된다

출판일 | 2025. 5. 30

글쓴이 | 조성민

편 집 | 조성민, 하루

디자인 | 조성민

출판사 | 작가와

ISBN | 979-11-421-3209-4

*책값은 책 뒤표지에 있습니다.

*이 책의 판권은 저자와 출판사에 있습니다.

*이 책 내용의 전부 또는 일부를 재사용하려면 반드시 저작권자의 서면 동의를 받아야 합니다

"지금 내가 겪은 고통이,
나를 깨우는
스승이었다."

추천의 글

『숨, 고통 그리고 나』는 내가 오랫동안 알고 지낸 조성민 관장님이 삶의 가장 깊은 순간들을 담아낸 기록이다. 나는 이 글을 단지 책이라고 부르기보다, 한 사람의 진심과 고통, 그리고 그 속에서 피어난 통찰이 담긴 '살아 있는 이야기'라고 생각한다.

관장님은 단순히 몸을 단련하는 사람을 넘어, 몸과 마음, 철학과 수련, 고통과 회복을 통합하려는 드문 태도를 지닌 분이다. 그는 수많은 부상과 한계, 불안을 겪으면서도 이를 회피하거나 억누르기보다는, 오히려 그 안에 담긴 메시지를 깊이 듣고자 했다. 그리고 그렇게 살아낸 일상의 경험들을 철학자들의 언어와 삶의 언어를 엮어 이 책에 꾹꾹 눌러 담았다.

책을 읽으며 나는 여러 번 멈춰 서게 되었다. 관장님의 말은 단순한 조언이 아니라, 실제로 몸으로 겪고, 숨으로 견디며 얻어낸 것들이기 때문이다. 그래서인지, 이 책은 '이론'이 아니라 '리듬'으로 읽힌다. 고통을 다루는 태도, 흐름을 회복하는 감각, 이기려는 마음에서 벗어나 존재 자체를 인정하는 그 자세에, 나도 자연스레 숨을 고르게 되었다.

나는 이 책이 지금 이 순간에도 고통 속에 있는 누군가에게, 혹은 자신이 누구인지 잊어버릴 만큼 바쁘게 살아가는 이들에게, 작지만 단단한 위로가 되어줄 것이라 믿는다. 한 사람의 진심이 누군가에게는 방향이 되고 숨이 될 수 있으니까. 고통을 껴안는 법을 배워가는 모든 이들에게, 이 책을 조심스럽게 건넨다.

와이어 주짓수 네트워크 총관장 최 용 원

오늘날 '고통'은 더 이상 피해야 할 것이 아니라, 함께 살아가야 할 감각이 되었다. 『숨, 고통 그리고 나』는 몸과 마음, 철학과 수련을 하나로 엮어낸 책이다. 주짓수 수련자이자 명상 지도자인 조성민 관장은 이 책을 통해 고통을 어떻게 인식하고 회복으로 전환할 수 있는지를 실제 경험과 철학적 통찰로 풀어낸다. 고통은 왜 반복되는가, 우리는 왜 수련을 멈추지 못하는가, 숨은 어떻게 우리를 살리는가—이 책은 이러한 물음에 대한 진지한 성찰이자 실천적 안내서다. 철학이 머리가 아닌 '몸'에서 시작된다는 사실을, 이 책은 명확하게 보여준다.

주짓수매거진 대표 이 수 연

주짓수를 수련하시는 분들이 수없이 많은 연습과 스파링을 거치며 직면할 수밖에 없는 내적 고민과 성찰의 순간들을 섬세하게 포착해낸 책입니다. 그 깊은 여정의 진실을 정교하게 담아냈습니다.

대한민국 최초의 블랙벨트 박 준 영

"많은 사람들은 자신이 누구이며, 무엇을 원하는지 모른 채 살아갑니다. 그래서 삶의 방향을 잃고 방황하기도 합니다. 이 책은 그런 우리에게 무엇보다 '자신을 들여다보는 일'이 얼마나 중요한지를 깨닫게 해줍니다."

대한민국 최초의 여성 블랙벨트 이 희 진

이 책은 투기 종목을 직업으로 삼은 모든 이들이 마주하는 불가피한 현실을 다룹니다. 강함을 추구하는 과정에서 부상이라는 벽에 좌절하는 순간, 우리는 어떻게 앞으로 나아갈 수 있을까요?

어린 시절부터 잘 알고 지낸 조성민 관장님은 이 책을 통해 명상의 놀라운 힘을 전합니다. 그는 부상을 더 이상 적이 아닌 친구로 받아들이는 법, 그리고 그 과정에서 진정한 자아를 발견하는 심오한 여정으로 우리를 안내합니다.

투기 종목에 몸담고 있는 분들은 물론, 인생의 어떤 부상과 좌절 앞에서도 새로운 시각을 찾고자 하는 모든 이에게 이 책을 진심으로 추천합니다.

UFC 해설위원 김 대 환

머리말

숨이 멈췄던 순간들이 있었다. 매일 땀을 흘리며 수련하던 삶 속에서도, 몸은 점점 무너지고 있었고, 마음은 그 사실을 부정하려 애썼다. 고통은 처음엔 피해야 할 대상이었다. 약함의 증거였고, 좌절과 변명의 이유였다. 그러나 지금 나는 안다. 고통은 결코 나쁜 것이 아니다. 어떻게 받아들이고, 어떻게 지나오느냐에 따라 그것은 삶을 완전히 다른 차원으로 끌어올리는 선물이 될 수 있다는 것을.

나는 이 책을 내 지난 수련의 기록이자 작은 회고록으로 시작했다. 하지만 곧 그것이 단지 나의 이야기가 아님을 알게 되었다. 내 몸에 일어난 고통, 의사로부터 들은 전신마비 가능성의 통보, 그 후의 전환—운동 방식뿐 아니라 내면 전체의 재구성이 필요했다. 호흡을 공부하고, 명상을 배우면서 나는 더 깊은 이해를 찾아 인도로 유학까지 떠났다. 그렇게 내 삶은 철학과 무술, 명상과 요리, 음악까지 하나로 이어지기 시작했다. 모든 것은 결국 한 가지 원리로 통했다. '삶은 수련이고, 인간은 라이프 아티스트다.'

나는 이 책을 고통을 겪는 이들에게 바친다. 수련자이면서 동시에 일상에서 부딪히는 보통 사람들. 몸과 마음이 낯설게 느껴지는 이들. 반복되는 하루 속에서 자신이 잊힌 건 아닐까 두려운 이들. 나이가 들면서 체력도 의지도 흔들리는 수련자들. 고통은 우리가 거쳐야 하는 터널이 아니다. 고통은 우리가 함께 살아야 할 친구이며, 그 안에 담긴 메시지를 이해할 수 있다면, 우리는 온전히 살아갈 수 있다.

이 책은 철학책이지만, 동시에 아주 실질적인 이야기다. 나는 쇼펜하우어와 니체, 사르트르, 오쇼, 메를로퐁티, 에픽테토스 같은 철학자들과 동양의 구루들, 그리고 현대 신경과학이나 생리학 등 다양한 과학적 관점들을 함께 참고했다. 더불어 가능한 부분마다 과학적 근거도 덧붙였다. 나는 그들의 언어를 빌려 내 삶을 해석했다. 그리고 그 언어들을 통해 다시 내 몸을 들여다보았다. 이 책은 그 길 위에 쓴 지도다. 이 과정에서 나는 철학을 머리로 공부한 것이 아니라, 내 몸과 숨, 그리고 고통을 통해 배웠다

.수련은 단순히 몸을 단련하는 것이 아니다. 그것은 존재 전체를 조율하는 작업이다. 나의 관절이 아플 때, 나의 감정도 불안정했다. 나의 폐가 얕은 숨을 쉬고 있을 때, 내 삶도 얕은 생각에 갇혀 있었다. 그것을 직시하고 싶었다. 도망치지 않고, 마주보고 싶었다. 나는 숨이 막혔던 그 순간들을 글로 옮기고자 했다.

책을 쓰기 시작한 건, 누군가에게 보여주기 위해서가 아니었다. 내가 그 시간들을 기억하고 싶었기 때문이다. 그 기억은 고통스럽지만 동시에 고마웠다. 지금 내가 존재할 수 있는 이유는, 그 시간들이 있었기 때문이다. 이제 그 이야기를 누군가에게 건네주고 싶다. 이 책이 누군가에게 위로가 되기를, 고통을 통과할 수 있는 작은 다리가 되어주기를 바란다.

고통은 언제나 옳은 방식으로 말하지 않는다. 때로는 불친절하고, 때로는 침묵한다. 하지만 그 안에는 늘 메시지가 있다. 그것을 들을 준비가 되었을 때, 우리는 그 고통을 받아들이고, 그것과 함께 살아갈 수 있다. 나는 그것을 철학자들의 말과 내 삶의 경험으로 풀어냈다.

쇼펜하우어는 『의지와 표상으로서의 세계』에서 "고통은 삶의 본질이다"라고 말한다. 나는 그 문장을 처음 읽었을 때, 가슴이 철렁 내려앉았다. 하지

만 지금은 이해한다. 그것은 절망의 말이 아니라, 가장 진실한 통찰이다. 우리는 고통을 통해 성장한다. 그리고 그 고통을 있는 그대로 받아들일 수 있을 때, 우리는 비로소 삶을 껴안을 수 있다.

이 책은 고통에 대한 철학이자, 숨에 대한 이야기다. 숨은 단순한 생리 작용이 아니다. 그것은 내가 살아 있음을 가장 분명하게 증명하는 움직임이다. 그리고 그 숨이 멈추지 않는 한, 우리는 계속 살아갈 수 있다.

나는 이 책을 사랑하는 가족들과 제자들, 그리고 세상에서 가장 헌신적인 우리 아버지께 바친다. 한평생 묵묵히 일하며 가족을 지키셨고, 지금은 내 아들의 첫 숨을 함께 지켜보셨던 분. 아들이 어떻게 숨을 쉬고 살아가게 되었는지, 그 모든 여정을 당신께 들려드리고 싶다. 가족의 사랑이 없었다면 나는 이 길을 끝까지 걸어올 수 없었고, 제자들의 질문과 침묵이 없었다면 이 책은 존재하지 못했을 것이다. 그리고 지금 이 글을 읽고 있는 당신께도 바친다. 숨이 가쁘고, 고통이 여전히 낯설게 느껴지는 그대에게. 이 책이 당신의 호흡을 가다듬고, 고통을 견디는 데 작은 힘이 되기를 바란다.

숨과 고통 사이에서, 나는 나를 마주했다.

목차

머리말 ...12

1부 나는 왜 계속 아픈가

고통을 철학으로 바라보기 시작할 때 ... 29

1장 운동이 나를 살렸지만, 가끔은 나를 죽이기도 한다 ...30

몸의 반란: 고통이 시작되던 날

왜 이기고 싶을수록, 더 자주 다치는가

고통은 내게 무엇을 말하고 있는가?

몸을 철학으로 다시 읽는 순간

2장 나는 왜 이기고 싶을수록 약해지는가 ...42

불안이라는 이름의 무기력

자기증명의 덫에서 벗어나는 법

흐름의 감각을 회복하는 법

패배는 나를 강하게 만든다

3장 고통은 내게 무엇을 말하고 있는가? ...55

고통은 언제나 먼저 말하고 있다

감각을 되찾는다는 것

몸의 고통은 마음의 언어다

고통은 철학이 되기 위한 문턱이다

2부 몸이 먼저 알고 있는 철학 - 감각과 의지의 언어...67

4장 내 몸이 먼저 알고 있었던 철학 ...68
생각보다 빠른 신호, 몸의 직관

감각이 철학이 되는 순간

철학은 땀에 묻는다

철학은 자세로 말한다

5장 생각을 멈추면, 감각이 철학이 된다 ...82
머리가 멈추고 나서야 들리는 것들

감각은 세계와 나를 잇는 언어다

감각 위에 세워진 의지

생각을 벗어나 감각으로 사는 삶

6장 철학은 글이 아니라 땀에 묻어 있다 ...95
머리로 아는 철학과 몸으로 살아낸 철학

반복은 철학을 새긴다

기술보다 자세가 말해주는 것

다시 서는 자만이 철학을 완성한다

3부 이기는 법보다 지는 법 - 훈련은 내면을 만든다 ...103

7장 수련하는 나, 연결되는 나 ...104
고립된 수련은 없다

연결은 기술이 아니라 감각이다

경계는 단절이 아니라 존중이다

수련은 나와 세계를 조율하는 연습이다

8장 나는 왜 지는 게 두려운가 ...116
패배는 존재를 흔든다

두려움은 무엇을 감추고 있는가

자존감은 조용히 쌓인다

두려움은 사라지지 않지만, 훈련은 계속된다

9장 관계를 조율하는 철학 - 거리, 고독, 그리고 연결 ...125
가까움은 언제나 조율을 요구한다

거리 두기는 고립이 아니라 감각이다

버틴다는 건 흔들리되 무너지지 않는다는 뜻이다

함께 있다는 건 함께 조율한다는 뜻이다

4부 흘러가는 법 - 호흡과 고요, 그리고 회복 ...135

10장 힘이 아니라 흐름을 배우는 순간 ...136

저항을 멈추면 흐름이 보인다

유연함의 힘 – 부드러움이 이기는 역설

힘을 빼는 지혜 – 노력하지 않음의 역설

나를 맡긴다는 것의 용기와 자연스러움

11장 부상은 더 이상 나를 무너뜨릴 수 없다 ...147

부상은 약함의 증거가 아니다

회복은 기술이 아니라 태도다

회복은 몸보다 마음이 먼저 시작한다

다시 움직이기 위한 철학

12장 숨, 고통 그리고 회복 ...159

고통은 사라지지 않는다, 흐를 뿐이다

숨은 몸의 언어다

회복은 숨으로 조율된다

다시 숨을 쉰다는 것의 의미

5부 고통 너머의 삶 - 희망, 긍정, 그리고 통합의 철학 ...173

13장. 삶을 묻는 시간 - 질문이 철학이 되는 순간 ...172

고통을 넘은 자리에서 시작되는 질문

질문이 철학으로 변화하는 순간

질문은 존재를 건드릴 때 힘이 있다

철학은 대답보다 질문의 깊이에 달려 있다

14장. 삶을 수련하는 자, 철학을 넘는다 ...184

철학을 넘는다는 것의 의미

수련은 삶의 모든 순간에서 이루어진다

실천 없는 철학은 방향성을 잃는다

침묵 속의 수련, 철학을 살아내기

15장. 삶을 다시 보는 눈 - 철학은 시선에서 시작된다 ...195

바라보는 방식이 모든 것을 바꾼다

시선의 전환은 훈련을 통해 가능하다

철학은 더 깊은 층위의 인식을 가능하게 한다

인식의 한계를 이해하고 넘어서기

6부 삶을 통합하다 - 표현, 창조, 그리고 확장으로 ...207

16장 나를 다시 세우는 기술 – 자기 재창조의 시작 ...208

무너진 이후, 누구로 다시 설 것인가

삶의 틀을 새로 짠다는 것

나를 리셋하는 기술들

나는 다시 조율된 나로 살아간다

17장 나를 표현하는 힘 – 존재는 드러날 때 완성된다 ...225

표현은 존재의 확장이다

감각이 살아날 때 표현은 시작된다

말보다 깊은 언어 – 침묵, 시선, 몸짓

나는 무엇으로 나를 표현할 것인가

18장. 삶은 메시지다 – 존재는 표현되고, 표현은 남는다 ...242

하루는 나의 문장이다

관계는 나의 방식이다

몸의 배열, 삶의 문장부호

존재를 남기는 언어

7부 삶을 수련하다 – 라이프 아티스트로 사는 법...261

19장 라이프 아티스트란 무엇인가 ...262

고통과 수련, 그리고 회복으로 이어진 여정

수련이 예술이 되기까지 – 존재 방식의 구성

수련은 삶을 어떻게 바꾸는가

라이프스타일이라는 미학

20장 고요 속에서 나를 다시 만난다 ...278

정적(靜寂)

멈춤(停止)

회복(回復)

부활(復活)

고요를 통한 자기 재발견

맺음말 ...288

📘 이 책은 이렇게 읽어주세요

이 책은 단순한 수련기가 아닙니다.
또한 철학서나 자기계발서의 구조를 따르지도 않습니다.
『숨, 고통 그리고 나』는 삶의 고통을 감각하고, 다시 호흡하며,
그 감각을 조율해 나가는 수련의 지도입니다.

✸ 이 책의 구조는 다음과 같습니다

총 7개의 PART와 20개의 장으로 구성되어 있으며,
각 장은 고통과 수련, 회복과 철학, 존재와 표현을 넘나들며
삶을 통합적으로 바라보는 여정을 담고 있습니다.

이 책은 한 방향으로만 읽히는 선형 구조가 아닙니다.
때로는 앞으로, 때로는 뒤로, 지금 가장 필요한 감각이 이끄는 곳을 펼쳐도 괜찮습니다.
그러므로 읽는 방식 또한 특별해야 합니다.

1. '빠르게' 읽지 말아 주세요

이 책은 속도를 위한 책이 아닙니다.
한 장을 하루에 읽어도 좋고, 한 문단을 두고 오래 머물러도 괜찮습니다.
중요한 건 '이해'보다 '느낌'입니다.
글을 통해 떠오른 감각과 호흡, 내 몸의 반응을 먼저 느껴주세요.

2. 생각보다 감각으로

논리적으로 파악하려 하지 마세요.
감정이 반응하고, 몸이 움직이고, 숨이 달라지는 순간을 포착하세요.
글 속 문장이 아니라, 그 문장을 읽는 당신의 자세와 감정이 진짜 텍스트입니다.

3. 반복해서 읽으셔도 좋습니다

이 책은 처음 읽을 때와 두 번째 읽을 때가 다르고,
수련 중 혹은 회복 중 다시 읽을 때마다 다른 감각이 깨어나는 책입니다.
고통의 한복판에 있을 때, 회복의 끝자락에 있을 때,
혹은 그냥 숨이 가쁜 하루 끝에서 이 책을 다시 펼쳐보세요.
그때마다 새로운 통로가 열릴 것입니다.

4. 순서에 얽매이지 마세요

이 책은 물론 체계적으로 구성되어 있지만,
어디든 펼쳐보아도 좋습니다.
당신이 어떤 장을 먼저 마주하든,
그 안에는 고통을 조금 덜어줄 문장이 기다리고 있을 것입니다.
중요한 건 지금, 당신에게 필요한 문장을 만나는 것입니다.

부담 없이, 자유롭게 읽어주세요.

5. 또한 이 책은 일부 문장과 인용이 의도적으로 반복되기도 합니다.
이는 단순한 중복이 아니라, 하나의 사물이나 감정을 다양한 관점에서 바라보는 훈련이기도 합니다.
같은 문장을 새로운 시선으로 다시 만나는 순간,
독자는 고통을 넘어서 사물과 자신을 바라보는 '다른 눈'을 갖게 될 것입니다.

6. 그리고, 당신의 숨을 기억하세요

모든 시작과 끝은 숨입니다.
고통도, 회복도, 철학도 결국 숨에서 출발합니다.
이 책을 읽는 동안 자주 당신의 숨을 인식하세요.
당신이 '살아 있음'을 잊지 않게 해줄 것입니다.

"고통은 사라지지 않는다.
그저 흐를 뿐이다."

1부 나는 왜 계속 아픈가
고통을 철학으로
바라보기 시작할 때

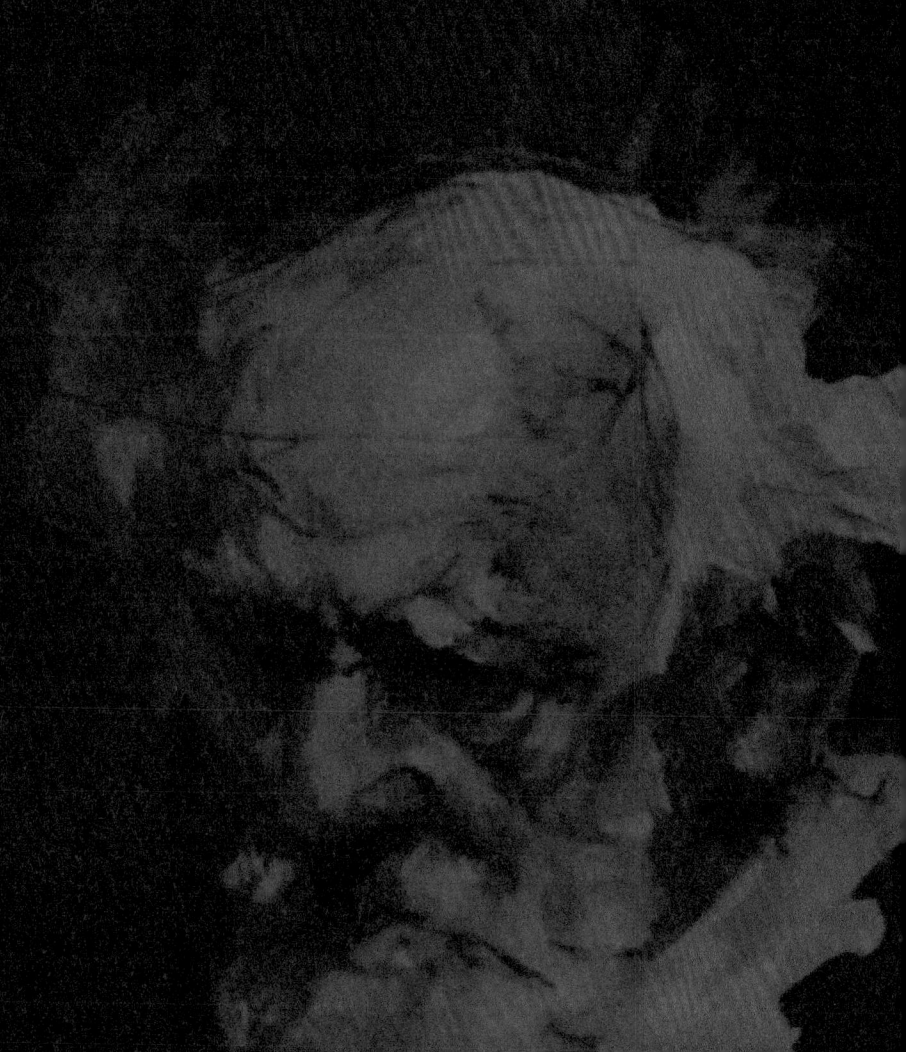

1부 나는 왜 계속 아픈가
– 고통을 철학으로 바라보기 시작할 때

1장. 운동이 나를 살렸지만, 가끔은 나를 죽이기도 한다

"子曰: 過猶不及." — 공자는 말했다. "지나친 것은 미치지 못한 것과 같다."

옛날 중국에 활을 잘 쏘는 궁사가 있었다. 그는 누구보다 멀리, 정확하게 화살을 날리는 솜씨로 명성을 날렸지만, 어느 날 큰 실수를 하고 말았다. 더 멀리 쏘고 싶다는 욕심에 그는 활의 줄을 이전보다 더 강하게 당겼고, 결국 줄이 끊어지면서 활은 부서지고, 그는 자신까지 다치고 말았다. 승부욕과 집착이 만든 결과였다. 이를 본 스승은 조용히 말했다. "활은 적당히 당겨야 멀리 나간다. 너무 세게 당기면 활도, 사람도 다친다."

1절. 몸의 반란: 고통이 시작되던 날

운동은 내게 언제나 구원이었다. 삶의 의미를 찾지 못하고 방황하던 시절에도, 가장 어두운 밤을 지나던 순간에도, 운동장에서 흘리는 땀방울만큼은 내 존재를 증명해주었다. 몸이 땀을 흘릴 때마다, 세상은 다시 정돈되었고, 나 자신은 온전해졌다. 복잡한 감정도, 해결되지 않은 문제들도, 격렬한 움직임 속에서 잠시나마 사라졌다. 해가 뜨기 전 새벽달처럼 희미하게 빛나던 내 영혼이, 운동을 통해 다시 밝게 빛났다. 그러나 언젠가부터 그 운동이, 나를 회복시키는 대신 천천히 파괴하고 있다는 느낌이 들기 시작했다.

처음은 사소한 통증이었다. 누구나 경험하는 근육통인가 싶었다. 하지만 점점 그 양상이 달라졌다. 목과 어깨에 지속적인 통증이 있었고, 팔꿈치에서 손끝까지 찌릿한 저림과 무거운 느낌이 동반되었다. 팔을 올리거나 움직일 때마다 통증이 심해졌다. 아침에 일어났을 때, 침대에서 몸을 일으키는 동작조차 버거워졌고, 훈련 중에는 자꾸만 신경이 쓰였다. 익숙했던 기술이 어긋나고, 리듬이 깨지며, 결국 내 마음까지 흔들리기 시작했다.

통증은 처음엔 작은 속삭임이었다가, 점차 분명한 경고로, 그리고 마침내는 비명으로 바뀌었다. 그런데도 나는 듣지 않았다. 아니, 듣기를 거부했다. '프로는 아픈 걸 참는 거야', '꾹 견디면 언젠가 좋아질 거야', '강한 사람은 포기하지 않아'—이런 독백들이 통증보다 더 크게 들렸다. 그렇게 몸의 신호를 무시한 대가는 참혹했다.

결국 수술대에 올랐고, 의사는 더 이상 운동을 하면 전신마비가 올 수 있다고 경고했다. 한 순간에 나의 정체성, 나의 삶의 의미, 나의 열정이었던 것이 금지된 영역이 되어버렸다. 전생에 지은 죄라도 있는 걸까, 이런 형벌을 받게 된 건.

'왜 자꾸 부서지는 걸까?' 몸은 예전처럼 회복되지 않았다. 젊었을 땐 한 번 넘어져도 다시 일어나는 게 쉬웠다. 그러나 지금은, 한번 무너지면 그 잔해 위에 다시 서는 게 너무 오래 걸렸다. 간단한 감기도 몸 전체를 뒤흔들었고, 작은 타박상도 오래도록 남았다. 반복되는 부상과 회복 사이에서, 나는 점점 불안해졌다. 내 몸이 더 이상 나를 지켜주지 않는다는 생각. 그건 단순한 신체적 문제를 넘어서, 존재의 균열로 다가왔다.

쇼펜하우어는 『의지와 표상으로서의 세계』에서 이렇게 말했다. "개체로서 존재한다는 것은 고통받는다는 것을 의미한다." 고통은 삶의 부속물이 아니라, 존재 그 자체를 구성하는 본질의 일부라는 말이다. 처음엔 받아들이기 힘든 문장이었다. 하지만 통증이 일상이 되고 나니, 이 말은 더 이상 사변이 아니었다. 매일 아침, 몸이 신호를 보내는 순간마다, 나는 그 의미를 체감했다.

몸이 무너지는 순간, 나를 구성하는 모든 것들—자신감, 목표, 정체성, 희망—도 함께 무너졌다. 내가 누구인지, 무엇을 위해 살아가는지, 이 고통에 어떤 의미가 있는지, 모든 것이 흔들렸다. 그리고 그 흔들림 속에서, 나는 처음으로 몸과 마음이 얼마나 깊이 연결되어 있는지를 깨달았다.

2절. 왜 이기고 싶을수록, 더 자주 다치는가

경기 전, 나는 종종 스스로에게 물었다. "이번엔 반드시 이겨야 해. 왜냐하면…" 그 뒤엔 다양한 이유들이 붙었다. 지난번 패배에 대한 복수, 주변의 기대, 내 존재를 증명하고 싶은 욕망. 그런데 그럴수록, 경기 중 나는 더 자주 다쳤다. 이기고 싶은 마음이 강할수록 몸은 더 긴장했고, 그 긴장은 움직임을 방해했다.

우리 몸은 의도와 결과 사이에 미묘한 간극을 만든다. 지나치게 원하는 순간, 오히려 더 멀어지는 역설. 활을 너무 세게 당기면 오히려 정확도가 떨어지는 것처럼, 승리를 향한 지나친 욕망은 몸을 경직시키고, 그 경직은 부상으로 이어진다. 내가 가장 최고의 경기력을 발휘했던 순간들을 되돌아보면, 그건 언제나 승패에서 자유로웠을 때였다. 결과보다 과정에, 판단보다 현재에 집중했던 그 순간들.

운동을 오래 해온 사람이라면 한 번쯤 경험했을 것이다. '내가 이기고 싶어 하는 순간, 내 몸은 나를 배신한다.' 기술은 굳고, 호흡은 빨라지며, 눈은 상대를 보는 것이 아니라 두려움을 바라본다. 이상하게도, 놓아버렸을 때 오히려 더 잘 풀리는 경우가 많다. 그것은 마치 고요 속에서 나오는 어떤 흐름 같다. 이기려는 의지보다 더 깊은 차원의 에너지가 있다.

어느 날 무심코 넘기던 유튜브에서 알고리즘이 추천한 영상 하나가 내 시선을 사로잡았다. 대략 80, 90세로 보이는 작은 체구의 할아버지가 자신의 두 배는 되는 젊고 힘센 사람을 유도로 가볍게 제압하는 모습이었다. 그 할아버지의 동작은 물 흐르듯 부드러웠고, 상대방의 힘을 그대로 이용하는 것처럼 보였다.

영상이 계속 재생되자 인터뷰 장면이 나왔다. 진행자가 "어떻게 그렇게 힘의 차이를 극복할 수 있나요?"라고 물었다. 할아버지는 카메라를 정면으로 바라보며 대답했다. "이기려 하지 마세요. 흐름을 느끼고 그 안에 있으세요. 승리는 그 뒤에 따라옵니다."

그 순간 전율이 흘렀다. 그의 말이 마치 내게 직접 하는 것처럼 가슴에 와 닿았다. 우주의 어떤 힘이 내게 필요한 메시지를 정확히 그 순간에 전달한 것 같았다. 나의 고통과 투쟁, 승리에 대한 집착이 스크린 너머로 보인 것일까. 모르는 사람의 인터뷰였지만, 그 메시지는 정확히 내가 그 순간 깨달아야 할 진실이었다.

쇼펜하우어는 말한다. "우리는 원하는 것을 통해 행복해지는 것이 아니라, 욕망으로부터 자유로울 때 평온에 이른다." 이기고 싶은 마음이 나를 움직이는 듯 보이지만, 실은 그 마음이 나를 구속하고 있었던 것이다. 나는 '이겨야 한다'는 신념으로부터 벗어나야 했다. 그래야 다시 자유로이 흐를 수 있었다.

공자 역시 『논어』에서 경쟁에 대해 이렇게 말한다. "子曰: 君子無所爭, 必也射乎! 揖讓而升, 下而飮, 其爭也君子。" — "군자는 다투지 않는다. 굳이 겨룬다면 활쏘기 정도일 것이다. 공손히 인사하며 올라가 활을 쏘고, 내려와 함께 술을 마신다. 이것이 군자의 경쟁이다." 이 구절은 우리에게 이김보다 중요한 것이 있다는 사실을 일깨워 준다. 진정한 경쟁은 상대를 이기기 위한 것이 아니라, 자신을 이해하고, 흐름 속에서 나를 지키는 싸움이다. 이기려는 집착이 나를 해치기 전에, 나는 경쟁의 의미를 다시 생각해야 했다.

마지막 큰 부상 이후, 나는 오랜 시간 병상에 누워 생각했다. '왜 그토록

이기려 했을까?' 승리가 가져다줄 것이라 믿었던 행복과 인정은 무엇이었을까? 그 물음들을 따라가다 보니, 내 안의 공허함이 보였다. 이기고 싶었던 건, 어쩌면 그 공허를 채우고 싶었던 욕망이었을지도 모른다. 하지만 역설적으로, 그 욕망이 내 몸을 무너뜨렸다. 이기려는 마음이 클수록, 나는 정작 내 몸과의 싸움에서 패배했다.

3절. 고통은 내게 무엇을 말하고 있는가?

통증은 단순한 신체의 고장이 아니다. 오히려 신체는 가장 먼저 진실을 알려주는 정직한 존재다. 마음은 스스로를 속일 수 있어도, 몸은 결코 거짓말을 하지 않는다. 고통은 그런 몸의 언어다. 우리가 그 소리를 듣지 않으려 할 때, 그것은 더 커지고, 더 강하게 울린다.

우리는 보통 증상만 치료하려 한다. 두통이 있으면 진통제를 먹고, 근육통이 있으면 파스를 붙인다. 그러나 고통의 메시지는 거기서 끝나지 않는다. 그것은 내 삶의 균형이 깨졌다는 신호일 수 있고, 내가 잘못된 방향으로 가고 있다는 경고일 수도 있다. 몸은 마음보다 현명하다. 마음이 아직 알아차리지 못한 것을, 몸은 이미 깨닫고 있다.

고통은 언제나 뭔가를 말하고 있다. 쉬라는 신호일 수도 있고, 방향을 바꾸라는 요청일 수도 있다. 혹은 내면 깊숙한 감정—두려움, 분노, 좌절—이 물리적 형태로 드러난 것일 수도 있다. 그런데 우리는 그걸 무시하고, 참아내고, 덮어두려 한다. 고통은 피해야 할 것이 아니라, 읽어야 할 메시지다.

동양 의학에서는 신체의 각 부위가 특정 감정과 연결되어 있다고 본다. 간은 분노, 폐는 슬픔, 신장은 두려움과 관련이 있다는 것이다. 서양 의학에서도 스트레스와 여러 질병의 연관성을 인정한다. 몸과 마음은 별개의 것이 아니라, 하나의 시스템이다. 내 어깨의 통증은 짊어진 책임의 무게를, 허리 통증은 삶의 부담을, 목의 경직은 표현되지 못한 감정을 나타낼 수 있다.

니체는 『도덕의 계보』에서 말한다. "모든 고통은 해석을 요구한다." 그 말처럼, 고통은 단순한 감각이 아니다. 그것은 우리의 존재를 다시 읽게 만드는, 일종의 텍스트다. 문제는 우리가 그 텍스트를 읽는 법을 배우지 못했다는 것이다. 그래서 우리는 늘 회피하거나, 억누르거나, 아니면 과장한다.

수련 중 어느 날, 한 제자가 다리 통증을 호소하며 내게 물었다. "그냥 참고해도 되나요?" 나는 대답하지 않고 되물었다. "그 통증이 뭐라고 말하는 것 같아?" 그는 멈칫하다가 대답했다. "쉬고 싶다고요… 아니, 좀 더 정확히 말하면…" 내가 그에게 말했다. "쉬고 싶다는 건 맞는 것 같은데 내가 보기엔 그 작은 것만 봐도 네가 억지로 살고 있는 것처럼 보여." 그 답은 단순한 신체적 통증을 넘어서는 것이었다. 그리고 나는 알았다. 우리는 몸을 통해 감정을 말한다. 고통은 억압된 진실의 화자다.

나의 경우, 오랜 재활 기간 동안 처음으로 내 몸의 소리에 귀 기울이기 시작했다. 아침에 일어나 천천히 몸을 살피고, 하루 중 여러 번 호흡을 느꼈다. 처음엔 아무것도 들리지 않았다. 무슨 말을 듣고 싶었는지도 몰랐다. 그저 침묵만이 가득했다. 하지만 시간이 지나면서, 점점 미세한 신호들이 감지되기 시작했다. 이 자세는 편안하고, 저 자세는 긴장된다. 이 활동은 에너지를 준다. 저 활동은 에너지를 빼앗아간다. 그렇게 조금씩, 나는 내 몸의 언어를 배우기 시작했다.

고통을 해석한다는 건, 단지 의학적 지식을 적용하는 일이 아니다. 그것은 삶의 리듬을 다시 듣고, 나의 위치를 돌아보는 일이다. 고통은 방향을 바꾸라는 사인이고, 멈춰야 할 때를 알리는 경고다. 혹은 지금 이 길이 내 것이 아닐 수도 있다는 조용한 통찰이다.

때때로 고통은 너무 커서, 아무 말도 들리지 않는다. 그럴 땐 몸을 다정하게 바라보는 것부터 시작해야 한다. 관절이, 근육이, 호흡이 내게 말을 걸고 있다는 걸 믿고, 그걸 읽는 법을 연습해야 한다. 그것이 바로 이 책이 말하고자 하는 수련의 본질이다.

고통을 두려워하지 마라.

고통은 우리에게 늘 중요한 말을 하고 있다.

4절. 몸을 철학으로 다시 읽는 순간

몸은 단지 움직이는 기계가 아니다. 그것은 철학의 첫 번째 교과서이자, 삶을 가장 구체적으로 드러내는 언어다. 많은 철학이 책상 위에서 시작됐지만, 가장 절실한 철학은 몸을 통해 발견된다. 땀이 나고, 숨이 가빠지고, 근육이 떨릴 때, 우리는 가장 솔직한 나를 만난다.

프랑스 철학자 메를로-퐁티는 "세계에 대한 우리의 첫 번째 접근은 몸을 통해서"라고 말했다. 즉, 우리는 생각을 통해서가 아니라, 몸의 경험을 통해 세계를 이해한다는 것이다. 아이가 불을 만지고 뜨거움을 경험하는 순간, 세계의 한 측면을 이해하게 되는 것처럼, 우리의 모든 지식은 결국 신체적 경험에 뿌리를 두고 있다.

어느 날, 거울을 보며 자세를 교정하던 중 문득 이런 생각이 들었다. '나는 지금 이 자세로 누구에게 보여지고 싶은 걸까?' 완벽한 자세, 멋진 기술, 강한 체력. 이 모든 것이 어쩌면 외부의 시선을 의식한 결과는 아닐까? 내가 원하는 게 아니라, 원하는 사람처럼 보이고 싶었던 건 아닐까?

운동은 단순한 신체 활동을 넘어선다. 그것은 나 자신과의 대화이고, 세계와의 관계 맺기이다. 왜 이 운동을 선택했는지, 어떤 가치를 추구하는지, 그리고 그 과정에서 어떤 자아를 만들어가는지—이 모든 것이 철학적 질문이다. 우리의 움직임에는 우리의 세계관이 담겨있다.

그 순간, 나는 알았다. 몸은 나의 철학적 거울이라는 사실을. 내가 어떻게 서 있는지, 어떻게 숨 쉬고 있는지, 어떻게 반응하는지를 보면, 내가 지금 어떤 생각을 하고 있는지, 어떤 두려움을 품고 있는지 알 수 있다. 몸은 마음보다 먼저 반응하고, 그 반응은 진실을 드러낸다.

오쇼는 『몸에 귀 기울이는 법』에서 이렇게 말한다. "몸은 영혼의 문지기다. 몸을 통하지 않고는 영혼에 다가갈 수 없다." 정신을 수련하려면, 반드시 몸부터 들어야 한다는 것이다. 나 역시 운동을 통해 마음을 배웠고, 호흡을 통해 철학을 다시 쓰게 되었다.

불교에서는 '몸 챙김'이라는 수행이 있다. 현재 순간에 몸의 감각에 주의를 기울이는 것이다. 그 단순한 행위를 통해 우리는 영원한 진리에 닿을 수 있다고 가르친다. 몸이 지금 여기에 있기 때문에, 몸에 집중하면 자연스럽게 현재에 머물게 된다. 그리고 그 현재 속에서, 우리는 존재의 본질을 경험한다.

많은 사람들이 몸을 도구로, 혹은 장애물로 바라본다. 마치 영혼을 가두는 감옥처럼. 그러나 진정한 수행자에게 몸은 도구도, 장애물도 아닌, 바로 깨달음의 길 그 자체다. 몸이 아프고, 늙고, 결국 사라진다는 사실이야말로, 우리가 배워야 할 가장 중요한 진리다.

이제 나는 운동을 더 이상 퍼포먼스로 보지 않는다. 그것은 내면의 상태를 비추는 리트머스이고, 삶의 방향을 가늠하는 나침반이다. 몸의 떨림 하나에도 메시지가 담겨 있고, 그 안에 고요히 앉아 있으면 철학은 저절로 태어난다.

몸의 고통조차 이제는 다르게 보인다. 통증은 더 이상 적이 아니다. 그것은 위대한 스승이다. 우리가 보지 못하는 것을 보게 해주고, 듣지 못하는 것을 듣게 해주는. 모든 위대한 성자들이 고통을 통과했듯이, 우리도 통증을 통해 더 깊은 자아로 나아갈 수 있다.

몸을 철학으로 읽는 순간, 우리는 고통조차 달리 보게 된다. 그것은 실패나 고장이 아니라, 더 깊은 나로 이끄는 초대장이다. 그 초대를 받아들이는 순간, 우리는 비로소 운동을 넘어 삶 전체를 수련하게 된다.

이것이 이 장의 끝이자, 다음 장의 시작이다. 고통은 우리를 깨뜨리기 위해 오지 않는다. 고통은 우리 삶에 낯선 물음을 던지는 속삭임이다. 방향을 묻고, 멈춤을 권유하며, 우리가 잠시 잊고 있던 진실을 조용히 떠올리게 만든다.

2장. 나는 왜 이기고 싶을수록 약해지는가

將欲取天下而爲之, 吾見其不得已。天下神器, 不可爲也, 不可執也。爲者敗之, 執者失之。是以聖人無爲, 故無敗；無執, 故無失。夫物或行或隨, 或噓或吹, 或强或羸, 或載或隳。是以聖人去甚, 去奢, 去泰.

세상을 얻고자 하고 그것을 인위적으로 다스리려 하면, 나는 그가 성공하는 것을 본 적이 없다. 세상은 신성한 그릇과 같아서 함부로 다룰 수 없으며, 붙잡으려 하면 오히려 잃게 된다. 무리하게 하려는 자는 실패하고, 집착하는 자는 결국 놓치게 된다. 그러므로 성인은 인위적으로 행하지 않기에 실패하지 않고, 집착하지 않기에 잃지 않는다. 만물은 어떤 것은 나아가고 어떤 것은 뒤따르며, 숨을 들이마시고 내쉬듯, 강하기도 하고 약하기도 하며, 들어 올려지기도 하고 무너지기도 한다. 그러므로 성인은 지나침과 사치, 교만을 버린다.

— 『도덕경』 29장

1절. 불안이라는 이름의 무기력

이기고 싶다는 마음은 표면적으로는 강력한 의지처럼 보인다. 하지만 그 안을 들여다보면, 불안이라는 정서가 그 중심에 웅크리고 있는 경우가 많다. 우리는 불안해서 더 열심히 하고, 불안해서 더 강해지고 싶어 한다. 하지만 그 불안이 지나치면, 몸은 단단해지는 게 아니라 경직되고 만다.

내가 처음 격투기를 시작했을 때는 순수한 호기심이었다. 몸을 움직이는 것 자체가 즐거웠고, 매 순간의 발전이 신기했다. 언제부터인가 '이겨야 한다'는 생각이 그 즐거움을 대체했다. 타인의 시선, 내 안의 기대, 그리고 점점 커져가는 불안이 그 뒤를 따랐다. 승리를 갈망하면 할수록, 나의 몸은 역설적으로 더 무거워졌다.

경기장에 들어서기 전, 가슴이 터질 듯 뛰는 그 순간을 기억한다. '지면 안 돼'라는 생각이 나를 지배한다. 상대보다 더 많이 준비했고, 더 오래 훈련했지만, 이상하게도 몸이 말을 듣지 않는다. 어깨는 무겁고, 손끝이 차가워진다. 머릿속엔 수없이 반복한 기술들이 있었지만, 막상 몸은 멈춰 있다. 이것이 바로 이기고 싶을수록 약해지는 현상의 첫 번째 징후다.

밀란 쿤데라는 『참을 수 없는 존재의 가벼움』에서 '가벼움'과 '무거움'이라는 두 개념을 통해 삶의 모순을 설명한다. 무거움은 진지함, 책임감, 의무감을 상징한다. 반면 가벼움은 자유, 해방, 놀이의 세계다. 우리는 종종 무거움을 택하여 자신을 옭아매지만, 정작 그 무거움이 우리를 질식시킨다는 사실을 잊는다. 경기에서 이기고자 하는 열망이 클수록, 그 무거움은 더해지고 역설적으로 승리의 가능성은 줄어든다.

우리는 종종 이기고 싶다는 감정을 동기부여로 포장한다. 하지만 그 감정이 마음의 깊은 곳에서 기인한 '지면 나는 끝이다'라는 절망감에서 비롯되었다면, 그것은 의지가 아니라 공포의 다른 이름이다. 몸은 그 공포를 감지하고, 전투가 아닌 방어의 자세로 들어간다. 주짓수에서 방어의 자세는 곧, 리듬을 잃는다는 의미다.

불안은 단순한 마음의 상태가 아니다. 그것은 온몸에 스며든다. 호흡이 얕아지고, 근육이 경직되며, 시야가 좁아진다. 이런 상태에서는 아무리 뛰어난 수련자라도 제대로 된 수련을 할 수 없다. 왜냐하면 몸이 이미 패배를 예상하고 반응하기 때문이다. 몸은 결코 거짓말을 하지 않는다. 마음이 불 안하면, 몸이 먼저 알아차린다.

이기려는 마음이 불안에서 비롯되면, 우리는 흐름을 타지 못한다. 흐름은 억지로 만들어지는 것이 아니다. 그것은 자신을 믿고, 상대를 읽고, 타이밍을 기다리는 여유에서 만들어진다. 하지만 불안은 그 여유를 허락하지 않는다. 오히려, 상대가 아닌 나 자신을 계속 의식하게 만든다.

때로는 내게 가장 친절했던 코치의 목소리가 들리는 것 같다. "호흡을 느껴라. 지금 이 순간을 느껴라." 불안에 사로잡혔을 때, 우리는 현재에 있지 않다. 미래의 결과, 혹은 과거의 실패에 갇혀 있다. 그 상태에서는 자연스러운 흐름이 불가능하다. 현재에 돌아오는 가장 확실한 방법은 호흡이다. 깊고 천천히 들이마시고 내쉬는 호흡은 우리를 지금 이 순간으로 데려온다.

니체는 『차라투스트라는 이렇게 말했다』에서 이렇게 이야기한다. "너는 네 가장 큰 적을 알고 있느냐? 그것은 너 자신이다." 불안에 휘둘리는 나는, 결국 나 자신과의 싸움에서 무너진다. 상대가 나를 무너뜨리는 것이 아니라, 내 안의 두려움이 내 발을 걸고, 내 어깨를 무겁게 한다.

불안의 반대는 평온함이다. 그것은 승리에 대한 확신이 아니라, 과정에 대한 신뢰다. 이기든 지든, 나는 여전히 나이며, 이 과정은 여전히 의미 있다는 깨달음. 그 깨달음이 있을 때, 비로소 몸은 자유롭게 움직일 수 있다. 불안은 자기 자신으로부터의 분리를 의미한다. 평온함은 자기 자신과의 재회다.

이기려는 마음은 결국 지면 나는 존재 가치가 사라진다는 믿음에서 비롯된다. 그것은 단순한 승부를 넘어 존재론적 위기로 연결된다. 그래서 우리는 몸을 망가뜨려서라도 이기고 싶어 한다. 하지만 진짜 강한 사람은, 이겨야만 존재할 수 있다는 믿음으로부터 자유로운 사람이다.

한번은 무릎이 좋지 않은 상태에서 시합에 나간 적이 있다. 의사는 분명히 말했다. "더 악화되면 걷기조차 힘들어질 수 있다." 그런데도 포기할 수 없었다. 왜? 이 시합에서 이기지 못하면 나는 무엇인가? 그 물음이 두려웠다. 결국 경기는 이겼지만, 무릎은 완전히 망가졌다. 승리는 일시적이었고, 고통은 지속적이었다. 그때 비로소 깨달았다. 이기고 싶은 마음은 결국 두려움이었다는 사실을.

훈련 중 한 제자가 이렇게 말했다. "저는 자꾸 스스로를 시험하게 돼요. 이걸 못 하면 나는 아무것도 아니라고 생각해요." 그 말은 내게 오래 남았다. 그 말 뒤에는, 어릴 적부터 축적된 수많은 비교와 평가의 시선들이 떠올랐다. 우리 대부분은 그런 시선 속에서 자라왔다. 그래서 더 잘하고 싶어하고, 더 인정받고 싶어하고, 결국은 이기고 싶어진다.

그러나 그 마음은 언젠가 나를 무너뜨린다. 이기고 싶을수록 약해지는 건, 단지 몸이 긴장하기 때문이 아니다. 그 마음의 근원이 '불안'이기 때문이다. 이제 우리는 그 불안을 마주보고, 그것을 받아들여야 한다. 이겨야만 내가 존재할 수 있다는 믿음에서 벗어나, 존재하는 것 자체로 충분하다는 평온한 자리로 나아가야 한다.

한 노장의 이야기를 들은 적이 있다. 그는 제자에게 물었다. "그림자를 없애려면 어떻게 해야 할까?" 제자는 온갖 방법을 시도했지만 실패했다. 그러자 노장이 말했다. "그림자를 없애려고 하지 마라. 그늘 속으로 들어가거나, 해가 질 때까지 기다리면 된다." 불안 역시 마찬가지다. 그것을 없애려고 애쓰지 말고, 그 불안을 품은 채로 지금 이 순간에 머물러 있으면 된다. 그때 비로소, 우리는 이기기 위한 싸움이 아니라 흐름 속에서 살아 있는 싸움을 할 수 있게 된다.

2절. 자기증명의 덫에서 벗어나는 법

어떤 순간에도 우리는 끊임없이 '증명'하려 한다. 누군가에게, 세상에게, 심지어는 자신에게조차. "나는 괜찮은 사람이다." "나는 이겨낼 수 있는 사람이다." 이 말들은 스스로를 다독이기 위한 작은 숨결과도 같다. 이 모든 문장 뒤에는 '아직 인정받지 못했다는 전제'가 깔려 있다.

이 인정받지 못했다는 감각, 증명해야 한다는 압박감은 어디서 오는 것일까? 아마도 그것은 우리 모두가 경험하는 근원적인 불안, 즉 '내가 충분하지 않다'는 느낌에서 비롯될 것이다. 승리와 성공은 그 불안을 잠시 덮어주는 담요 같은 역할을 한다. 하지만 그것은 일시적일 뿐, 곧 다시 증명해야 한다는 압박이 찾아온다.

그러니 이기고 싶을 수밖에 없다. 이기면 내가 옳았다는 증거가 되고, 지면 모든 노력이 부정당하는 듯한 느낌이 들기 때문이다. 하지만 그 증명욕구가 극에 달할수록, 우리는 오히려 흔들리기 시작한다. 내가 누구인지보다, 내가 어떻게 보여야 하는지가 중요해지기 때문이다.

프랑스 철학자 사르트르는 "인간은 자신이 만들어가는 것 이외에 아무것도 아니다"라고 말했다. 이 말은 우리가 본질적으로 비어있으며, 스스로를 정의해야 하는 존재라는 뜻이다. 그러나 이 자유는 불안을 동반한다. 끊임없이 자신을 증명해야 한다는 압박감. 그래서 많은 사람들이 편안함을 위해 타인이 정의한 자아상을 받아들인다. "챔피언", "승자", "최고의 선수"와 같은 라벨들. 하지만 그런 정의는 결국 우리를 속박한다.

그때부터 우리의 싸움은 상대와의 싸움이 아니라 이미지와의 싸움이 된다. 관객, 코치, SNS 속 타인의 기대, 과거의 나… 수많은 눈 앞에서 '나'를 증명해야만 한다는 압박은, 결국 나를 더 작게 만든다. 불안의 구조는 언제나 확장을 가장한 수축이다. 우리는 더 큰 존재가 되려는 순간, 더 작은 감옥에 갇힌다. 이런 구도 속에서 승리는 잠시 안도감을 주지만, 곧 다음 증명을 위한 압박으로 이어진다. 패배는 더 큰 불안과 자기 의심을 낳는다. 이 순환은 언제 끝날까? 아마도 우리가 "증명할 필요가 없다"는 사실을 받아들일 때일 것이다.

에리히 프롬은 『현대인의 자기 파괴』에서 말한다. "우리는 자아를 방어하려는 강박 속에서, 오히려 가장 중요한 자기를 놓치고 만다." 증명하려는 순간, 진짜 나는 사라지고, 만들어진 나만이 남는다. 운동과 수련이 '진짜 나'와 마주하는 과정이라면, 자기증명의 집착은 그 과정을 가로막는 커튼과도 같다.

한번은 시합 직전, 한 선수가 과도한 긴장 상태에 빠진 것을 본 적이 있다. 그는 처음으로 중요한 대회에 출전했고, 모든 것을 증명하고 싶어했다. 코치의 기대, 가족의 지지, 그리고 자신에 대한 의심. 그는 이 모든 것을 단 한 번의 경기로 해결하려 했다. 결과는? 그는 기본적인 움직임조차 제대로 하지 못했다. 자신을 증명하려는 압박감이 그의 몸을 멈추게 한 것이다.

주짓수를 수련하다 보면, 기술을 완벽히 구사해야 한다는 압박에 시달리는 사람들을 자주 본다. 자세 하나가 틀어지면 마치 존재 자체가 무너지는 것처럼 괴로워한다. 그런데 아이러니하게도, 그런 상태에서는 기술이 더 어긋난다. 몸은 경직되고, 시야는 좁아지며, 리듬은 끊어진다. 자기증명의 욕망은 수련을 방해한다.

이런 현상은 운동에만 국한되지 않는다. 학생들의 시험 불안, 연주자들의 무대 공포증, 직장인들의 발표 스트레스… 모두 같은 원리다. 내가 충분히 좋은 사람이라는 것을 증명해야 한다는 압박이 오히려 그 증명을 불가능하게 만든다.

그렇다면 우리는 어떻게 이 덫에서 벗어날 수 있을까? 방법은 단순하지만 어렵다. 증명하려는 마음을 내려놓는 것. 그것은 패배를 받아들이는 것이 아니라, 나를 있는 그대로 마주하는 용기다. 패배에도 무너지지 않는 자존감, 흔들려도 사라지지 않는 자기 확신. 이것이 자기증명 없이도 견고한 사람의 특징이다.

자기증명의 덫에서 벗어나는 첫 번째 단계는 자신의 내면에 귀 기울이는 것이다. 왜 나는 이기고 싶은가? 진짜 나는 무엇을 원하는가? 이 질문들은 표면적인 욕망 아래 숨겨진 진짜 동기를 드러낸다. 때로는 그것이 인정받고 싶은 마음, 사랑받고 싶은 마음, 안전하고 싶은 마음일 수 있다. 그 마음을 인정하고 받아들이는 것, 그것이 자기증명의 강박에서 벗어나는 시작이다.

두 번째 단계는 과정에 집중하는 것이다. 결과가 아니라 지금 이 순간의 경험, 배움, 성장에 초점을 맞추는 것. 승패는 우리가 통제할 수 없는 영역이지만, 우리의 노력과 태도는 통제할 수 있다. 그래서 진정한 무술가들은 기술 자체보다 '마음가짐'을 더 중요하게 여긴다.

마지막으로, 실패를 두려워하지 않는 용기가 필요하다. 사실 실패는 그 자체로 우리를 망가뜨리지 않는다. 실패에 대한 우리의 해석이 우리를 망가뜨린다. 실패를 존재의 위기로 받아들이는 대신, 성장의 기회로 보는 시각이 필요하다. 그래야 비로소 자기증명의 굴레에서 벗어날 수 있다.

나는 이제 수련 앞에서 이렇게 스스로에게 묻는다. "오늘의 나는, 어제보다 더 자유로운가?" 더 강한가가 아니라, 더 자유로운가. 그 자유가 있을 때, 비로소 몸도 마음도 흐를 수 있다. 이 흐름 속에서는 이기고 지는 문제조차도 다르게 보인다. 그저, 나를 온전히 써본 하루였는가가 중요해진다.

자기증명의 싸움을 멈추는 순간, 우리는 처음으로 자기 자신을 이해하기 시작한다. 그 이해는 우리를 약하게 만들지 않는다. 오히려 더 단단하게,

더 깊이 있게 만들어준다. 불교에서 말하는 '무아(無我)'의 개념처럼, 증명할 자아가 없을 때 비로소 진정한 자유와 평화가 찾아온다.

3절. 흐름의 감각을 회복하는 법

운동은 리듬이다. 강약이 있고, 밀고 당김이 있으며, 정지와 전진이 하나의 흐름을 이룬다. 하지만 불안하거나 과도하게 집중하면 그 리듬은 깨진다. 몸은 준비되어 있어도, 마음이 흐르지 않으면 기술은 흘러나오지 않는다.

동양의 철학에서는 이런 흐름을 '기(氣)'라고 부른다. 기는 단순한 에너지가 아니라, 생명의 근원적 움직임이다. 그것은 우주의 법칙과도 같아서 자연스럽게 흐르게 놔두면 가장 강력하게 발현된다. 하지만 인위적으로 조작하려 하면 곧 사라진다. 우리의 수련도 마찬가지다. 지나치게 통제하려 하면, 오히려 그 자연스러운 흐름을 막게 된다.

흐름이 끊긴다는 건, 본질적으로 신뢰의 결핍을 의미한다. 나 자신을 믿지 못하고, 상황을 통제하려 하고, 결과를 앞당기려 할 때 우리는 흐름과 단절된다. 리듬은 억지로 만들 수 없다. 그것은 나를 신뢰하고, 지금 이 순간을 신뢰할 때 자연스럽게 생겨나는 생명력이다.

프로 선수들이 보여주는 '존(zone)'이라는 최적의 수행 상태는 바로 이 흐름에 완전히 몰입한 상태다. 농구 선수 마이클 조던은 이렇게 말했다. "어떤 날은 골대가 바다처럼 넓게 보인다." 이런 순간들은 자기 의식이 사라지고, 순수한 행위와 하나가 되는 경험이다. 여기서 중요한 것은, 이런 상태는 억지로 만들어지지 않는다는 것이다. 그것은 자연스러운 흐름에 자신을 맡길 때만 찾아온다.

한 번은 미국에서 열린 시합 중, 체중이 두 배는 더 나가는 상대와 맞붙은 적이 있었다. 격렬한 몸싸움 끝에 숨이 턱 막히는 듯한 순간이 찾아왔다. 상대를 밀쳐야 했지만, 몸이 전혀 반응하지 않았다. 숨조차 제대로 쉴 수 없던 그 순간, 나는 속으로 조용히 되뇌었다. "멈추지 마. 그냥 흘러가게 두자. 숨만 편하게 쉬면 돼." 그렇게 스스로를 진정시키며 고요한 내면으로 들어갔다. 점차 가슴에 걸린 숨이 풀리고, 몸의 감각이 돌아오기 시작했다. 그때부터 나는 다시 흐름을 타기 시작했다. 마치 물속에서 숨을 고르고 다시 헤엄치는 생물처럼 자연스럽고 유연하게.

흐름의 감각은 언제, 어떻게 회복될 수 있을까? 먼저, 우리는 '지금 여기'에 있어야 한다. 과거의 실패나 미래의 기대에 사로잡혀 있으면, 현재의 흐름을 놓치게 된다. 긴장된 순간일수록, 지금 이 순간에 집중하는 것이 중요하다. 호흡, 감각, 소리—이 모든 것들은 우리를 현재로 데려오는 닻이다.

두 번째로, 우리는 '작은 것'에 주의를 기울여야 한다. 큰 그림, 큰 목표에 사로잡히면 현재의 미세한 신호들을 놓치게 된다. 상대방의 작은 움직임, 나의 미세한 감각, 순간의 균형 변화—이런 작은 단서들이 흐름의 열쇠다. 진정한 고수는 항상 이런 작은 신호들에 민감하게 반응한다.

노자는 『도덕경』에서 이렇게 말한다. "상선약수(上善若水), 물은 다투지 않고 낮은 곳으로 흐른다." 이기려는 마음, 증명하려는 욕심, 불안을 누르려는 강박은 결국 우리를 더 높이 올라가려는 집착으로 이끈다. 하지만 흐름은 언제나 낮은 곳에서 시작된다. 몸이 편안한 자세를 택하듯, 마음도 가장 낮은 곳에서 자유를 얻는다.

노자의 이 가르침은 수련에 중요한 통찰을 준다. 낮은 곳으로 흐르는 물처럼, 우리도 자연의 법칙을 따라야 한다. 억지로 이기려 하거나, 자신을 증명하려 하거나, 결과에 집착하는 것은 모두 자연스러운 흐름을 거스르는 행위다. 물은 바위와 부딪히면 우회하고, 장애물을 만나면 모양을 바꾸고, 항상 가장 자연스러운 길을 찾아 흐른다. 수련자도 마찬가지다. 상황에 맞게 유연하게 적응하고, 자연스러운 흐름을 찾아야 한다.

4절. 패배는 나를 강하게 만든다

많은 이들이 패배를 실패라고 여긴다. 하지만 진짜 실패는 패배를 통해 아무것도 배우지 못하는 것이다. 패배는 우리를 무너뜨리기 위해서가 아니라, 우리 안에 숨어 있는 강함을 꺼내기 위해 존재한다. 그것은 감정적으로 쓰라리지만, 내면을 단단하게 다듬는 도구가 된다.

시합에서 질 때마다, 나는 체육관의 가장 높은 관중석이나 선수들이 몸 풀고 있는 곳으로 가서 귀가할 생각은 하지 않고 천장을 바라보았다. 그 불빛이 좋았고, 그 불빛이 마치 나를 위로하는 신처럼, 엄마의 품처럼 따뜻하게 다가왔다. 평온한 상태가 되면, 다시 내 안에서 질문이 떠오르기 시작했다. "나는 왜 졌을까?" 그 질문은 기술적인 분석으로는 끝나지 않았다. 나는 그날, 단지 상대에게 진 것이 아니라, 불안한 나 자신에게 진 것이었다. 타인의 시선을 두려워했고, 내 실패를 나 스스로 견디지 못했다. 그날 이후, 나는 '지는 법'을 배우기 시작했다.

『무예도보통지』에는 이런 구절이 있다. "싸움에 능한 자는 이김보다 물러섬을 아는 자다." 물러섬은 도망이 아니다. 그것은 흐름을 읽고, 자신을 돌아보며, 다시 일어설 공간을 확보하는 것이다. 패배는 그 공간을 제공한다. 무너지지 않기 위해 일부러 무너져보는 것. 그것이 바로 수련이다.

우리는 너무 오랫동안 승리에만 의미를 부여해왔다. 이겼을 때만 박수를 받고, 졌을 때는 외면받는다. 하지만 수련의 관점에서 보면, 패배야말로 가장 순수한 배움의 순간이다. 그것은 나의 결핍을 직시하게 만들고, 무엇을 채워야 할지 말해준다. 스스로를 속이지 못하는 거울 앞에 선 것처럼.

한 제자가 시합에서 패배한 후 말했다. "이제는 뭘 해야 할지 알 것 같아요." 그 말 속에는 아픔과 통찰이 함께 들어 있었다. 패배는 나약함이 아니라, 진심으로 싸웠다는 증거다. 그리고 그 진심은, 언젠가 더 단단한 승리를 만든다.

진짜 강함은 이기는 기술보다, 지는 상황을 받아들이고 일어서는 태도에서 비롯된다. 왜냐하면 인생은 경기보다 훨씬 더 자주, 우리를 지게 만들기 때문이다. 그때마다 무너지는 대신, 지는 법을 아는 사람은 다시 일어서는 법도 안다. 그것이 진짜 강함이다.

이제 나는 패배를 두려워하지 않는다. 오히려 패배는 나를 더 깊이 이해하게 만든다. 그리고 그 이해는 다음 싸움에서 더 유연한 나를 만든다. 그렇게 우리는 패배 속에서, 다시 일어서는 존재로 성장한다.

3장. 고통은 내게 무엇을 말하고 있는가?

"We also glory in our sufferings, because we know that suffering produces perseverance; perseverance, character; and character, hope."

"우리도 우리의 고난을 자랑합니다. 고난이 인내를, 인내가 인격을, 인격이 소망을 이룬다는 것을 우리가 알기 때문입니다."

— 로마서 5:3-4

신약 성경의 이 구절은 인간 존재의 근원적 경험인 고통에 대한 오랜 철학적 탐구의 한 단면을 보여준다. 고통이 단순한 부정적 경험이 아니라 인내와 인격, 그리고 궁극적으로 희망으로 이어지는 변형적 과정임을 드러내는 것이다. 동양의 불교 철학에서도 '고통(苦)'은 인간 존재의 가장 기본적인 조건으로 제시된다. 사성제(四聖諦)의 첫 번째 진리인 '고제(苦諦)'는 모든 존재가 고통의 조건 속에 있음을 명시한다. 서구 철학에서 니체는 "고통 없이는 어떠한 성장도 없다"고 주장했다.

이처럼 인류의 지혜는 고통에 의미를 부여하며 그것을 단순한 회피의 대상이 아닌, 존재의 성장과 깊이를 더하는 본질적 요소로 바라보았다. 고통은 삶의 예외적 사건이 아니라 삶의 본질 그 자체에 내재된 현상이며, 그것을 어떻게 해석하고 받아들이는가에 따라 우리 각자의 존재 방식이 결정된다. 현재 겪는 고통이 미래의 희망과 구원을 잉태하고 있으므로, 고통의 순간을 헛되이 보내지 말고 그 안에서 의미를 찾아야 한다는 메시지는 동서고금을 막론한 지혜의 핵심이다.

1절. 고통은 언제나 먼저 말하고 있다

고통은 갑자기 찾아오는 불청객처럼 보이지만, 실은 오랫동안 우리 존재의 근저에서 끊임없이 신호를 보내고 있던 메신저다. 하이데거의 철학적 관점에서 보면, 고통은 '존재자'가 아닌 '존재' 자체의 소리다. 우리는 너무 자주 존재자(일상의 사물, 현상)에 집중한 나머지, 존재 자체의 소리를 듣지 못한다. 고통은 그 존재의 소리가 더 이상 무시할 수 없을 정도로 커진 상태다. 통증은, 그것이 육체적이든 정신적이든, 언제나 어떤 신호를 보내고 있다. "그 방향이 아니다." "지금 멈춰야 한다." "이대로는 무너진다." 고통은 가장 먼저 우리에게 말을 건네는 존재론적 현상이다.

존재의 진리는 종종 고통을 통해 스스로를 드러낸다. 하지만 우리의 의식은 이 진리를 받아들이기를 거부한다. 이는 하이데거가 말한 '비본래적 실존'의 양상이다. 우리는 일상성에 함몰되어 본래적 자기 자신으로부터 도피한다. "괜찮아, 이 정도는 버틸 수 있어." "아직은 할 수 있어." 이러한 자기기만은 결국 '비본래적 실존'의 지속을 의미한다. 우리는 본래적 자아가 보내는 신호를 무시한 채 '그들(das Man)'의 세계 속에서 안주하려 한다. 그러나 이러한 태도는 결국 존재의 근본 균열을 더 크게 만들 뿐이다.

"고통이 처음으로 내게 말을 걸었던 건, 다름 아닌 운동 중이었다. 기술을 반복 연습하던 중, 허리에 불쑥 들어온 날카로운 통증. 그 통증은 단지 물리적인 현상이 아니었다. '지금 너는 너무 밀어붙이고 있어.' '쉬지 않으면, 네 안의 리듬이 망가진다.' 내 몸은 그렇게 말하고 있었다. 나는 그 말을 무시했고, 결국 119에 실려가서 몇 주간의 부상과 회복의 시간을 보내야 했다. 그 시간은 단순한 휴식이 아니라, 내 존재의 근본 방향에 대한 성찰의 시간이었다."

쇼펜하우어는 고통을 삶의 본질로 보았다. 그의 의지 형이상학에서 고통은 의지의 자기 표현이다. "인간은 본질적으로 괴로움을 피하기 위해 행동한다. 욕망은 결핍에서 비롯되고, 결핍은 곧 고통이다." 이 말은 단순히 염세적인 관점을 넘어서, 고통이 우리 행동의 가장 원초적인 동기라는 사실을 일깨워준다. 고통을 이해한다는 건, 곧 의지의 본성을 이해하는 것이며, 이는 자기 자신을 이해하는 첫걸음이기도 하다.

고통은 우리가 어떤 일에 진정으로 몰입할 때보다, 그 몰입이 깨질 때 더 뚜렷하게 느껴진다. 이는 하이데거가 말한 '도구의 존재론'과 연결된다. 망치는 그것이 제대로 기능할 때는 거의 인식되지 않지만, 망가졌을 때 비로소 그 존재가 드러난다. 마찬가지로 우리의 몸과 마음도 '제대로 작동할 때'는 거의 인식되지 않다가, 고통이라는 균열이 생겼을 때 비로소 그 존재가 명확히 드러난다. 이 균열을 통해 우리는 평소에는 보이지 않던 자신의 존재 구조를 볼 수 있게 된다.

한 제자가 말했다. "부상은 정말 싫지만, 그때만큼 제 삶을 진지하게 돌아보게 되는 순간은 없었어요." 우리는 보통 잘 나갈 때보다, 넘어졌을 때 더 많은 것을 듣게 된다. 이는 고통이 일종의 '존재론적 창문'을 열어주기 때문이다. 고통은 우리를 멈춰 세운다. 그리고 멈춰 선 그 자리에, 삶의 방향이 보인다. 속도가 아니라 방향이 중요하다는 사실은, 고통 속에서야 비로소 깨닫게 된다. 이는 하이데거가 말한 '본래적 실존'으로의 전환 지점이다.

2절. 감각을 되찾는다는 것

고통을 피하려는 우리의 본능은 당연하다. 하지만 그 본능이 너무 강하면, 우리는 고통뿐 아니라 감각 전체를 차단해버린다. 메를로-퐁티의 '몸의 현상학'에서 보면, 감각은 단순한 신체적 반응이 아니라 세계-내-존재하는 방식 자체다. 감각을 차단한다는 것은 세계와의 연결을 차단하는 것이며, 이는 결국 자기 자신과의 단절로 이어진다. 그렇게 우리는 점점 덜 느끼는 존재가 되고, 결국에는 자기 몸과 마음의 소리조차 듣지 못하게 된다.

현대인은 고통을 단순한 통증으로만 받아들인다. 이는 데카르트적 이원론이 만든 유산으로, 몸과 마음을 분리해서 보는 관점이다. 하지만 고통은 단지 아픔의 신호가 아니다. 그것은 내 안의 균형이 무너졌다는, 더 이상 지금의 방식으로는 살 수 없다는 존재의 메시지다. 이는 스피노자의 일원론적 관점에서 보면 자연스럽다. 몸과 마음은 동일한 실체의 두 가지 속성일 뿐이기에, 육체적 고통은 곧 정신적 균열의 다른 표현이다. 그 메시지를 제대로 느끼고 해석하려면, 감각이 깨어 있어야 한다. 감각은 고통을 피하는 것이 아니라, 고통을 이해하는 창문이기 때문이다.

명상 수련에서 자주 쓰이는 문장이 있다. "Pain is inevitable. Suffering is optional." 고통은 피할 수 없지만, 그 고통에 휘둘리는 것은 선택이라는 말이다. 이는 불교 철학의 핵심이기도 하다. 초기 불교의 '사띠(Sati)' 개념은 단순히 주의를 기울이는 것을 넘어, 현재 경험에 대한 완전한 알아차림을 의미한다. 이 알아차림은 감각을 더욱 예민하게 하지만, 역설적으로 고통에 대한 저항은 줄인다. 우리는 고통 자체를 줄일 수 없지만, 그 고통을 느끼는 방식은 바꿀 수 있다. 그것이 바로 감각의 재구성이다.

몸의 감각을 되찾는다는 것은, 단순히 예민해진다는 의미가 아니다. 오히려, 더 섬세해지고, 더 깊이 연결된다는 뜻이다. 메를로-퐁티가 말했듯이, 몸은 단순한 대상이 아니라 세계를 경험하는 '주체'다. 따라서 몸의 감각을 회복한다는 것은 세계와의 관계를 더욱 풍부하게 하는 것이다. 예를 들어, 기술 하나를 익힐 때 단지 팔과 다리의 움직임만이 아니라, 호흡의 리듬과 심장의 박동까지 느끼는 훈련이 되어야 한다. 그럴 때 우리는 단순한 훈련을 넘어, 삶 전체를 감각하는 법을 배우게 된다.

"어느 날 훈련 중, 완전히 지쳐서 서 있을 힘조차 없고, 귀에는 이명마저 들리며 누워 있는 그 순간, 나는 갑자기 모든 감각이 확장되는 듯한 경험을 했다. 상대의 움직임에 집중하는 대신, 내 발끝에서부터 바닥의 온도가 몸에 전해지고, 등이 미세하게 식어가며 땀이 흐르는 걸 느꼈다. 땀은 내 피부를 타고 지나가면서 그 무겁고도 묵직한 무게를 더했다. 매트 위에 깔린 먼지 냄새마저 떠오르며, 그 순간은 내 모든 감각을 깨우는 것 같았다. 그것은 단순한 '운동'이 아니라, 삶 자체를 전면적으로 경험하는 순간이었다. 고통은 여전히 내 몸 구석구석에서 나를 괴롭혔지만, 이제 그 고통은 나를 지배하는 것이 아니라, 나와 함께 숨 쉬며 내가 움직이는 원동력이 되었다."

이러한 경험은 하이데거가 말한 '일상적 존재양식에서 벗어남'과 유사하다. 우리가 일상에 매몰되어 있을 때는 대부분의 경험이 '비본래적'이다. 그러나 극한의 고통이나 위기의 순간, 우리는 일상성의 덮개가 벗겨지고 '본래적 실존'을 경험하게 된다. 그 순간 세계는 더 이상 사용가능한 도구들의 집합이 아니라, 자신의 존재와 직접적으로 연결된 생생한 현상으로 경험된다.

감각은 우리를 회복시킨다. 고통을 없애지는 못하더라도, 그 고통을 다르게 받아들이게 만든다. 그것이 진짜 회복이다. 하이데거의 관점에서 보면, 이는 '비은폐(Aletheia)'의 과정이다. 고통 그 자체를 직시함으로써 존재의 진리가 드러나는 것이다. 진짜 수련자는 고통을 회피하는 사람이 아니라, 고통과 함께 호흡할 수 있는 사람이다. 그리고 그 시작은, 감각을 다시 여는 데 있다.

3절. 몸의 고통은 마음의 언어다

"몸이 아프다"는 말은 자칫 단순한 육체의 이상으로만 들린다. 이는 서구 철학의 뿌리 깊은 이원론적 사고방식의 결과다. 데카르트 이후 몸과 마음은 분리된 실체로 간주되었고, 이는 오늘날까지도 우리의 사고방식에 영향을 미치고 있다. 하지만 스피노자가 주장했듯이, 몸과 마음은 하나의 실체에 대한 두 가지 다른 관점일 뿐이다. 우리는 너무 자주, 그 아픔을 '몸'에만 한정한다. 진짜 문제는, 그 고통이 마음에서 비롯된 것일 수도 있다는 사실을 무시한다는 것이다. 몸은 마음이 말하지 못하는 것을 대신 말한다. 아프다는 건, 결국 말하고 싶은 무언가가 있다는 뜻이다.

니체는 "우리는 단지 몸을 가진 것이 아니라, 몸 그 자체"라고 주장했다. 이 관점에서 보면, 몸의 신호는 결코 우연이 아니며 단순한 물리적 현상도 아니다. 계속되는 목과 어깨의 통증은 책임감이라는 이름의 압박일 수 있고, 위장 장애는 삼켜버린 분노나 슬픔일 수 있다. 이 모든 신호는, 우리가 마음으로 직면하지 못한 것들이 몸을 통해 표현되는 방식이다. 우리는 마음을 무시해도 몸은 무시할 수 없다.

정신신체의학(Psychosomatics)에서는 마음의 상처가 신체 증상으로 전이된다고 본다. 이는 단순한 이론이 아니며, 우리는 삶에서 수없이 이를 경험한다. 중요한 관계에서의 갈등 이후 찾아오는 만성 피로, 진로 고민 끝에 나타나는 소화불량, 감정을 억제한 후 발생하는 호흡곤란 등. 몸은 정직하다. 마음이 회피할 때, 몸이 그 고통을 대신 짊어진다. 이는 가다머가 말한 '상징적 건강' 개념과도 연결된다. 진정한 건강은 단순히 질병이 없는 상태가 아니라, 몸과 마음이 조화롭게 통합된 상태를 의미한다.

여러 아이를 둔 제자가 턱을 괴고 늘 어깨를 움츠리고 훈련에 들어오는 걸보고, 나는 물었다. "요즘 무슨 일 있어?" 그는 한참 침묵하다가 말했다. "사실 요즘… 집에서 제가 아무 역할도 못하고 있는 것 같아요." 그 말 속에는 무력감, 자책, 죄책감이 함께 들어 있었다. 그리고 그 모든 감정이 그의 어깨에, 등의 굽음에 고스란히 드러나 있었다. 이는 메를로-퐁티가 말한 '체화된 주관성(embodied subjectivity)'의 명확한 예다. 우리의 주관적 경험과 감정은 추상적인 정신 상태가 아니라, 구체적인 신체적 표현을 통해 존재한다.

"사담이지만, 20년 넘게 지도하다 보니 가장 힘든 일 중 하나가, 하루 일과를 마친 사람들의 감정을 하나하나 느끼는 것이다. 그들의 고통과 내면의 갈등이 매일 나에게 전이 되어, 마치 내 몸에 와 닿는 것처럼 느껴진다. 그리고 가장 힘든 것은 내가 해줄 수 있는 일이 거의 없다는 것이다. 몸은 함께하지만, 멀찍감치 바라만 볼 수밖에 없다는 사실이 나를 괴롭힌다." 이는 레비나스가 말한 '타자에 대한 윤리적 책임'과 연결된다. 타인의 고통을 목격하는 것은 단순한 관찰이 아니라, 그 고통에 대한 응답을 요구하는 윤리적 상황이다.

몸은 단순히 아픈 게 아니라 이야기를 하고 있는 것이다. 우리는 그 이야기를 들어야 한다. 진짜치료는 그때 시작된다. 진통제나 물리치료는 증상을 덮을 수는 있어도, 그 이야기를 듣지 못한다면 고통은 다른 모습으로 다시 찾아온다. 이는 하이데거가 말한 '기술적 사고방식'의 한계다. 현대 의학은 종종 몸을 '고쳐야 할 기계'로 바라보지만, 진정한 치유는 존재 전체에 대한 이해와 돌봄에서 시작된다.

4절. 고통은 철학이 되기 위한 문턱이다

고통이 우리를 무너뜨리는 이유는 단지 아프기 때문만은 아니다. 빅터 프랭클은 『죽음의 수용소에서』에서 "인간은 어떤 상황에서도 '왜' 살아야 하는지 알면 거의 모든 '어떻게'를 견딜 수 있다"고 말했다. 고통은 우리가 그 아픔에 아무 의미도 부여하지 못할 때 더 크게 다가온다. 의미 없는 고통은 견디기 힘든 감정으로 다가오지만, 우리가 그 고통 속에서 무엇인가를 깨닫고 그 의미를 찾을 때, 그 고통은 더 이상 두려운 존재가 아니라 우리가 성장하는 데 필요한 자양분이 된다. 고통이 주는 의미를 찾은 순간, 우리는 그것을 넘어설 수 있는 힘을 얻게 된다. 이는 니체의 말대로 "왜를 가진 자는 어떻게든 견뎌낸다"는 것이다.

고통을 겪는 모든 순간은 철학으로 향하는 문이 된다. 비트겐슈타인은 "철학적 문제는 언어가 쉬고 있을 때 발생한다"고 했는데, 이는 고통에도 적용된다. 일상이 원활하게 흘러갈 때는 철학적 질문이 잠들어 있지만, 고통이라는 균열이 생길 때 그 질문들이 깨어난다. 단순히 참아내는 것이 아니라, 그 고통을 통해 스스로를 재구성하는 시간이 된다. 우리는 고통 앞에서 비로소 진지해지고, 질문하게 되며, 그 질문들은 우리를 삶의 새로운 관점으로 이끈다. 고통은 결코 부정적인 것만이 아니다. 고통은 인간이 일상에 균열을 내고, 다시 방향을 재조정하게 만드는 가장 근본적인 힘이다. 이는 하이데거가 말한 '불안(Angst)'의 역할과 유사하다. 불안이나 고통은 일상적 망각에서 벗어나 자신의 실존적 상황을 직시하게 만드는 계기가 된다.

조르바는 『우리는 모두 철학자다』에서 이렇게 말한다. "행복은 질문 없는 삶이고, 철학은 질문에서 시작된다." 고통은 질문을 만든다. "왜 나만 아픈가?" "이 고통은 나에게 무엇을 말하고 있는가?" 이 질문들이 쌓여 철학이 된다. 철학은 결코 먼 이야기가 아니다. 그것은 바로 오늘 하루를 어떻게 살아야 할지 고민하는 고통 속의 생각들이다. 고통은 자연스럽게 우리를 삶의 본질에 대한 질문으로 이끈다. 이는 소크라테스가 말한 "성찰 없는 삶은 살 가치가 없다"는 명제와 연결된다. 고통은 우리에게 성찰의 기회를 제공하며, 그 성찰을 통해 삶은 더 깊은 의미를 획득한다.

주짓수를 수련하는 이들도 마찬가지다. 반복되는 부상, 정체기, 패배의 수치심. 이 모든 것들은 고통이지만, 그것들을 바라보는 관점에 따라 전혀 다른 길이 열린다. 누군가는 그 고통을 피하려 도망가고, 누군가는 그 고통을 붙잡고 사유하며 나아간다. 키에르케고르가 말한 '절망을 통한 자아 발견'의 과정과 같다. 차이는 그저 고통을 어떻게 해석했는가에 달려 있다. 고통을 문제로 볼지, 아니면 기회로 볼지에 따라 그 길은 달라진다.

나는 어떤 고통도 무의미하지 않다고 믿는다. 설령 그것이 나를 무너뜨렸다 해도, 그 안에서 얻은 통찰 하나는 다시 일어설 방향을 가리키는 나침반이 된다. 알베르 카뮈는 『시지프스의 신화』에서 인간은 비록 부조리한 상황에 놓여 있지만, 그 부조리를 의식적으로 받아들이고 의미를 부여함으로써 진정한 자유를 얻는다고 보았다. 마찬가지로, 고통은 항상 우리에게 묻는다. "지금 이 방향이맞는가?" "이 삶은 네가 원하는 삶인가?" 그 물음 앞에서 멈추고 숙고하는 사람은 이미 철학을 시작한 사람이다. 고통을 겪었다는 것은, 삶을 다시 쓸 기회를 얻었다는 뜻이다. 그것은 저주가 아니라 초대다. 스스로에게 더 깊은 질문을 던질 수 있는 자만이, 더 단단한 삶을 만들 수 있다. 철학은 책에서 시작되는 것이 아니다. 그것은 고통 앞에 멈춰 서는 사람의 마음에서 시작된다.

2부 몸이 먼저 알고 있는 철학 감각과 의지의 언어

2부 몸이 먼저 알고 있는 철학
– 감각과 의지의 언어

4장. 내 몸이 먼저 알고 있었던 철학

"始臣之解牛之時, 所見無非牛者。三年之後, 未嘗見全牛也。方今之時, 臣以神遇, 而不以目視""처음에는 소가 온통 하나로 보였다. 삼 년이 지나자, 소 전체를 본 기억이 사라졌다. 이제 나는 눈으로 보지 않고, 신묘한 직관으로 소를 따른다."

『장자(莊子)』의 "양생주(養生主)" 편에 포정(庖丁)이 등장한다. 포정은 소를 해체하는 기술을 통해 깊은 이치를 드러낸다. 그는 말한다.

처음에는 눈으로 보았다. 기술을 의지했다. 그러나 수없는 반복 끝에, 그는 기술을 잊었다. 손은 소의 결을 따라 움직였고, 칼은 뼈와 뼈 사이를 지나갔다. 19년 동안, 그의 칼은 여전히 새것과 같았다. 흐름을 거스르지 않았기 때문이다. 억지로 쪼개지 않았고, 억지로 베지 않았다. 자연은 이미 그 길을 열어두었다. 포정은 다만 그 길을 따랐다.

"내가 따르는 것은 기예가 아니다. 도(道)다."라고 그는 말했다.

수련은 끝이 없다. 몸은 생각보다 먼저 알고, 손은 마음보다 먼저 길을 찾는다. 포정은 무위(無爲)의 경지에 이르렀다. 의식은 멈추고, 행동은 자연이 되었다.

문혜군(文惠君)이 탄복하여 말한다. "나는 너를 통해, 삶을 다루는 길을 알았다."

기술은 단지 시작일 뿐이다. 몸과 마음이 하나로 녹아드는 순간, 수련은 도가 된다. 포정은 그것을 보여주었다. 쉬지 않고, 억지 없이. 흐름 속에서.

1절. 생각보다 빠른 신호, 몸의 직관

몸은 우리가 생각하기 이전에 이미 알고 있다. 반복된 수련 속에서 몸은 특정한 상황에서 무엇을 해야 할지 판단하고, 반응하고, 방향을 선택한다. 그것은 의식적 사고의 결과물이 아니라, 깊이 새겨진 몸의 직관이다. 땀과 시간 속에서 만들어진 이 직관은, 철학보다 먼저 철학을 실행한다.

예를 들어, 상대의 움직임이 느껴지는 찰나에 반응하는 순간은 사고가 개입할 틈이 없다. '이 기술을 써야지'라고 생각하는 순간은 이미 늦다. 몸은 먼저 보고, 먼저 듣고, 먼저 움직인다. 우리는 그 직관을 '감'이라고 부르지만, 사실 그것은 '경험의 철학'이다. 생각으로 이해하지 못한 것을 몸은 이미 알고 있고, 그 앎은 반복되는 실천 속에서 다져진다.

『장자』의 또 다른 우화인 윤편(輪扁)의 이야기는 이러한 몸의 직관을 더욱 선명하게 보여준다. 늙은 수레바퀴 장인 윤편은 제나라 환공에게 자신의 지혜를 이렇게 전한다. "수레바퀴를 깎을 때 너무 천천히 하면 헐거워 견고하지 못하고, 너무 빠르게 하면 단단해져 들어가지 않습니다. 빠르지도 느리지도 않은 절묘한 지점을 찾아야 하는데, 이것은 손으로 터득하여 마음으로 응하는 경지라 말로 전할 수 없습니다." 그의 손끝에 체득된 미묘한 요령은 아무리 말과 글로 설명해도 전해지지 않는 종류의 앎이다.

아르투르 쇼펜하우어(Arthur Schopenhauer)는 의지를 세계의 본질이라 했지만, 의지는 곧 몸의 표현이다. 그는 『의지와 표상으로서의 세계(Die Welt als Wille und Vorstellung)』에서 인간의 욕망과 충동이 이성보다 더 근본적인 힘이라고 보았다. 따라서 철학은 추상적 개념이 아니라, 신체라는 구체적 매개를 통해 실현되어야 한다. 몸을 통하지 않는 철학은 삶에 닿지 못한다.

프리드리히 니체(Friedrich Nietzsche)는 쇼펜하우어의 의지 개념을 넘어서, 의지를 창조적 힘으로 보았다. 그는 『차라투스트라는 이렇게 말했다 (Also sprach Zarathustra)』에서 '힘의 의지'를 통해 신체와 정신이 어떻게 세계를 변형하는지 설명한다. 몸은 단순히 반응하는 존재가 아니라, 세계를 재창조하는 힘으로 작용한다.

모리스 메를로퐁티(Maurice Merleau-Ponty)는 『지각의 현상학 (Phénoménologie de la perception)』에서 몸을 경험의 중심으로 보며, 우리가 세상과 만나는 방식은 바로 이 몸을 통해 이루어진다고 말했다. 우리의 몸은 자아를 드러내는 살아있는 표현으로, 의식은 신체를 통해 이루어진다.

내가 경험한 가장 강렬한 철학은 도장 바닥에서였다. 어떤 기술을 설명하는 말보다, 수백 수천 번 넘어지고 꺾이고 졸리고, 일어나는 동안 몸에 새겨진 무게중심과 균형감각이 더 많은 걸 가르쳐주었다. 몸으로 익힌 진리는 쉽게 흔들리지 않는다. 지식은 잊히지만 감각은 축적된다. 그것이 몸이 먼저 아는 철학의 힘이다.

우리는 삶에서도 마찬가지다. '이건 아닌데'라는 직감, '지금 멈춰야 한다'는 신호는 언제나 생각보다 먼저 온다. 그 신호를 무시할수록 우리는 엉뚱한 방향으로 달려가게 되고, 결국 몸이 망가지는 시점에 와서야 비로소 되돌아본다. 몸은 늘 말하고 있다. 그저 우리가 그 언어를 외면할 뿐이다.

철학은 머리에서 출발할 수 있지만, 진짜 철학은 몸을 지나 삶으로 뿌리내릴 때 완성된다. 이 장은 그 출발점이다. 다음 절에서는 그 직관이 어떻게 '감각'이라는 언어로 구체화되는지를 살펴본다. 몸은 철학의 사전이다. 그 언어를 익히는 순간, 우리는 삶을 훨씬 더 깊고 분명하게 읽을 수 있게 된다.

2절. 감각이 철학이 되는 순간

감각은 단순한 신체적 반응이 아니다. 그것은 삶의 방향을 가늠하게 해주는 나침반이자, 판단보다 앞서는 앎의 형태다. 우리는 종종 '감각적으로 알았다'는 말을 한다. 그것은 논리적으로 설명할 수 없어도, 경험으로 체화된 진실이 있다는 뜻이다. 철학이 머리에서만 맴돌지 않고 현실로 발 딛기 위해서는, 반드시 이 감각의 세계를 통과해야 한다.

『바가바드 기타(Bhagavad Gita)』에서도 이러한 감각적 앎의 중요성을 강조한다. "의심할 바 없이 마음은 산란하고 제어하기 어렵습니다. 그러나 꾸준한 연습과 무욕의 마음(집착 버림)으로 그것을 붙잡을 수 있습니다." 여기서 강조되는 아भ्यास(abhyāsa, 반복 수행)는 몸과 마음의 꾸준한 연습을 뜻하며, 요가의 길도 호흡과 자세 수련, 명상 등을 끊임없이 실천함으로써 몸에 베이게 하는 과정이다. "요가란 행위 속에서 솜씨를 발휘하는 것이다"라는 구절처럼 올바른 마음가짐으로 거듭 행하는 실천이 곧 깨달음에 이르는 길이다.

몸을 통한 감각은 모든 철학적 사유의 전제다. 배가 고프면 무엇이 옳고 그른지도 흐려진다. 두려움으로 몸이 경직되면, 우리는 작은 위험도 과장해서 해석한다. 감각이 흐트러지면 철학도 흐트러진다. 철학은 고요한 감각 위에 세워져야 한다. 그러기 위해선 먼저 감각과 친해져야 한다.

감각은 훈련으로 회복된다. 숨이 가빠오는 순간에도 호흡을 느낄 수 있다면, 우리는 자기중심을 놓치지 않을 수 있다. 상대가 나를 덮치려는 그 찰나에, 내 몸이 땅과 맞닿은 부위를 느끼고 있다면, 나는 아직 무너지지 않은 것이다. 이처럼 감각은 생존과 연결된 현재성의 언어다. 철학이 삶의 기술이 되기 위해선, 이 감각의 훈련이 전제되어야 한다.

감각은 우리가 현재를 인식하는 중요한 언어이다. 이를 통해 우리는 생각의 여유를 얻고, 몸과 마음의 균형을 유지할 수 있다. 예를 들어, 호흡 훈련을 통해 우리는 스트레스 상황에서도 자신의 호흡을 인식하고 조절할 수 있다. 숨이 가빠지며 불안감이 밀려오는 순간, 그 불안에 휘둘리지 않고 스스로의 호흡에 집중함으로써 마음의 안정을 찾을 수 있다. 이런 훈련이 반복되면, 위기 상황에서도 본능적으로 차분해지고 중심을 잡을 수 있는 능력이 생긴다. 이러한 훈련은 단순한 호흡을 넘어서, 몸과 마음의 연결을 강화하는 중요한 과정이 된다.

주짓수 수련에서도 감각 훈련은 매우 중요한 역할을 한다. 상대가 나를 덮칠 때, 우리는 종종 자세가 무너지며 힘들어질 수 있다. 하지만 그 순간, 내 몸이 바닥과 맞닿은 감각을 집중적으로 느끼면, 우리는 빠르게 상황을 파악하고 반응할 수 있다. 몸의 감각을 놓치면, 본능적으로 어떤 반응을 해야 할지 모르게 되지만, 그 감각을 지속적으로 훈련하면 침착하게 반응할 수 있다. 이런 감각 훈련은, 단순히 기술을 익히는 것이 아니라, 몸과 마음이 하나가 되는 과정을 만들어 준다.

그중에서도 개인적으로 가장 빠른 효과를 볼 수 있는 훈련은 포지션 스파링이다. 포지션 스파링은 간단하면서도 가장 지루한 훈련 중 하나다. 단순히 상대의 움직임을 막고, 자신에게 유리한 포지션을 유지하는 훈련인데, 초기에는 속도가 느리고 반복적이라 지루할 수 있지만, 이 훈련이 주는 효과는 매우 강력하다. 처음에는 변화가 없고 답답함을 느끼기 쉽지만, 그만큼 지속적인 훈련을 통해 몸의 감각이 자연스럽게 발달하고, 어떤 상황에서도 침착하게 반응할 수 있는 능력을 기를 수 있다. 지루하고 반복적인 훈련일수록 빠르게 포기하는 사람도 많지만, 오히려 그 과정이 신체와 정신을 더욱 강하게 만들고 몸의 감각을 집중적으로 훈련하여, 어떤 상황에서도 침착하게 반응할 수 있는 능력을 키운다.

오쇼 라즈니쉬(Osho Rajneesh)는 『몸에 귀 기울이는 법』에서 말한다. "몸은 모든 진리를 담고 있다. 머리는 질문을 만들고, 몸은 답을 제공한다." 이 말은 감각이 철학의 해답일 수 있음을 시사하지만, 이제는 다른 관점도 필요하다. 예를 들어 메를로퐁티는 감각이 단지 반응이 아니라, 세계와 나 자신을 구성하는 적극적인 힘이라고 보았다. 머리는 자주 불안을 만들어내지만, 감각은 단순하고 명확하다. 지금 이 순간, 이 자세, 이 호흡에 집중할 수 있는 사람은 삶 전체의 흐름과 연결된 사람이다.

"나는 수련 중 '생각을 멈추고 감각에 몰입하는 법'을 배웠다. 그 과정은 단순히 기술을 익히는 것 이상의 의미를 가졌다. 감각을 인식하는 순간, 나는 내 몸과 마음의 연결을 깊이 이해하게 되었다. 매트 위에서 상대의 움직임, 나의 호흡, 스쳐가는 손끝의 떨림까지 하나하나에 집중하는 그 순간, 철학은 더 이상 추상적인 이론이 아닌, 내가 경험하는 현실이 되었다. 이 훈련을 통해 나는 '지금 여기'에 있는 자신을 느끼고, 마음과 몸이 하나 되어 반응하는 법을 배우게 되었다."

예를 들어, 고요 속에서 상대의 다음 움직임을 예측하고, 그에 맞춰 내 몸을 자동적으로 조정하는 순간을 상상해보라. 이때 나는 상대와의 싸움에서만 집중하는 것이 아니라, 내 안의 호흡, 심박수, 근육의 긴장도까지 모두 인식하고 있다. 그 감각들이 내 의식의 일부가 되어, 내 몸은 자연스럽게 그에 맞춰 움직인다. 마치 영혼과 몸이 하나가 되어 움직이는 듯한 느낌이 든다. 이 순간, 철학은 더 이상 추상적인 개념이 아니라, 실제로 경험되는 삶의 방식이 된다.

감각은 삶을 의식하게 만든다. 우리가 순간순간 인식하는 감각은 우리의 삶을 더욱 풍성하고 깊이 있게 만들어준다. 그 감각 속에서 우리는 고요함을 느끼며, 그 속에서 나오는 판단력은 흔들림 없이 선명하다. 예를 들어, 급박한 상황에서 고요한 상태로 반응할 수 있는 능력은 단순히 훈련에서 얻는 것이 아니라, 매일의 수련을 통해 내면에서 자리 잡은 자신감과 확신의 결과다. 그 고요 속에서 우리는 삶을 새롭게 읽는 능력을 얻게 된다.

감각은 늘 지금 이 순간의 문을 여는 열쇠다. 그것을 통해 우리는 삶을 다시 느끼고, 고통을 다시 해석하고, 방향을 다시 정할 수 있다. 감각이 철학이 되는 순간, 우리는 삶을 새롭게 읽는 능력을 얻게 된다. 철학이 질문을 만든다면, 감각은 그 질문을 삶 속에서 살아내는 방식이다. 이 두 가지가 결합되었을 때, 우리는 고요 속에서만 얻을 수 있는 진정한 통찰력과 방향성을 깨닫게 된다.

3절. 철학은 땀에 묻는다

철학은 단순히 사유의 결과가 아니다. 그것은 우리가 반복적인 행위와 육체의 감각을 통해 실제로 경험하며 실현하는 과정이다. 생각은 빠르고 유려하지만, 땀은 느리고 정직하다. 우리가 매일 반복하는 훈련 속에서 얻는 통찰은 단순한 이론이 아닌 구체적인 몸의 기억으로 쌓여간다. 몸으로 사유하는 철학은 이론을 넘어, 실천 속에서 몸으로 느끼고 경험하며 변화를 일으키는 것이다.

노자(老子)는 『도덕경(道德經)』에서 이렇게 말한다. "두 팔로 안을 만큼 큰 나무도 티끌만 한 씨앗에서 자라나고, 구층탑도 흙을 조금씩 쌓아 올리는 데서 시작되며, 천 리 길도 한 걸음부터 시작된다." 위대한 성취나 깊은 깨달음도 처음에는 미세한 움직임과 반복에서 비롯된다. 우리 몸은 반복된 작은 동작과 습관을 통해 서서히 지혜를 체득한다. 처음에는 보잘것없어 보이는 동작일지라도 지속적으로 쌓이면 큰 변화를 이룬다. 한 걸음, 한 걸음의 꾸준한 실천이 쌓여 결국 천 리 길을 완주하듯이, 철학적 깨달음도 일상의 몸짓과 훈련이 축적되어 얻어지는 법이다.

장 폴 사르트르(Jean-Paul Sartre)는 인간 존재를 '자유'와 '책임'으로 정의했다. 그는 『존재와 무(L'Être et le néant)』에서 우리의 선택과 행동을 통해 존재가 형성된다고 보았다. 사르트르는 "우리는 실존적 선택을 할 때만 철학이 존재한다"고 주장하며, 우리 존재의 핵심은 우리가 내린 선택에 의해 이루어진다고 믿었다. 주짓수에서 수백, 수천 번 꺾이고 졸리고 넘어지고 일어나는 과정은 그 자체로 선택의 연속이다. 그 선택들이 쌓여 우리 존재를 구체적으로 정의하게 된다. 삶은 추상적인 이론이 아니라, 실제 행동과 선택을 통해 실현되는 것임을 이 경험은 증명한다.

땀은 기록되지 않지만, 몸은 기억한다. 첫 기술을 배울 때 수없이 실패했던 순간들, 숨이 가빠져 포기하고 싶었던 그 순간들, 그때의 고통을 넘어선 작은 성취가 결국 내 몸에 새겨진 철학이다. 반복 훈련은 단순히 기술을 익히는 것이 아니라, '나는 어떻게 살아야 하는가'라는 질문을 매 순간 몸으로 체득하는 과정이다. '나는 어떻게 반복하고 있는가'라는 방식으로 이 철학은 몸을 통해 구현된다.

마르쿠스 아우렐리우스(Marcus Aurelius)는 그의 『명상록(Meditations)』에서 철학을 일상의 실천으로 체화할 것을 거듭 다짐한다. "새벽에 침상에서 일어나기 힘들 때 이렇게 자신에게 말하여라. '나는 인간으로서 해야 할 일을 하러 일어나야 한다. 내가 세상에 태어난 본래 목적을 하러 가는 것인데도 무엇을 불평하겠는가? 설마 이불 속에서 따뜻함만 느끼라고 태어났단 말인가?'" 아침에 포근한 침대를 박차고 일어나는 극히 사소한 행동조차도 철학 수양의 일부로 여긴다. 이렇듯 철학적 성찰을 구체적인 몸의 행위로 연결함으로써, 그는 사색에 머물지 않는 실천적 철학을 보여준다.

메를로퐁티는 그의 『지각의 현상학』에서 "몸은 세계에 대한 내 첫 번째 도구이며, 나는 몸을 통해 세계를 산다."라고 말한다. 이 말은 우리가 경험하는 모든 것이 몸을 통해 이루어진다는 것을 강조한다. 땀은 몸이 세상과 만난 흔적, 그 흔적이 누적된 시간이 수련이 된다. 우리는 그 흔적 속에서 자신이 어떤 방식으로 존재하고 있는지를 배우며, 그 배움을 통해 삶을 살아가는 방식을 다시 정의한다.

플라톤(Platon)의 대화편에 등장하는 소크라테스(Socrates)의 일화는 몸으로 철학을 실천한 대표적인 예이다. 제자 알키비아데스에 따르면, 소크라테스는 한겨울 추위 속에서도 맨발에 얇은 겉옷 하나 걸친 차림으로 군행에 나섰고, 살을 에는 추위와 얼음장 같은 땅에서도 맨발로 태연히 견뎠다. 전장에서는 하루종일 꼼짝 않고 서서 깊은 생각에 잠겼고, 연회석에서는 누구보다 술을 많이 마시고도 취하지 않았다. 이 일화들은 소크라테스의 굳건한 몸과 마음을 잘 보여준다. 그의 자세와 행동거지는 곧 그의 철학을 드러내는 표지였다.

수련의 진짜 철학은 기술이 완성되었을 때가 아니라, 반복 속에서 '왜 이렇게 하는가'를 묻기 시작할 때 비로소 시작된다. 훈련은 단순한 기계적 반복이 아니라, 자기 삶의 구조를 다져가는 철학적 실천이다. 땀은 정직하다. 그것은 거짓말하지 않는다. 우리가 기술을 반복하며 쌓아가는 경험은 우리의 철학이 되어 몸과 마음을 변화시킨다.

철학은 반드시 땀에 묻어야 한다. 머리로 이해한 철학은 쉽게 무너지지만, 몸으로 체득한 철학은 어떤 고통 속에서도 버틸 수 있다. 고통 속에서 다시 일어설 수 있는 사람, 실패 속에서도 무너지지 않는 사람은 자기 철학이 땀에 묻어 있는 사람이다. 그리고 그런 철학만이, 진짜 삶을 붙들 수 있다.

4절. 철학은 자세로 말한다

철학은 문장으로만 말하지 않는다. 삶의 태도, 움직임, 그리고 자세 속에

녹아든다. 말로는 담기지 않는 어떤 신념은, 우리가 서 있는 방식, 호흡하는 방식, 바라보는 방식 속에 이미 드러나 있다. 몸은 언제나 우리보다 먼저 진심을 말한다.

공자(孔子)는 『논어(論語)』에서 이렇게 말했다. "자신의 몸이 바르면 명령하지 않아도 (남들이) 따라 행하고, 자신의 몸이 바르지 못하면 비록 명령해도 따르지 않는다." 지도자가 스스로 바른 자세와 행동을 보이면 굳이 말로 지시하지 않아도 사람들이 자연스럽게 따른다는 뜻이다. 내면의 진실한 덕성이 몸의 행동과 자세에 배어 나와야 비로소 남에게도 참된 가르침이 된다는 뜻으로, 몸으로 철학을 체화(體化)하고 보여주는 실천의 중요성을 설파한다.

니체는 『차라투스트라는 이렇게 말했다』에서 "네가 어떻게 걷는지를 보면, 네가 어떤 생각을 하는지 알 수 있다"고 했다. 철학은 곧 몸의 표현이며, 걷는 방식, 앉는 자세, 넘어진 후의 태도 모두가 철학의 문장이다. 자세는 단지 물리적인 배치가 아니라, 내면의 구조가 드러난 형상이다.

주짓수 수련 중, 어떤 이는 쉽게 포기하고, 어떤 이는 끈질기게 버틴다. 같은 기술을 반복해도 자세가 말해주는 것은 다르다. 그 자세 속에는 그 사람의 인생이 담겨 있다. 조급함이나 자기 의심, 혹은 깊은 인내와 수용이 그 사람의 자세 속에 녹아 있다. 이런 내면의 변화는 몸의 자세를 통해 자연스럽게 드러난다. 훈련을 통해 그 자세는 바뀌고, 철학이 그 안에서 깊어지게 된다. 우리가 매일 반복하는 훈련 속에서 자기만의 철학을 만든다.

루트비히 비트겐슈타인(Ludwig Wittgenstein)은 『논리철학논고(Tractatus Logico-Philosophicus)』에서 "내 언어의 한계가 내 세계의 한계다"라고 말했지만, 몸을 중심으로 다시 말하면, "내 자세의 한계가 내 삶의 한계다"라고 바꿀 수 있다. 몸을 어떻게 세우느냐는 내가 이 세상을 어떻게 감당하고 있는지에 대한 답이다. 우리가 어떤 자세로 살아가느냐는 결국 내가 어떻게 존재할 것인가에 대한 응답이다. 몸을 세우는 방식은 단순한 물리적인 태도가 아니라, 내 존재의 철학적인 표현이다.

철학은 생각만으로 완성되는 것이 아니다. 우리가 어떤 자세로 이 세상과 마주하고, 어떻게 움직이는지에 따라 그 철학이 실체를 이룬다.

자세는 선택이다. 그리고 그 선택은 반복 속에서 굳어진다. 매일의 습관과 의식, 수련과 실패 속에서 우리는 자기만의 자세를 만들어간다. 그것이 곧 나만의 철학이 된다. 말보다 설득력 있는 철학은 언제나 몸에 묻어 있다.

철학은 문장의 형태로 머무르지 않는다. 그것은 매일의 반복 속에서 드러나는 태도이며, 자세이고, 실천이다. 우리는 말이 아니라 태도로 설득당하고, 논리가 아니라 살아 있는 형태로 감동받는다. 철학은 결국, 당신이 지금 어떤 자세로 이 삶을 살아가고 있는지에 대한 응답이다. 철학은 단순한 사고의 결과가 아니라, 삶의 실천으로 구현되는 언어다.

5장. 생각을 멈추면, 감각이 철학이 된다

"如鏡之無心而照也 , 如水之無心而鑒也.""거울이 마음 없이 비추듯, 물이 마음 없이 비추듯"

이는 집착과 분별 없이 자연스럽게 모든 것을 있는 그대로 반영하는 무심(無心)의 상태를 표현한다. 진정한 지혜란 집착 없이 세상을 있는 그대로 받아들이는 데서 온다는 불교적 통찰을 담고 있다.『종경록(宗鏡錄)』

1절. 머리가 멈추고 나서야 들리는 것들

많은 사람들은 철학을 머리로 한다고 생각한다. 책을 읽고, 개념을 분석하고, 정답을 찾는 것이 철학이라고 믿는다. 그러나 우리가 생각이 지나치게 앞설 때, 오히려 삶의 본질에서 멀어지는 경우를 자주 경험한다. 지나친 사유는 감각을 덮고, 분석은 때로 본질을 흐린다. 철학이 진짜 힘을 발휘하는 순간은, 머리가 아니라 몸이 고요해지는 순간이다. 몸의 감각은 생각보다 더 많은 것을 알고 있다. 그러나 생각이 쉬지 않고 떠들고 있을 때, 그 감각은 묻히게 된다.

인도 철학의 경전인 『카타 우파니샤드(Katha Upanishad)』에도 생각을 멈춘 고요함과 직관적 깨달음에 대한 가르침이 나온다. 특히 요가의 최고 경지를 다음과 같이 묘사한다:

"다섯 가지 감각이 고요해지고, 마음이 움직임을 멈추며, 지성마저 흔들리지 않을 때, 이를 현자들은 최고의 경지라 부른다."

여기서 말하는 다섯 감각의 고요와 마음의 정지란 곧 외부 감각과 내적 잡념이 모두 잦아든 상태이다. 이러한 상태에서는 진리의 속삭임이 들리기 시작한다. 실제로 카타 우파니샤드의 주인공 나치케타는 죽음의 신 야마로부터 가르침을 받으며, 감각과 생각이 잦아든 고요 속에서 자기 본성(Ātman)을 깨닫게 된다. 우파니샤드는 이처럼 명상적인 정적(靜寂) 속에서 오는 직관적 앎이야말로 최고 수준의 지혜라고 강조한다.

예를 들어, 주짓수 수련 중, 머릿속으로 기술을 계산하고 있을 때, 몸은 자연스럽게 움직이지 못하고 굳어지기 쉽다. 반면, 생각이 멈추고 내가 움직이려는 의도가 사라질 때, 그 순간 내 몸은 나를 이끌어간다. 손과 다리, 호흡이 자연스럽게 반응하는 상태에서 몸의 지혜가 드러나며, 그 지점에서 진정한 철학이 시작된다.

장 폴 사르트르(Jean-Paul Sartre)는 『실존주의는 휴머니즘이다 (L'existentialisme est un humanisme)』에서 '실존은 본질에 앞선다'고 말했지만, 여기서 말하는 실존은 머릿속 논리 이전에 살아 있는 몸의 현존이다. 우리가 삶을 체험하는 모든 순간은 사고가 아니라 감각을 통해 이루어진다. 맛을 보고, 숨을 쉬고, 아픔을 느끼는 것이 바로 그 감각이다. 감각이야말로 우리가 세계와 맞닿는 첫 번째 연결 지점이며, 그것이 바로 우리가 살아 있다는 증거이기도 하다.

"오랜 명상 수련자들이 공통적으로 말하는 것 — '생각이 멈춘 순간, 모든 것이 더 명확해진다'는 말은 단지 영적인 느낌이 아니다. 그것은 생물학적이고 신체적인 지혜다. 명상은 뇌와 신체에 심오한 변화를 일으킨다. 연구에 따르면, 명상은 뇌파를 변화시키며, 그로 인해 집중력과 감정 조절 능력이 향상된다. 특히 알파파(Alpha waves)와 세타파(Theta waves)와 같은 느린 뇌파가 증가하면, 우리는 더 깊은 이완 상태에 접어들고, 감각 수용체들이 깊이 깨어나 더욱 민감하게 반응한다. 이 상태에서는 우리는 세상을 있는 그대로 받아들이게 된다. 판단 없이, 해석 없이. 이러한 상태는 '현재의 순간'을 완전히 경험하는 것이며, 그로 인해 감정적 반응이 줄어들고 자아의 경계가 허물어지는 경험을 하게 된다."

호흡 또한 이 과정에서 중요한 역할을 한다. 호흡의 깊이와 리듬은 자율신경계에 큰 영향을 미친다. 호흡을 조절하면 자율신경계가 안정되며, 이는 스트레스 반응을 감소시키고 심박수와 혈압을 낮추는 효과가 있다. 심리적 안정과 감정 조절의 과정은 뇌에서 호흡을 감지하고 조절하는 뇌 영역과 밀접하게 연결되어 있으며, 이러한 신경과 생리적 과정은 명상 중에 더욱 강화된다. 연구에 따르면, 심호흡을 통해 심리적 평온을 경험할 수 있는 호르몬인 옥시토신이 증가하고, 이는 우리가 더 차분하고 집중된 상태로 들어가게 도와준다.

따라서, 고요 속에서 철학은 자연스럽게 떠오른다. 이 고요한 상태는 우리가 몸과 마음의 리듬을 맞추고, 자아와 세상의 경계를 넘어서서 깊은 통찰을 얻는 순간이다. 이 과정에서 발생하는 신경화학적 변화는 단순히 정신적 차원의 변화를 넘어, 뇌와 몸이 협력하여 우리가 현재를 경험하는 방식을 변화시킨다. 명상과 호흡은 몸의 감각을 완전히 깨어나게 하는 열쇠이며, 그 안에서 자기 이해와 철학적 통찰이 자연스럽게 생겨난다.

몸이 고요해지면, 마음도 따라 고요해진다. 그리고 그 고요 속에서만 들을 수 있는 질문이 있다. "나는 지금 어디에 있는가?" "무엇을 느끼고 있는가?" 생각이 아무리 많아도, 이 질문은 머리로는 답할 수 없다. 오직 감각만이 대답할 수 있다. 그것이 철학이 감각이 되는 지점이다. 우리는 배웠다. 생각이 많다고 깊은 게 아니며, 감각이 깨어 있을 때 비로소 철학이 나를 통과해 살아 있는 말이 된다는 것을. 생각은 멈출 수 없다. 하지만 그것에 끌려가지 않을 수는 있다. 그리고 그 지점에서 우리는, 머리가 아니라 감각으로 철학하기 시작한다.

2절. 감각은 세계와 나를 잇는 언어다

"감각은 단순히 정보를 받아들이는 수단이 아니다. 그것은 세계와 나 사이를 이어주는 최초의 다리이며, 철학이 실제로 작동하는 접점이다. 우리는 손끝의 온도로 사람의 기분을 짐작하고, 어깨의 긴장으로 말하지 않은 생각을 느끼며, 한 모금의 공기로 계절의 변화를 알아차린다. 이 모든 것이 감각의 언어다."

서양 철학에서도 이성의 생각보다 앞서는 몸의 지혜를 강조한 예를 찾을 수 있다. 독일 철학자 프리드리히 니체(Friedrich Nietzsche)는 그의 작품 『차라투스트라는 이렇게 말했다(Also sprach Zarathustra)』에서 인간의 신체와 감각이 지닌 지혜를 역설한다. 그는 형이상학적 사변을 비판하며 다음과 같이 말했다:

"너의 가장 깊은 철학보다도, 네 몸 안에 더 큰 지혜가 있다."

니체는 우리의 몸을 "위대한 이성"이라고 부르며, 머리로만 만들어낸 추상적 철학보다 몸이 알려주는 직관이 더욱 믿을 만하다고 보았다. 차라투스트라는 "영혼"마저도 결국 몸의 표현일 뿐이라고 말하면서, 전통 철학이 경시했던 육체의 중요성을 역설한다. 이것은 곧 본능적 통찰과 감각적 경험이야말로 삶의 진리를 포착하는 열쇠임을 시사한다.

감각은 우리가 외부 세계와 연결되는 최초의 창구이다. 우리는 몸을 통해 세상을 경험하고, 세계가 내게 말을 건네는 방식은 바로 감각의 언어로 다가온다. 예를 들어, 우리가 음식을 먹을 때, 그 맛을 혀로 느끼는 것은 단순히 물리적 반응이 아니다. 그 순간, 우리의 기억, 감정, 과거의 경험이

합쳐져 맛을 만들어낸다. 우리가 어떤 특정한 음식을 먹을 때 향기나 맛에 대한 반응은 단순히 그 음식에 대한 반응만이 아니라, 그 음식을 먹었을 때의 감정과 기억을 떠올리게 한다. 몸의 감각을 통해 우리는 과거와 현재, 감정과 인식을 모두 체험한다.

마르틴 하이데거(Martin Heidegger)는 '세계-내-존재(In-der-Welt-sein)'라는 개념을 통해 우리가 세계와 어떻게 관계를 맺고 살아가는지를 설명했다. 그는 『존재와 시간(Sein und Zeit)』에서 인간 존재를 단순히 객관적인 실체가 아니라, 세계 속에서 존재하고 경험하는 존재로 보고, 우리가 어떤 의미를 부여하고 체험하는 방식을 강조했다. 모리스 메를로퐁티(Maurice Merleau-Ponty)는 이를 더욱 확장하여, "나는 내 몸을 통해 세계를 산다"고 말하며, 몸과 감각이 의식과 경험을 실현하는 중요한 매개체임을 주장했다. 우리의 몸은 단지 물리적 존재가 아니라, 세상을 경험하는 첫 번째 도구이자, 우리가 살아 있는 그대로 존재할 수 있도록 하는 필수적인 통로인 것이다.

주짓수에서의 훈련을 예로 들어보자. 상대의 무게중심이 바뀌는 미세한 변화를 감지하는 감각은, 책으로 배울 수 없다. 몸이 지속적으로 배우고, 반응하는 이 훈련을 통해, 우리는 세상과의 관계를 물리적으로 체험하며 철학을 몸속에 새겨나간다. 예를 들어, 상대의 몸이 내 손끝의 미세한 압력 변화에 따라 반응할 때, 나는 그의 의도를 느끼고, 다음 움직임을 예측할 수 있다. 이런 감각은 반복 훈련을 통해서만 얻어지며, 몸과 마음이 하나로 연결된 경험을 통해서만 실현될 수 있다. 감각은 철학을 이루는 중요한 과정이며, 그것을 몸으로 체득하는 것이 진정한 철학적 경험이다.

이와 관련된 과학적 근거는 뇌의 감각 처리 시스템과 관련이 있다. 연구에 따르면, 신경과학에서는 우리가 외부 세계를 인식할 때 감각 정보가 뇌에서 빠르게 처리되며, 이 과정에서 뇌파가 중요한 역할을 한다. 예를 들어, 고요한 상태에서의 명상은 알파파(Alpha waves)를 증가시키며, 뇌의 감각 처리 능력을 극대화한다. 이는 감각을 통해 느끼는 경험이 뇌의 다양한 영역과 연결되어, 우리가 내면의 고요와 현재에 집중할 수 있도록 돕는다는 것이다.

고요 속에서 철학이 작동하는 방식은 바로 이처럼 감각을 통해 지금 여기에서의 진리를 깨닫는 과정이다. 감각은 존재의 언어, 철학은 그것을 통해 실현되는 실천이다. 고요 속에서 몸의 반응을 느끼고, 그 안에서 내면의 통찰을 얻을 때, 우리는 진정한 자기 이해와 자기 발전을 경험할 수 있다. 철학은 고요한 순간에 깨어나는 감각 속에서만 완전해지며, 그것이 우리 삶의 방식이 된다.

3절. 감각 위에 세워진 의지

"감각은 그 자체로 끝나지 않는다. 그것은 삶의 방향을 결정짓는 의지의 토대가 된다. 감각을 신뢰하는 사람은, 자신이 지금 어디로 가고 있는지를 더 정확히 인식한다. 그리고 그 감각 위에 자신의 방향을 세운다. 철학은 이처럼 감각에 뿌리내린 의지의 구조로 작동한다."

니체가 『차라투스트라는 이렇게 말했다』에서 강조했듯이, 몸과 감각은 우리 행동의 진정한 원천이 된다. 그는 "걷는 방식만 보아도 그 사람의 생각을 알 수 있다"고 말했는데, 이는 우리의 의지와 철학이 결국 몸의 움직임과 감각을 통해 표현된다는 것을 의미한다. 니체에게 있어 몸은 단순한 도구가 아니라 사유의 주체이자 자기 인식의 원천이었다.

우리는 종종 생각에 의존하여 중요한 결정을 내리지만, 감각을 통해서도 직관적인 통찰을 얻는다. 예를 들어, 운동 선수들이 훈련 중 느끼는 몸의 미세한 변화나 고통의 정도는 그들의 전략적 판단에 직접적인 영향을 미친다. 과학적 연구에 따르면, 감각은 뇌의 신경 회로망을 자극하여, 우리가 경험하는 물리적, 감정적 신호를 즉각적으로 분석하고 반응하게 만든다. 이 신경학적 과정은 신경과학에서 설명하는 체감적 반응과 의식적인 결단이 하나로 결합되는 '의지'의 작용을 뒷받침한다.

 구스타프 융(Carl Gustav Jung)은 무의식적 에너지가 우리의 행동을 어떻게 이끄는지 설명하면서, "무의식 속의 에너지는 의식적으로 표현되지 않지만, 우리가 경험하는 현실에서 그 흔적을 볼 수 있다"라고 말했다. 우리의 몸은 그 무의식적 에너지를 가장 강력하게 표현하는 도구가 된다. 몸은 그 감각을 통해 우리가 인식하지 못한 의도나 감정을 드러내며, 그 드러난 감정을 실천적으로 처리하게 된다. 주짓수에서의 반복 훈련은 감각과 의지가 결합된 순간, 빠른 판단과 행동으로 이어진다. '이 정도 통증이면 멈춰야 한다', '지금은 더 밀어붙여야 한다'는 판단은 몸과 감각이 일치하는 지점에서 나온다. 판단은 논리보다 빠르고, 감정보다 깊다. 그것이 몸의 지혜이자, 의지의 방향성이다.

니체는 『도덕의 계보(Zur Genealogie der Moral)』에서 "우리의 도덕은 몸을 통해 쓰여진다"라고 말했다. 여기서 말하는 도덕적 신념은 단순히 이론적인 것이 아니라, 몸이 경험한 고통과 쾌감을 바탕으로 형성된다는 것이다. 예를 들어, 훈련 중에 몸이 느끼는 불편함이나 지속적인 피로감이 심리적인 한계를 넘어서게 만들고, 그 한계를 넘었을 때 성취감을 통해 자기 신념이 더욱 강하게 자리잡는다. 몸이 불편한 것을 느끼면 우리는 거리를 두고, 편안함을 느끼면 더 가까이 다가간다. 이처럼 신념은 몸의 감각을 통해 구축되고, 우리의 행동과 선택에 큰 영향을 미친다.

질 들뢰즈(Gilles Deleuze)는 『차이와 반복(Différence et répétition)』에서 "되풀이되는 것은 동일한 것이 아니라 차이 자체다"라고 말하며, 반복 훈련의 중요성을 강조했다. 이 말은 우리가 똑같은 동작을 반복할 때, 그 동작이 동일하게 되풀이되는 것이 아니라, 매 순간 미묘한 차이가 발생하고 그 차이가 새로운 인식과 반응을 이끌어낸다는 의미다. 포지션 스파링 같은 반복적인 훈련은 단순히 같은 행동을 반복하는 것이 아니라, 매 순간 다른 차이를 감지하고 반응하는 능력을 키우게 된다. 이 '차이의 감각'은 살아 있는 철학이자, 수련의 근육이 된다.

결국, 철학은 머리에서 출발할 수 있지만, 그 지속성은 감각의 축적과 의지의 반복 속에서 완성된다. 어떤 사람은 고통 앞에서 물러서고, 어떤 사람은 견디고, 어떤 사람은 뛰어든다. 그 선택은 단지 용기만의 문제가 아니다. 그것은 평소 감각을 얼마나 섬세하게 듣고, 의지를 훈련시켜왔느냐의 차이이다. 감각은 철학의 출발점이고, 의지는 철학의 진행형이다. 그 둘이 함께할 때, 우리는 삶을 읽는 철학자가 아니라, 삶을 걸어가는 실천가가 된다.

4절. 생각을 벗어나 감각으로 사는 삶

철학은 감각에서 시작되어 의지로 연결되지만, 그 끝은 다시 삶 전체를 어떻게 살아내느냐의 문제로 돌아온다. 감각을 열고, 의지를 길들인 다음에 우리가 마주하게 되는 건 결국, 이 감각으로 어떻게 살아갈 것인가라는 질문이다.

"장 폴 사르트르는 말했다. '인간은 자신이 만든 것에 의해 정의된다.' 이 말은 우리가 느끼는 대로 살아가는 것이 아니라, 감각을 토대로 어떻게 살아내는가에 따라 철학이 완성된다는 의미이다. 우리의 감각은 단지 피상적인 감정을 넘어서, 우리의 생각과 행동을 이끌어내는 원동력이 된다. 이 감각에 단순히 반응하는 것이 아니라, 그 감각을 어떻게 해석하고, 어떻게 반응할 것인지를 선택하는 과정이 중요하다. 즉, 느끼는 것을 외면하지 않되, 그 감각에만 머물지 않는 삶이 철학을 완성하는 길이다. 우리는 감각을 수용하면서도, 그 감각을 선택하고 실천하는 태도가 바로 철학적 삶을 살아가는 방법이다. 이는 생각과 행동이 일치하는, 사유와 실천이 맞물린 태도를 의미한다."

사르트르는 '자유와 책임'의 관계를 중심으로 인간 존재를 정의했다. 그는 "우리는 우리의 선택을 통해 존재한다"고 말하며, '우리는 존재할 뿐만 아니라, 존재의 의미를 끊임없이 창조한다'고 했다. 사르트르의 철학에서 중요한 것은 선택과 행동이다. 우리는 고통을 경험하고, 그 고통 속에서 무엇을 선택할지 결정함으로써 우리의 존재를 정의한다. 주짓수 수련처럼 반복되는 훈련에서, 우리는 끊임없이 선택을 하며, 그 선택들이 우리의 존재를 형성한다. 우리는 고통을 피할 수는 없지만, 그 고통에 어떻게 반응할 것인가를 선택함으로써 우리가 어떤 존재가 될지 결정한다. 이 과정이 바로 사르트르가 말한 실존적 자유와 책임의 실천이 된다.

고전들에서 공통적으로 드러나듯이, 고요함 속에서 떠오르는 직관과 몸으로 체득된 지혜는 언어적 사유를 뛰어넘는 힘을 지닌다. 장자의 포정은 생각을 내려놓고 도에 따른 몸짓으로 진리에 닿았고, 우파니샤드는 명상적 고요 속에서 최고의 앎을 설파했으며, 니체는 몸의 깊은 목소리가 철학을 대신할 수 있다고 보았다. 이 모든 이야기와 가르침은 한 가지 핵심을 공유한다. 과도한 생각이 멈춘 자리에서 비로소 감각과 직관이 순수하게 발현되고, 그 순간에 삶의 진리를 포착하는 철학적 통찰이 찾아온다는 것이다. 즉, 생각을 멈추면 비로소 감각이 철학이 되는 순간이 펼쳐지는 것이다.

틱낫한(Thich Nhat Hanh) 스님은 『살아있음의 기적(The Miracle of Mindfulness)』에서 말한다. "당신이 숨 쉬고 있다는 것을 아는 순간, 당신은 이미 살아 있음의 기적을 목격하고 있는 것이다." 감각을 깨우는 삶은 지금 이 순간을 인식하는 삶이다. 숨을 쉬고 있는 나, 움직이는 나, 흔들리면서도 서 있는 나 ― 그 모든 감각 위에 삶은 서 있다.

우리는 생각 속에 살지만, 감각 속에서만 존재할 수 있다. 생각은 설명을 찾고, 감각은 존재를 확인한다. 그래서 감각은 언제나 현재를 향하고, 철학은 그 현재 위에 사유를 올린다. 고통조차도 감각으로 받아들일 때, 그것은 피해야 할 대상이 아니라 해석 가능한 메시지가 된다.

무라카미 하루키(村上春樹)는 『달리기를 말할 때 내가 하고 싶은 이야기(走ることについて語るときに僕の語ること)』에서 말했다. "통증은 피할 수

없지만, 고통은 선택이다." 이는 우리가 겪는 물리적 통증이나 감각의 강도는 불가피한 일임을 시사한다. 그러나 그 통증에 대한 반응과 태도는 우리에게 달려 있다. 감각이 철학이 되기 위해서는, 단지 감각을 경험하는 것을 넘어서, 그 감각과 어떻게 공존할 것인가를 질문하고, 그에 응답하는 삶을 살아야 한다. 고통을 회피하는 것은 잠시 편할 수 있지만, 그 고통 속에서 무엇을 배우고, 어떻게 성장할 것인지를 고민하며 살아갈 때, 비로소 진정한 철학적 삶이 된다.

결국 생각을 멈춘다는 건, 철학을 포기하는 것이 아니라 더 깊이 철학에 다가가는 일이다. 머리가 멈춘 그 자리에서 감각은 깨어나고, 감각이 깨어난 자리에서 삶은 명료해진다. 그리고 그 삶의 선명함이 바로, 우리가 말로 다 하지 못했던 철학의 본질이다.

6장. 철학은 글이 아니라 땀에 묻어 있다

"비록 성전을 많이 외우더라도 행하지 않으면 남의 소를 세는 목동과 같으니, 수행의 이익을 받지 못하리라. 비록 적은 경만 외워도 법대로 실행하면, 탐욕과 성냄과 어리석음을 버리고 마음을 바로 얻으리니, 그에게는 수행의 이익이 있으리라."

『법구경(法句經, Dhammapada)』의 이 가르침은 경전을 많이 외우고 지식을 쌓는 것보다, 그 가르침을 실제로 실천하는 것이 진정한 수행의 이익과 깨달음에 이르는 길임을 강조한다. 아무리 많은 경전을 암송해도 실천하지 않으면 남의 소를 세는 목동처럼 아무런 이익이 없고, 반대로 비록 적게 알더라도 탐욕·성냄·어리석음을 버리고 가르침을 실천하면 참된 해탈과 평화를 얻을 수 있음을 가르친다.

1절. 머리로 아는 철학과 몸으로 살아낸 철학

철학은 원래 삶을 위한 것이었다. 하지만 어느 순간부터 철학은 삶에서 멀어지기 시작했다. 글이 길어질수록, 문장이 어려워질수록, 철학은 실제 삶과 멀어져갔다. 하지만 땀이 말하는 철학은 다르다. 그것은 무거운 말보다 가벼운 실천에, 거대한 개념보다 일상의 자세에 가깝다.

피터 슬로터다이크(Peter Sloterdijk)는 철학을 '존재의 면역 체계를 키우는 훈련'이라 했다. 그는 『너는 네 삶을 바꿔야 한다(Du mußt dein Leben ändern)』에서 철학이 단지 사유를 위한 것이 아니라, 우리가 세상과 마주하는 방식 자체를 근육처럼 단련하는 일이라 말한다. 그에 따르면 개념의 유리벽은 일종의 파리병과 같다. 그 안에 갇히면 말은 계속 맴돌지만 삶은 나아가지 않는다. 그런데 반복 훈련은 그 유리벽을 깨뜨린다. 훈련은 머리를 비우고 몸을 채운다. 생각을 말보다 느림으로, 문장보다 리듬으로 바꾼다.

질 들뢰즈(Gilles Deleuze)는 『스피노자와 표현 문제(Spinoza et le problème de l'expression)』에서 말했다. "누구나 철학할 수 있지만, 철학을 산다는 것은 전혀 다른 일이다." 철학을 산다는 것은, 내가 말한 것을 살아내는 것이다. 이론적 이해와 실천적 체화는 완전히 다른 차원의 경험이다. 철학적 지식은 종이 위에서는 빛날 수 있지만, 진정한 검증은 일상의 순간들 속에서 이루어진다.

주짓수 훈련에서 이런 차이가 극명하게 드러난다. 기술을 이론적으로 이해하는 것과 실제 상대방과의 대련에서 그것을 구현하는 것은 완전히 다른 차원이다. 매트 위에서 나는 수없이 무너지고 나서야 비로소 배웠다. 기술의 이름이 아니라, 내 중심이 어디 있는지를. 상대를 이기는 방법이 아니라, 무너지지 않고 버티는 내 호흡을. 철학은 문장 속에 있는 게 아니라, 무게 중심이 흔들리는 순간의 나의 태도 속에 있었다.

철학은 글로 쓰기 전에 땀으로 써야 한다. 그 땀은 단순한 수고의 증거가 아니라, 사유가 몸을 통과한 흔적이다. 몸으로 체험되지 않은 철학은 추상에 불과하며, 실제 삶의 질곡 속에서는 쉽게 무너진다. 그러나 땀으로 검증된 철학은 어떤 도전 앞에서도 견고함을 유지한다.

2절. 반복은 철학을 새긴다

처음 배운 기술은 어색하다. 두 번, 세 번 반복해도 낯설고, 열 번, 스무 번이 지나도 어딘가 부자연스럽다. 그런데 어느 순간, 설명하지 못할 방식으로 몸이 먼저 반응하는 순간이 온다. 철학도 마찬가지다. 생각으로 이해한 문장이 아니라, 반복을 통해 삶에 새겨진 문장이 진짜 철학이다.

반복은 지루하다. 하지만 그 지루함 속에서만 드러나는 층위가 있다. 반복의 단계는 뚜렷한 발전 패턴을 보인다. 첫 반복은 모방이고, 두 번째는 흉내고, 세 번째는 저항이고, 그다음은 수용이다. 반복은 단순 복사가 아니라, 내면화의 과정이며 존재 형성의 통로다. 미셸 푸코(Michel Foucault)는 『담론의 질서(L'ordre du discours)』에서 말한다. "우리는 반복을 통해 사회적 진실을 내면화한다." 이 말을 훈련과 철학에 적용하면, 반복이야말로 철학을 삶으로 전이시키는 메커니즘이 된다.

철학자 피에르 아도(Pierre Hadot)는 『삶으로서의 철학(La Philosophie comme manière de vivre)』에서 고대 철학을 "삶을 바꾸기 위한 실천"이라고 정의했다. 당시 철학은 추상적 사고가 아니라 일상의 훈련이었다. 매일의 명상, 절제, 자기 점검 같은 철학적 수련법들은 오늘날의 신체 훈련과 본질적으로 다르지 않다. 그들은 반복을 통해 자신의 내면을 조율했다.

주짓수 훈련에서 같은 동작을 수백 번 반복할 때, 처음에는 의식적인 노력이 필요하지만 시간이 지나면서 점차 무의식적 반응으로 바뀐다. 이것은 단순한 근육 기억이 아니라, 우리의 신체가 상황을 인식하고 대응하는 방식 자체가 변화했음을 의미한다. 이런 변화는 인지 과학에서 말하는 '체화된 인지(embodied cognition)'와 정확히 일치한다. 우리의 사고는 몸의 경험을 통해 형성되며, 철학적 이해도 마찬가지다.

반복은 생각보다 느리게 작동한다. 하지만 그 느림 속에서 철학은 조용히 자란다. 철학은 갑작스럽게 깨달아지는 것이 아니라, 익숙한 것을 다르게 느끼는 감각이 반복되는 순간 태어난다. 그 감각은 단단하고, 일상적이며, 사라지지 않는다.

결국 철학은 반복을 통해만 내 것이 된다. 땀은 그 반복의 증거다. 땀이 없는 철학은 아직 몸에 닿지 않은 사유일 뿐이다.

3절. 기술보다 자세가 말해주는 것

처음에는 기술이 전부인 줄 알았다. 어떤 동작이 더 강한가, 어떤 기술이 더 빨리 끝내는가, 어떻게 상대를 제압하는가. 그러나 시간이 지날수록 알게 되었다. 기술보다 더 많은 것을 말해주는 건 자세라는 것을. 자세는 그 사람의 마음가짐이고, 세상을 대하는 태도이며, 그 삶의 구조다.

자세는 '어떻게'보다 '왜'라는 질문에서 시작된다. 왜 지금 이 자세를 유지해야 하는가, 왜 이만큼의 힘만 써야 하는가, 왜 여기서 물러서야 하는가. 철학은 자세의 이유를 묻는 태도에서 시작된다. 마르틴 하이데거(Martin Heidegger)가 언급했듯이, "존재는 자세를 통해 드러난다." 우리의 존재 방식은 몸의 자세에 그대로 반영된다.

과학적으로도, 자세는 감정과 인지의 상태와 깊은 연관이 있다. 하버드 대학의 연구에 따르면 파워포즈같은 자신감 있는 자세를 2분만 유지해도 자신감 관련 호르몬인 테스토스테론이 약 20% 증가하고, 스트레스 호르몬인 코르티솔은 약 25% 감소한다고 한다. 즉, 몸의 자세가 실제 호르몬 변화를 통해 심리적 상태와 밀접하게 연결되어 있으며, 이를 통해 우리의 감정 상태와 행동에 중요한 영향을 미친다.

주짓수에서 이를 명확히 볼 수 있다. 같은 기술을 사용해도 자세가 다른 사람들은 완전히 다른 결과를 얻는다. 똑같은 가드 포지션에서도 어떤 이는 수비적 자세로 머물고, 어떤 이는 공격적 성향을 드러낸다. 이것은 단순한 신체적 차이가 아니라, 그 사람의 내면적 태도와 철학이 드러나는 지점이다. 자세는 단순한 몸의 위치가 아니라, 세상과 관계 맺는 방식이며, 내면의 철학이 몸으로 드러나는 과정이다.

바뤼흐 스피노자(Baruch Spinoza)는 말했다. "신체가 할 수 있는 것이 무엇인지, 우리는 아직 모른다." 이 말은 역설적으로, 몸의 자세가 드러내는 철학적 깊이가 우리의 예상보다 훨씬 크다는 뜻이기도 하다. 우리는 그저 기술을 수행하는 것이 아니라, 자세로 존재의 깊이를 연습하고 있는 것일지 모른다. 결국, 철학은 말보다 먼저 몸에서 배어나는 것이다. 기술은 잊힐 수 있지만, 그 속에서 드러나는 자세는 남는다. 그 자세는 반복의 시간, 감각의 누적, 그리고 의지의 선택을 통해 완성된다.

4절. 다시 서는 자만이 철학을 완성한다

철학은 넘어지지 않는 삶이 아니라, 넘어졌을 때 어떻게 다시 일어나는지를 묻는 삶의 태도다. 매트 위에서든 인생에서든, 우리는 수없이 중심을 잃는다. 하지만 중요한 것은 무너지지 않는 기술이 아니라, 다시 중심을 찾는 자세다. 철학은 바로 그 복원력에서 자란다.

미셸 드 세르토(Michel de Certeau)는 『일상의 발명(L'invention du quotidien)』에서 말했다. "삶은 이론에 따라 사는 것이 아니라, 끊임없는 되돌아옴을 통해 만들어진다." 철학도 마찬가지다. 완성된 명제 위에 세워지는 것이 아니라, 매일의 실천과 복귀, 회복 속에서 되살아나는 사유의 흔적들로 이루어진다. 땀이 흐른 자리에 철학이 새겨지고, 무릎을 짚고 일어선 순간에 철학은 완성된다.

주짓수에서 이러한 복원력은 핵심적인 가치다. 상대에게 압박을 받거나 불리한 자세에 놓여도, 다시 중심을 찾고 기본 자세로 돌아오는 능력이 바로 실력의 척도다. 이런 복원 과정에서 드러나는 건 단순한 물리적 능력이 아니라 정신적 탄력성이다. 무너진 상황에서도 침착함을 유지하고, 다음 움직임을 계산하며, 기회를 포착하는 마음가짐은 철학적 훈련의 결과다.

에픽테토스(Epictetus)는 스토아 철학의 핵심을 이렇게 요약했다. "외부 사건에 휘둘리는 것이 아니라, 그것을 받아들이는 나의 태도가 중요하다." 이 말은 '다시 서는 철학'의 본질과 닿아 있다. 무너진 사실보다 중요한 것은, 내가 그것을 어떻게 다시 세우느냐는 태도다. 이 복원의 과정에서 우리는 진정한 철학적 통찰을 얻게 된다.

누구나 무너질 수 있다. 하지만 다시 일어설 수 있는 사람은, 그 과정을 철학으로 전환시킨 사람이다. 단지 '이겨야 한다'는 마음이 아니라, '다시 선다'는 태도가 철학을 진짜 삶으로 만든다. 철학은 실패를 피하는 기술이 아니라, 실패를 사유의 자리로 바꾸는 힘이다.

결국 철학은 한 번의 깨달음이 아니라, 수없이 다시 서는 경험을 통해 내 안에 굳어지는 형태다. 다시 선다는 것, 그것은 단순한 복귀가 아니다. 그것은 한층 깊어진 사유, 더 정제된 태도, 더 단단해진 자세로의 복귀다. 철학은 결국, 다시 서는 자가 증명하는 삶의 언어다.

3부 이기는 법보다 지는 법
훈련은 내면을 만든다

3부 이기는 법보다 지는 법
– 훈련은 내면을 만든다

7장. 수련하는 나, 연결되는 나

"철이 철을 날카롭게 하는 것 같이 사람이 그의 친구의 얼굴을 빛나게 하느니라." (잠언 27:17)

성경의 이 구절은 인간 관계의 본질과 공동체적 성장에 관한 오랜 철학적 통찰을 담고 있다. 상호 성장은 단순한 개인의 노력이 아닌 관계적 과정임을 드러내는 것이다. 동양의 유교 철학에서도 '군자(君子)'의 수양은 항상 '붕우(朋友)'와의 관계 속에서 이루어진다고 보았다. 공자는 "세 사람이 길을 가면 반드시 나의 스승이 있다(三人行必有我師)"라고 말하며 타인과의 관계가 자기 성찰과 성장의 핵심임을 강조했다. 서양 철학에서 아리스토텔레스는 "인간은 사회적 동물"이며 진정한 덕(德)은 공동체 속에서만 완성된다고 주장했다.

이처럼 인류의 지혜는 성장과 발전이 고립된 개인의 노력이 아닌, 상호 작용을 통해 이루어짐을 인식해왔다. 훈련과 배움은 타인과의 관계 속에서 이루어지는 과정이며, 우리가 어떻게 서로를 대하고 영향을 주고받는가에 따라 개인과 공동체의 성장 방향이 결정된다. 서로가 서로를 연마하고 단련시키는 관계 속에서만 진정한 발전이 이루어지므로, 타인과의 만남을 단순한 사교가 아닌 상호 성장의 기회로 여겨야 한다는 메시지는 동서고금을 막론한 지혜의 근간이다.

1절. 고립된 수련은 없다

운동은 본질적으로 혼자 하는 것처럼 보인다. 혼자 땀을 흘리고, 혼자 무릎을 꿇고, 혼자 고통을 견디며 반복한다. 그러나 진짜 수련은 결코 혼자 이루어지지 않는다. 수련은 언제나 타자와 함께 이뤄지는 관계적 경험이다. 우리가 매트 위에서 만나는 사람은 단순한 상대가 아니라, 내 수련을 가능하게 해주는 조건이자 거울이다. 이 관계 속에서 우리는 단순히 기술을 배우는 것이 아니라, 타인과의 상호작용을 통해 내면을 확장하고, 내 철학을 실천하는 법을 배운다.

성경 전도서도 "두 사람이 한 사람보다 나음이라... 한 사람이 넘어지면 다른 한 사람이 그의 동무를 일으켜 세우리라." (전도서 4:9-10)라고 하여 협력의 가치를 강조한다. 함께 할 때 고통을 견디고 성취의 기쁨을 나누기에, 진정한 수련은 근본적으로 관계적인 것이다. 불교에서도 붓다는 "수행의 전부는 선한 벗과의 우정(kalyāṇa-mitra)에 있다"고 설파하였다. 아난다가 "수행의 절반은 좋은 도반입니다"라고 말했을 때, 붓다는 "선한 벗과 함께 함이 수행의 전부"라고 바로잡았다.

운동은 나를 강화하는 동시에, 타인과의 연결을 훈련하는 장이다. 주짓수처럼 상대가 있어야 가능한 운동일수록, 이 연결의 철학은 더 깊어진다. 상대의 움직임을 읽고, 반응하고, 조율하며, 나의 중심을 찾는 과정은 단지 기술이 아니라 관계의 리듬이다. 훈련은 나를 세우는 동시에, 타인과 함께 있는 법을 연습하게 한다. 그 과정에서 우리는 서로의 고통을 마주하며, 그 고통을 함께 견뎌내는 법을 배우게 된다.

하이데거는 『존재와 시간』에서 인간 존재를 '함께 있음(Mitsein)'의 구조 속에서 이해한다. 이 말은 우리가 결코 고립된 개체로 살아가지 않으며, 타자와의 관계 속에서 비로소 실존이 형성된다는 뜻이다. 우리는 고립된 자아가 아니라, 타자와의 접촉과 충돌을 통해 존재를 자각하는 실존적 존재다. 수련도 마찬가지다. 타인의 힘과 호흡을 느끼고, 그 안에서 나의 반응을 조율하는 과정 속에서 나는 단단해지고 동시에 열려간다.

니체는 『차라투스트라는 이렇게 말했다』에서 진정한 우정에는 긴장이 따르며, 서로를 넘어서는 도전 속에 함께 성장한다고 보았다. "친구 사이에서는 여전히 적(敵)을 존중해야 한다. 네 친구에게 맞설 때, 마음으로는 그와 가장 가까워야 한다."고 한 그는, 최고의 친구는 최고의 적이 될 수 있다고 말한다. 이는 서로가 서로의 경계를 자극하고 넘어서게 함으로써 더욱 높은 경지로 나아감을 뜻한다.

수련은 때로 갈등을 동반한다. 고통, 오해, 패배감, 위화감. 하지만 그 감정들을 버티고, 땀으로 서로를 읽어가는 시간이 쌓일 때, 수련은 단순한 능력 향상을 넘어 관계를 새롭게 체험하는 통로가 된다. 그 안에서 나 자신을 넘어 타인과의 연결을 재구성하는 순간, 진짜 수련이 시작된다. 그것은 단단해지는 동시에 부드러워지는 일이다.

우리는 운동을 하며 근육만 만드는 것이 아니다. 연결의 언어를 배우고, 관계의 리듬을 익히며, 타자와의 거리에서 나 자신의 무게를 조정하는 법을 배운다. 그 조율이 반복될수록, 나도 타인도 이전과는 다른 존재가 된다. 수련은 결국 나를 넘어 '우리'를 세우는 일이라는 사실을 가르쳐준다.

2절. 연결은 기술이 아니라 감각이다

우리는 수련을 통해 기술을 익히지만, 진짜 수련은 감각을 길러주는 일이다. 단순히 기술을 배우고 반복하는 것을 넘어서, 수련이란 몸과 마음이 하나가 되어 경험을 완성하는 과정이다. 이 과정에서 가장 중요한 것은 '연결'이다. 연결은 기술이 아니라, 감각이다. 그것은 상대의 체온, 호흡의 리듬, 긴장과 이완의 타이밍을 정확히 느끼는 일이다. 연결은 말보다 빠른 감각의 대화다. 말을 하지 않아도, 서로의 호흡과 움직임 속에서 그 감각은 자연스럽게 소통의 언어로 바뀐다.

주짓수를 수련할 때, 좋은 연결은 단순히 기술이 통했을 때가 아니라, 기술을 쓰지 않아도 서로가 이해되는 순간에 나타난다. 상대의 중심이 어디로 기울었는지, 지금 힘을 빼고 있는지 조이고 있는지, 눈빛을 마주하지 않아도 전달되는 감각이 있다. 이는 단순히 연습으로 익히는 것이 아니다. 그것은 존재 전체로 듣는 연습이다. 몸이 말을 하고, 우리는 그 말을 듣는 것이다.

노자는 『도덕경』에서 인간이 자연(道)과 감응하며 살아야 함을 역설한다. "성인은 (사사로운) 마음이 없으니, 백성들의 마음을 자기 마음으로 삼는다"고 하여 타인의 마음을 비추는 열린 감각을 강조했고, "선한 사람에게 선으로 대하고, 선하지 않은 사람에게도 선으로 똑같이 대한다"고 말하여 모든 존재를 포용하는 덕의 태도를 보였다. 이는 닫힌 자아의 경계를 넘어 감각과 마음으로 타인, 자연과 교감할 때 비로소 참된 덕과 조화가 이루어짐을 뜻한다.

연결은 단순히 기술의 차원이 아니다. 연결은 내가 상대와 대면할 때, 그 안에서 나의 존재와 상대의 존재를 이해하고, 그 흐름을 타는 것이다. 고요 속에서, 몸은 기술이 아닌 태도를 보여준다. 그 태도는 경쟁이 아닌 공명, 승패가 아닌 흐름, 통제하려는 의도가 아닌 함께 흘러가려는 마음에서 나온다. 이 감각은 설명되지 않지만, 분명히 존재한다. 고통 속에서도 함께 흐르는 느낌, 이 감각은 꾸준한 연습을 통해 더 깊어지고, 감정과 접촉하며 점점 더 정교해지며, 나를 타자에게 열리게 만든다.

경험론자 흄은 인간 사이의 감정 교감 메커니즘인 '공감(sympathy)'을 설명하며 "인간의 마음은 서로에 대한 거울이다. 우리는 서로의 감정을 비추어줄 뿐 아니라, 그러한 정서의 광선이 서로 반향하며 차츰 사라져간다"고 했다. 한 사람의 슬픔이나 기쁨이 감각적으로 타인에게 전이되고, 다시 되돌아오면서 점차 완화되거나 증폭된다는 뜻이다.

운동은 이 감각을 연습시키는 가장 효과적인 도구다. 연결은 말보다 먼저 도착하고, 생각보다 오래 남는다. 훈련을 통해 내 몸이 타자의 몸을 존중하는 법을 익히는 과정이 바로 이 감각을 연습하는 방법이다. 그리고 그 존중 속에서, 연결은 더 이상 기술이 아니라 태도가 된다. 주짓수에서의 훈련은 단순히 기술을 익히는 것이 아니라, 상대방을 존중하고, 그와의 흐름 속에서 나를 연결하는 법을 배우는 과정이다. 이 과정이야말로 관계를 훈련하는 진짜 방법이다.

3절. 경계는 단절이 아니라 존중이다

운동에서 가장 중요한 것 중 하나는 '거리'다. 너무 가까우면 무너지고, 너무 멀면 닿을 수 없다. 주짓수든 삶이든, 관계를 유지하는 힘은 곧 경계를 세우는 능력이다. 그리고 그 경계는 타인을 밀어내는 선이 아니라, 서로를 조율하며 공존하기 위한 감각이다.

이처럼 경계는 단절이 아닌 조율의 기초다. 경계 없는 연결은 쉽게 뒤엉키고 흐트러지며, 상대에게 휘둘리거나 나를 잃게 만든다. 반면, 지나치게 경직된 경계는 관계를 고립시킨다. 수련은 그 사이를 조율하는 능력을 기른다. 나를 지키면서도 닫지 않고, 타인을 받아들이면서도 삼키지 않는 거리. 그것이야말로 몸과 마음이 함께 익히는 균형 감각이다.

칸트는 『실천이성비판』에서 도덕적 관계의 경계를 "타인을 수단이 아닌 목적으로 대하라"는 정언명령으로 제시했다. "너는 너 자신의 인격에서나 다른 모든 사람의 인격에서나 인간성을 언제나 동시에 목적으로 대하고 결코 한낱 수단으로 대하지 않도록 행동하라"는 가르침이다. 이는 어떤 목적을 위해서도 타인의 존엄성과 자유라는 도덕적 경계를 침해해선 안 되며, 상호 존중의 조율 속에서만 올바른 관계가 성립함을 의미한다.

쇼펜하우어는 고슴도치의 비유를 들며 말한다. "고슴도치들은 서로 따뜻함을 나누려 다가가지만, 가까워질수록 가시에 찔려 멀어진다. 결국 가장 덜 상처받는 거리를 찾아낸다." 수련 역시 이와 같다. 서로를 느끼되 상처 주지 않는 거리, 그것이 바로 훈련이 만들어내는 관계 감각이다.

존 스튜어트 밀은 『자유론』에서 개인 자유와 사회 간 경계를 "타인에게 해를 끼치지 않는 한, 개인에 대한 강제는 정당화될 수 없다"는 해악 원칙으로 정식화하였다. 사회가 개인의 행동에 개입할 정당한 이유는 오직 다른 사람의 권리 침해 방지뿐이라는 것이다. 이는 수련이나 공동체 생활에서도 자율성과 연대의 균형을 잡아주는 원칙으로 볼 수 있다.

비트겐슈타인은 『철학적 탐구』에서 언어와 의미도 공동체의 삶의 형식 속에서만 성립한다고 보았다. 그는 사적 언어의 가능성을 비판하며, "고립된 개인은 어떤 것도 온전히 '의미할 수' 없기에, 의미의 성립 조건은 공동체에 있다"고 논증한다. 이는 우리가 느끼는 가장 내밀한 감정이나 생각조차 타인과의 공유 가능한 형태로 표현될 때에만 의미를 지닌다는 뜻이다.

이 조율은 삶의 이치와 다르지 않다. 인간관계든 사회생활이든, 우리는 언제나 나와 타인, 나와 환경 사이의 적정 거리를 찾으며 살아간다. 좋은 자세는 좋은 거리에서 나온다. 중심이 무너지지 않는 이유는 상대를 밀어낸 것이 아니라, 상대와 나 사이의 거리를 감각적으로 조율하고 있기 때문이다. 이것은 기술보다 오래 남는다. 기술은 잊히더라도, 이 거리감각은 몸에 남는다. 그것은 내가 나를 존중하면서 타인을 받아들이는 방식이기도 하다.

결국, 운동과 몸의 단련은 삶을 감각하고 반응하는 태도를 길러주는 가장 직접적인 방법이다. 수련은 단지 기술을 익히는 것이 아니라, 나를 잃지 않으면서도 세상과 조화를 이루는 태도를 익히는 일이다. 경계를 세우고, 거리를 조율하며, 균형을 잡는 과정 속에서 우리는 세상과 더 잘 연결되는 법을 배운다.

4절. 수련은 나와 세계를 조율하는 연습이다

운동은 단지 몸을 단련하는 시간이 아니다. 그것은 세상과 나를 조율하는 반복적인 연습이다. 우리는 세상이라는 거대한 리듬 속에 살고 있다. 그 리듬은 일정하지 않고, 빠르거나 느리고, 때로는 불규칙하게 변한다. 수련은 그 리듬에 휘둘리지 않고 나만의 템포를 유지하는 법을 몸으로 익히는 시간이다. 고요한 중심을 유지한 채 외부의 움직임에 유연하게 반응하는 법. 이것이야말로 진정한 조율의 기술이다.

힌두 철학의 경전인 우파니샤드는 궁극적으로 "那就是汝 (Tat Tvam Asi, 그것이 곧 그대)"라는 일체합일의 진리를 설파한다. 이는 개별 자아(Ātman)와 우주적 실재(Brahman)가 본질적으로 하나임을 의미하는데, 자기 내부의 참된 자아가 곧 만물의 근원과 같다는 깨달음이다. 이러한 가르침 아래에서는 나와 세계의 경계가 상대적인 것으로 여겨지며, 수련을 통해 자신이 우주와 연결된 존재임을 자각하게 된다.

바가바드 기타에서 크리슈나 신은 아르주나에게 요가를 통해 신성과 합일할 것을 가르치며, "참된 요기(瑜伽行)는 모든 존재 안에 자기 자신을 보고, 자기 자신 안에 모든 존재를 보느니라"고 말한다. 이는 수행을 통한 의식 확장으로, 수련자가 궁극에는 만물 속에 신성(브라만)이 깃들어 있음을 깨닫고 자신과 만유가 한 생명임을 체험한다는 뜻이다.

주짓수에서 상대와 맞붙을 때, 우리는 단순히 힘을 겨루는 것이 아니다. 상대의 호흡, 무게 중심, 힘의 방향 등 그것들은 하나의 리듬을 가지고 있다. 나 역시 내 안의 감각과 호흡을 조율하며, 그 리듬에 과하지도 덜하지도 않게 반응해야 한다. 이 과정은 마치 두 사람이 악기를 맞춰 연주하는 것과 같다. 한 쪽이 서두르면 깨지고, 늦으면 무너진다. 조율은 균형이며, 균형은 연결의 바탕이 된다.

스피노자는 『윤리학』에서 만유일체의 관점을 철학적으로 정립했다. "오직 하나의 실체(신 혹은 자연)만이 존재하며, 우주에 존재하는 모든 개별자는 그 실체의 양상(modus)에 불과하다"는 그의 명제는, 우리 각자가 거대한 자연의 일부임을 뜻한다. 즉 인간 정신과 신성, 자연법칙은 분리되지 않고 하나의 질서 안에 있다.

플라톤은 『국가』에서 정의로운 상태를 개인과 사회의 조화로 보았다. 그는 이상 국가에서 세 계층(통치자·수호자·생산자)이 각자 자기 역할에 충실할 때 조화가 이루어지며, 인간의 영혼도 이성과 기개와 욕구가 자기 자리에 있을 때 정의롭다고 말했다. "각자 자신의 고유한 일을 다 하는 것(各得其所)이 정의"라는 주장처럼, 부분들이 전체를 위해 질서 있게 협력할 때 개인적 덕과 공동선이 함께 실현된다.

수련은 이처럼 내면의 리듬과 외부의 흐름 사이를 끊임없이 조정하는 일이다. 세상이 나에게 주는 자극에 즉각적으로 반응하기보다는, 한 박자 쉬고, 나의 감각과 호흡을 먼저 감지하는 것. 그 다음에 움직이는 것. 그 차이가 우리를 다르게 만든다. 단순한 반응이 아니라 조율된 반응. 그것이 수련을 통해 얻는 삶의 감각이다.

마르쿠스 아우렐리우스는 우주 자연과 합일된 인간관을 강조했다. "인간은 서로를 위해 태어났다. 그러므로 가르치든지 아니면 용납하라"는 명상록의 구절처럼, 타인과의 연결을 전제로 한 관용과 교육을 중시한다. 또 그는 "인간 사회는 하나의 신체와도 같아, 각 개인은 그 신체의 지체"라고 역설하였다.

철학은 결국 이 조율을 질문하는 것이다. 나는 세상과 어떻게 호흡하고 있는가? 나는 흐름을 따르고 있는가, 저항하고 있는가? 혹은 내 템포를 잃고 휘둘리고 있는가? 수련은 이 질문에 몸으로 대답하는 시간이다. 삶은 늘 진동하고, 세상은 언제나 출렁인다. 그 안에서 나의 자세를 다시 세우는 것. 그것이 조율이며, 철학이다.

하이데거는 『기술에 대한 물음』에서 말한다. "현대인은 사물에 휘둘리며 존재를 잊는다." 훈련은 이 망각으로부터 나를 다시 불러오는 시간이다. 나는 얼마나 외부에 휘둘리고 있는가, 내 선택은 나의 것인가. 이 질문들은 수련의 리듬 속에서 더 분명해진다. 몸이 조율되면 삶도 조율된다.

우리는 반복을 통해 중심을 세우고, 연결을 통해 관계를 다듬고, 경계를 통해 나를 보호한다. 이 모든 흐름은 훈련이라는 반복된 작은 행위들로부터 태어난다. 철학은 거창한 말이 아니라, 그 작은 행위에 깃든 태도의 축적이다.

8장. 나는 왜 지는 게 두려운가

"寵辱若驚, 貴大患若身. 何謂寵辱若驚? 寵爲下, 得之若驚, 失之若驚, 是謂寵辱若驚. 何謂貴大患若身? 吾所以有大患者, 爲吾有身, 及吾無身, 吾有何患?" 『도덕경』

노자는 말한다. 희로애락, 특히 희망과 두려움은 모두 '나'라는 집착에서 비롯된다. '내가 있다'는 생각이 생긴다. 그 순간 세상의 칭찬이 나를 흔들고, 비난이 나를 괴롭게 한다. 희망은 나를 끌어당기고, 두려움은 나를 얽어맨다. 노자는 묻는다. "만약 내가 나를 버린다면, 무엇을 두려워할 것이 있는가?" 자아에 대한 집착을 놓아야 한다. 그리할 때, 근심과 두려움도 함께 사라진다. 희망과 실망도 흘러가게 된다. 그제야 비로소, 고요한 평온에 이를 수 있다. 이 가르침은 불교의 무아(無我)와도 통하고, 우파니샤드의 아트만 초월과도 만난다. 진정한 자유와 평온은, '자기'라는 환영을 내려놓는 데서 비롯된다. 도(道)는 흐른다. 나는 그 흐름 속에서 나를 잊고, 세상을 잊는다. 그때 비로소, 진짜 나를 만난다.

1절. 패배는 존재를 흔든다

경쟁은 우리 삶 어디에나 있다. 운동 경기뿐 아니라, 입시, 취업, 인간관계 속에서도 우리는 늘 비교되고 평가받는다. 그리고 그 경쟁에서 '지는 것'은 단지 결과의 문제가 아니라, 때로는 존재의 불안을 자극하는 깊은 감정을 불러일으킨다.

패배를 경험하면 자존심이 상하고 무력감을 느끼기 쉽다. 그러나 여러 고전은 "패배"를 새로운 성찰과 성장의 기회로 본다. 성경에서는 사도 바울이 "내가 약할 그때에 오히려 강함이라"(고린도후서 12:10)고 고백하며, 실패와 약점을 받아들일 때 오히려 내적인 힘이 드러난다고 역설했다. 공자 역시 "허물이 있으면 두려워 말고 바로잡으라"고 가르치며, 잘못이나 패배를 부끄러워하기보다 그것을 교정하지 않는 것을 진정한 잘못으로 보았다.

수련을 하다 보면 누구나 지는 순간을 맞이하게 된다. 처음에는 기술이 부족해서, 그다음에는 체력이 달려서, 나중에는 마음이 흔들려서. 하지만 지는 경험은 단지 기술적 열세 때문이 아니다. 지는 순간, 우리는 스스로를 부정당한 듯한 감정을 마주하게 된다. "나는 아직 부족하다", "나는 약하다", "나는 별것 아니다"라는 생각들이 우리를 가장 아프게 만든다.

우리는 지는 순간, 타인의 시선 속에 내가 '작아진다'고 느낀다. 마치 존재 자체가 축소된 듯한 감각. 이때의 두려움은 단지 지는 행위 때문이 아니라, 존재의 정당성이 흔들리는 감정에서 온다. 더 깊이 들여다보면, 우리는 어릴 적부터 승리와 인정으로 자아를 구축해 왔다. 칭찬받기 위해 잘해야 했고, 사랑받기 위해 이겨야 했다. 그래서 패배는 단지 실패가 아니라, 사랑받을 자격을 잃는다는 감정적 연결고리를 작동시킨다. 이런 구조 속에서

지는 것은 곧 버림받음과 수치로 이어지기 쉽다.

하지만 수련의 본질은 이 구조를 해체하는 데 있다. 반복되는 지는 경험 속에서, 우리는 지는 것이 곧 나를 부정하는 게 아님을 배우게 된다. 패배는 기술 하나를 다시 배우는 기회이고, 나를 돌아보는 창이며, 다음을 위한 여유다. 수련은 지는 두려움을 사라지게 하지는 않지만, 그 두려움을 다루는 방법을 가르쳐준다.

우리는 지는 순간에 가장 솔직해진다. 그때 드러나는 자존감의 바닥, 비교의 상처, 나약함을 감추고 싶은 충동. 그러나 그 순간을 지나야만, 우리는 진짜로 단단해질 수 있다. 두려움은 밀어내는 것이 아니라 직면하고 걸어 나가는 대상이다. 수련은 그 두려움을 철학으로 바꾸는 연습이다.

2절. 두려움은 무엇을 감추고 있는가

우리는 종종 두려움을 감추기 위해 강한 척한다. 위협을 느끼면 웃으며 넘기고, 마음이 흔들릴 땐 더 공격적인 태도를 취하기도 한다. 하지만 그 모든 '척'의 이면에는 드러나고 싶지 않은 진짜 감정이 숨겨져 있다. 두려움은 우리 내면의 약한 지점을 감추는 정서적 커튼이다.

'지는 것에 대한 두려움' 뒤에는 존재 자체에 대한 근원적인 불안이 자리하기도 한다. 철학과 종교 고전은 인간이 느끼는 이 근원적 불안을 다양한 방식으로 다루어 왔다. 인도 철학의 우파니샤드는 "둘이 있음에서 비로소 두려움이 생긴다"고 말한다. 자신과 세계를 철저히 분리된 '타자'로 인식하면 존재에 대한 불안과 두려움이 생기지만, 만물이 하나임을 깨달으면 두려움이 사라진다는 통찰이다.

노자의 『도덕경』도 비슷한 맥락에서, "희망과 두려움은 모두 자기라는 생각에서 생겨나는 환영이다. 자기 자신을 놓아버리면 무엇을 두려워하랴"라고 역설한다. 지나친 자기집착을 내려놓으면 존재에 대한 근원적 불안도 사라질 수 있다는 뜻이다.

패배가 두려운 이유는 단지 결과 때문이 아니다. 그 아래에는 비교와 수치심, 인정받지 못할지도 모른다는 불안, 그리고 '나는 쓸모없는 존재일지도 모른다'는 존재론적 의심이 숨어 있다. 지는 것 자체가 아픈 것이 아니라, 그로 인해 드러날지도 모르는 나의 민낯이 더 아프다.

루만은 『사회의 사회』에서 "현대 사회는 불확실성의 회피 시스템이다"라고 말한다. 이는 현대인들이 불확실성과 불안에 대처하는 방식을 설명해준다. 우리는 불확실하고, 약해 보이고, 부족해 보일 수 있는 모든 요소를 감추기 위해 패턴화된 방어 기제를 작동시킨다. 수련에서도 마찬가지다. 우리는 종종 실수보다 실수를 들키는 게 더 무섭다.

하지만 감추는 것은 결코 치유가 아니다. 수련은 그 커튼을 조금씩 걷어내는 연습이다. 상대의 손에 나의 중심이 흔들릴 때, 거기에 있는 건 단지 기술적 결함이 아니라 내가 두려워하던 나의 일부일 수 있다. 이때 필요한 건 기술이 아니라 용기다. 그 두려움을 피하지 않고 바라보는 용기.

두려움이란 무엇일까? 철학자들은 두려움의 정체를 분석하며 그 속성을 밝히려 노력했다. 스피노자는 『윤리학』에서 "두려움이란 어떤 지나간 일이나 앞으로 닥칠 일에 대해 우리가 결과를 확신하지 못하기 때문에 생기는 불안(슬픔)이다"라고 정의했다. 미래에 닥칠지도 모르는 불확실한 고통의 관념이 두려움이라는 감정으로 표출된다는 것이다.

우리는 매트 위에서, 일상에서, 수없이 감정을 감춘다. 그러나 수련은 그 감정을 마주하게 만든다. '이기고 싶다'는 외침 뒤에 숨어 있는 '지면 나는 사라질지도 모른다'는 속삭임을 듣게 만든다. 그 순간이 오히려, 진짜 철학이 시작되는 지점이다. 두려움은 적이 아니다. 그것은 나의 진실을 감싸고 있는 껍질이다.

3절. 자존감은 조용히 쌓인다

패배의 충격이나 두려움으로 떨어진 자존감을 회복하는 일은 무엇보다 중요하다. 정의론을 펼친 존 롤스는 자존감(자기존중심)을 "아마도 가장 중요한 1차적 선(primary good)"이라고까지 불렀다. "자존감이 없으면 아무것도 할 가치가 없게 느껴진다"는 그의 말처럼, 자신을 가치 있게 여기지 못하면 어떤 도전도 무의미해 보이고 삶의 의욕을 잃게 된다.

우리는 종종 '이겨야만 나는 괜찮은 사람'이라는 믿음에 사로잡힌다. 하지만 그런 자존감은 결과에 따라 요동친다. 이기면 살아 있고, 지면 무너지는 자존감은 너무 취약하다. 진짜 자존감은 결과가 아니라, 반복과 회복의 태도 속에서 조용히 자란다.

경쟁은 외부적 척도를 기준으로 한다. 점수, 승패, 기록. 하지만 자존감은 오직 내면의 감각에서만 길러진다. 내가 나를 존중하고 있는가, 실패 속에서도 나를 지켜내는가. 수련은 이 내면의 감각을 키우는 반복 훈련이다. 부족해도 멈추지 않고, 흔들려도 다시 일어서는 힘. 자존감은 바로 그 지점에서 생성된다.

에리히 프롬은 『자유로부터의 도피』에서 말한다. "현대인은 타인의 시선을 통해 존재를 확인한다. 그래서 그는 스스로를 잃는다." 이 통찰은 우리가 타인의 인정에 의존하는 방식을 보여준다. 수련은 그런 시선에서 벗어나는 훈련이다. 타인의 인정이 아니라, 내가 나에게 인정할 수 있는 노력과 성실함. 그것이 자존감의 뿌리다.

니체는 한 걸음 더 나아가, "네 자신의 불꽃으로 스스로를 태울 준비를 하라. 재가 되지 않고서야 어찌 새로이 솟아오르겠는가?"라고 외친다. 때로는 낡은 자아가 패배의 불꽃 속에 사라져야만 더 강인한 새 자아로 거듭날 수 있다는, 패배를 통한 자기초월의 은유다.

진짜 자존감은 큰소리로 증명하지 않는다. 오히려 묵묵히 실패를 통과하며, 다시 시작할 수 있는 리듬을 익히는 과정 속에서 자라난다. 결과가 아닌 반복 속에서 중심을 다시 조율해 가는 경험, 그 과정이 자존감의 진짜 뿌리다. 수련이 우리에게 주는 가장 큰 선물은, 결과와 무관하게 나를 존중할 수 있는 감각이다. 그것이 두려움 너머에서 피어나는 자기 신뢰이고, 철학이 삶을 통과해 남기는 태도다.

4절. 두려움은 사라지지 않지만, 훈련은 계속된다

두려움을 없애는 것은 불가능하다. 아무리 많은 훈련을 해도, 중요한 순간 앞에서는 마음이 흔들린다. 하지만 수련이 가르쳐주는 것은 다르다. 두려움을 없애려 하기보다, 그 존재를 인정하고 감각처럼 다루는 법을 배우는 것이다.

마지막으로, 두려움이라는 감정을 어떻게 직면하고 조율할 것인지 생각해 보자. 장자의 우화 「그림자를 보고 도망친 남자」는 이를 상징적으로 보여준다. 자신의 그림자와 발자국소리를 두려워한 남자가 그것들을 피하려고 달아나지만, 달릴수록 그림자와 소리는 따라붙을 뿐이었다. 정작 그가 해야 했던 일은 햇빛 아래서 달아나는 것이 아니라 그늘로 들어가 가만히 멈추는 것이었다. 우리 내면의 두려움도 외면하고 달아나기만 하면 오히려 그 그림자가 끊임없이 따라붙는다.

심리학자 수전 제퍼스는 『두려움을 느껴도 괜찮아』에서 말한다. "두려움을 없애려 하지 말고, 두려움과 함께 앞으로 나아가라." 이 조언은 우리의 일상적 태도와 다른 접근법을 제시한다. 이 말은 수련의 본질과도 연결된다. 우리는 두려움을 제거하는 것이 아니라, 그 두려움과 함께 움직이는 리듬을 익혀야 한다.

주짓수 수련에서도 우리는 반복적으로 불안을 맞닥뜨린다. 질 수 있다는 불안, 잘하지 못할까 봐 생기는 긴장, 타인의 평가 앞에서 생기는 위축. 하지만 그런 감정들이 반복될수록 우리는 배운다. 두려움을 리듬처럼 듣고 반응하는 법을. 떨리는 숨을 따라가고, 흔들리는 중심을 다시 조율하는 감각. 그것이 바로 수련이 길러주는 힘이다.

아리스토텔레스는 『니코마코스 윤리학』에서 "용기 있는 사람은 두려워하거나 감당해야 할 일에 대해 올바른 방식으로 두려워할 줄 아는 사람"이라고 했다. 그는 지나친 두려움은 비겁함을, 두려움의 결여는 만용을 낳으므로, 마땅히 두려워할 것은 두려워하고 그렇지 않은 것은 떨쳐내는 것이 용기라고 말했다.

우리는 이기기 위해 수련하는 것이 아니다. 두려움 앞에서도 계속 움직일 수 있기 위해 훈련한다. 그 감정을 밀어내는 것이 아니라, 그것과 함께 걷기 위해. 철학은 그런 반복을 언어로 풀어낸 것이고, 수련은 그것을 몸으로 쓰는 일이다.

두려움은 끝내 사라지지 않을 것이다. 그러나 그것이 삶을 멈추게 하지는 않을 것이다. 왜냐하면 우리는 수련을 통해 배운다. 두려움과 함께 서는 법, 두려움과 함께 호흡하는 법, 그리고 결국 두려움과 함께 살아가는 법. 그것이 바로 수련이 가르쳐주는, 가장 인간적인 철학이다.

9장. 관계를 조율하는 철학
– 거리, 고독, 그리고 연결

"將欲取天下而爲之, 吾見其不得已。天下神器, 不可爲也。爲者敗之, 執者失之。故物或行或隨, 或歔或吹, 或強或羸, 或挫或隳。是以聖人去甚, 去奢, 去泰。"『도덕경』

"네가 남을 지배하려 할 때, 흐름은 끊어진다. 네가 흐름을 따라 조율할 때, 만물이 너와 함께 숨 쉰다."

1절. 가까움은 언제나 조율을 요구한다

운동이든 삶이든, 진짜 어려운 건 '함께 있음'을 지속하는 일이다. 타자와 거리를 좁히는 순간, 우리는 상처받을 가능성도 함께 받아들인다. 가까워질수록 더 많이 부딪히고, 더 자주 흔들린다. 연결은 따뜻함을 주기도 하지만, 내가 나로서 존재하기 어려운 위협도 함께 가져온다.

이럴 때 필요한 것은 거리 유지가 아니라, 관계를 조율하는 감각이다. 너무 가까워도, 너무 멀어도 균형은 깨진다. 운동에서 이 감각은 더 선명하게 드러난다. 주짓수처럼 밀착하는 운동일수록, 적정 거리와 강도의 조절은 곧 생존의 기술이다. 관계도 마찬가지다. 타자를 억지로 받아들이거나 회피하는 것이 아니라, 흐름을 읽고 조율하는 감각이 필요하다.

프랑스 철학자 엠마뉘엘 레비나스는 관계의 출발을 '타자의 얼굴을 마주함'이라고 표현한다. 그는 "타자의 얼굴은 나를 향해 침묵으로 말한다. 그것은 내가 책임져야 할 타자다"라고 말한다. 이 말은 단순히 연결되는 것이 아니라, 그 관계 속에서 내가 어떻게 반응하고, 어디까지 감당할 수 있는지를 묻는 것이다. 타자와의 관계는 일방적인 유대가 아니라, 끊임없는 감정의 거리 조절과 책임의 조율을 필요로 한다.

이런 서구의 철학적 통찰은 동양의 고전 지혜와도 맞닿아 있다. 공자는 "벗이 먼 곳으로부터 찾아온다면 또한 즐겁지 아니한가"라고 하여, 오랜 거리마저 기꺼이 넘어 찾아오는 벗의 존재를 인생의 기쁨으로 꼽았다. 진정한 가까움은 물리적 거리를 넘어 마음의 거리를 좁혀 주며, 함께 함으로써 삶을 풍요롭게 만든다.

수련은 이런 관계의 긴장을 가장 명확하게 드러내는 장이다. 기술을 배운다는 것은, 곧 타자와 마찰하고 조율하는 법을 익히는 일이다. 우리는 매트 위에서 끊임없이 부딪히며 거리를 실험한다. 가까움이 반드시 연결을 의미하지는 않고, 떨어져 있다고 해서 단절된 것도 아니라는 사실을 몸으로 배운다.

이 감각은 운동에서뿐 아니라, 일상 속 다양한 인간관계에서도 요구된다. 예컨대 부모와 자식 사이, 때로는 너무 밀착된 애정이 서로의 자율성을 침해할 수 있다. 친구 관계에서는 지나친 개입이 오히려 오해를 낳고, 연인 사이에서도 '항상 함께 있음'이 곧 친밀함을 보장하지는 않는다. 직장에서는 상사와 동료 간의 적절한 거리감이 업무의 효율뿐 아니라 신뢰 형성에도 중요한 역할을 한다. 우리는 이런 관계들 속에서 늘 거리와 친밀함, 책임과 자율성을 조율하며 살아간다.

관계는 '가까이 있음'의 정도가 아니라, 어떻게 조율되느냐에 따라 깊이가 결정된다. 수련은 그 조율을 반복하게 만들고, 우리는 그 안에서 함께 있는 법과 동시에 나를 지키는 법도 익혀간다.

2절. 거리 두기는 고립이 아니라 감각이다

우리는 종종 '가까이 있는 것'을 관계의 성공이라고 믿는다. 하지만 진짜 관계는, 적절한 거리에서 서로를 존중할 수 있을 때 비로소 깊어진다. 가까이 있다고 연결된 것이 아니고, 멀리 있다고 단절된 것도 아니다.

동서양의 지혜는 모두 이 적절한 거리의 중요성을 강조한다. 성경의 전도서는 "껴안을 때가 있고, 꺼릴 때가 있다" (전도서 3:5)고 말하며 과유불급의 진리를 일깨워주고, 바가바드 기타도 "요기는 한적한 곳에 홀로 앉아 마음을 다스리고 전념하여야 한다"며 내적 성장을 위한 고독의 가치를 설파한다. 실제로 수행자들은 세속을 떠나 홀로 침묵 속에서 명상을 함으로써 자기 자신과 우주의 진리를 마주한다.

수련을 하면서 이 거리감각은 더 분명해진다. 거리를 조절하지 못하면 기술은 무용지물이다. 상대가 들어올 때는 받아들일 줄 알아야 하고, 내가 물러설 땐 중심을 잃지 않아야 한다. 관계도 마찬가지다. 말없이 조율되는 거리, 과도한 개입도, 완전한 방치도 아닌 서로를 지켜보는 간격. 그것이 관계의 미학이자, 삶의 전략이다.

하이데거는 이러한 거리의 철학적 의미를 탐구했다. 그에 따르면, 타자와의 관계에서 적절한 거리를 통해 우리는 자기 자신을 더 깊이 이해하게 된다. 이는 헤겔의 사상과도 연결되는 부분으로, 자기 인식에 타자가 필수적임을 의미한다. 거리를 유지함으로써 우리는 나를 회복할 수 있다. 관계는 밀착이 아니라, 조절과 회복이 가능한 거리에서 생명을 얻는다.

불교 경전 『법구경』에서도 함께할 수 있는 훌륭한 벗이 없다면 차라리 혼자 길을 가라고 조언한다. "슬기로운 벗을 얻지 못한다면 마치 정복한 왕국을 버린 왕처럼, 혹은 숲속을 홀로 걷는 코끼리처럼 혼자 걸어가라. 어리석은 이와 동행하느니 혼자인 것이 낫다"는 가르침은, 무조건적인 동행보다는 관계의 질이 중요함을 일깨워 준다.

고독은 외로움이 아니라, 자기 자신과 연결되는 방식이다. 사람과 너무 엉

켜 있을 때 우리는 오히려 자기 자신을 잃는다. 수련은 이 거리를 연습하는 과정이다. 매트 위에서 우리는 상대를 밀어내는 동시에 나를 지키는 법을 배운다. 그것은 회피가 아니라 기술이다.

관계는 '붙어 있기'가 아니라 '잘 떨어져 있기'에서 시작된다. 무너지지 않고 함께 있는 기술, 너무 가깝지도 멀지도 않게 존재하는 감각. 이 감각은 반복적인 훈련 속에서 길러진다. 거리 두기는 이기적인 것이 아니라, 관계를 오래 유지할 수 있게 하는 조율의 기술이다.

3절. 버틴다는 건 흔들리되 무너지지 않는다는 뜻이다

관계에서 가장 힘든 순간은, 타인이 나를 오해하거나 받아들이지 않을 때다. 우리는 그런 상황에서 흔들린다. 때론 무너지기도 하고, 때론 그 관계에서 도망치고 싶어진다. 하지만 수련은 말해준다. 버틴다는 건 타인을 억지로 견디는 것이 아니라, 흔들려도 무너지지 않는다는 뜻이라고.

이런 버팀의 지혜는 여러 전통에서 발견된다. 성경 잠언에는 "철이 철을 날카롭게 하는 것 같이 사람이 그의 친구를 빛나게 하느니라" (잠언 27:17) 는 말씀이 있다. 친구 사이의 견해 차이나 충고가 때론 상처를 줄 수 있어도, 그것이 마치 숫돌에 갈린 칼날처럼 결국 서로를 더 날카롭고 빛나게 만든다는 의미다. "친구의 충언은 기꺼이 받아들이나 원수의 입맞춤은 거짓되니라" (잠언 27:6)는 잠언의 구절처럼, 참된 친구는 아플지라도 진실을 말해주고 잘못을 바로잡아 주기에 우리의 버팀목이 된다.

운동은 끊임없이 무게를 견디는 연습이다. 상대의 힘에 짓눌릴 때, 우리는 버티는 자세를 익힌다. 그것은 단순히 근육으로 버티는 게 아니다. 내 중심을 잃지 않고, 호흡을 무너지게 하지 않으며, 흐름 속에서 살아남는 법을 배우는 것이다. 관계도 그렇다. 고통을 피하는 것이 아니라, 그 안에서 자신을 잃지 않고 있는 법을 훈련하는 것이다.

니체의 철학은 이러한 버팀의 가치를 더욱 깊이 탐구한다. 그는 "진정한 친구 안에는 최고의 적이 들어 있어야 한다. 그에게 대항할 때 오히려 마음 깊이 그와 가까워진다"고까지 말했다. 친구는 늘 다정하게 위로해주는 존재이기 이전에, 나의 나태함이나 부족함을 정면으로 일깨워주는 거울이어야 한다는 뜻이다. 오히려 나를 꾸짖고 도전함으로써 더 나은 내가 되도록 흔들어 주는 친구야말로 최고의 우정이라는 역설적인 주장이다.

관계 안에서 나를 잃지 않으려면, 그만큼 내 중심이 단단해야 한다. 하이데거는 이러한 실존적 상황에서 불안의 중요성을 강조했지만, '불안'을 실존의 본질이라고 단정하기보다는 실존의 근본적 기분(Grundstimmung)으로 보았다. 우리는 타자와 함께 있으면서도, 늘 그 간극에서 외로움과 흔들림을 경험한다. 그 불안을 없애려 하지 말고, 그 안에서 스스로를 유지하는 힘이 철학이자 훈련이다.

관계를 버틴다는 건, 고통을 무시하는 것도, 타인을 참아내는 것도 아니다. 그것은 고통 속에서 중심을 놓지 않는 태도다. 수련이 알려주는 이 버팀의 감각은, 삶에서 우리가 관계를 어떻게 지켜야 하는지를 말해준다. 흔들림 속에서 나를 다시 세우는 조율의 힘, 그것이 철학이다.

4절. 함께 있다는 건 함께 조율한다는 뜻이다

우리는 종종 '좋은 관계'를 편안함에서 찾는다. 말이 잘 통하고, 충돌이 없고, 같은 생각을 나누는 사람과의 유대. 하지만 진짜 관계는 충돌이 없는 게 아니라, 충돌을 감당하며 조율할 수 있는 사이에서 만들어진다. 함께 있다는 건 함께 견딘다는 뜻이고, 그 견딤은 고요함이 아니라 훈련된 균형의 결과다.

고대 로마의 현인 마르쿠스 아우렐리우스는 이러한 함께 조율하는 삶의 중요성을 강조했다. 그는 『명상록』에서 "인간은 협력을 위해 태어났다. 마치 두 다리, 두 손, 두 눈꺼풀, 윗니와 아랫니처럼 말이다"라고 썼다. "서로 도와 함께 일하는 것이 자연에 맞고, 서로 해치는 것은 자연에 어긋난다"는 그의 가르침은, 우리에게 협동의 본성을 일깨워준다.

주짓수처럼 상대와 맞붙는 수련은 이러한 조율의 감각을 체현한다. 이 수련은 끊임없이 흐름을 주고받는 감각을 훈련시킨다. 상대가 나에게 걸어오는 압박을 버티면서, 나도 상대를 무너지게 할 수 있는 찰나를 기다린다. 그 모든 건 힘이 아니라 리듬, 지배가 아니라 공존의 감각이다.

동양 철학에서도 이러한 조화로운 공존의 가치를 발견할 수 있다. 공자가 말한 "화이부동(和而不同)"의 정신은 개인들의 차이를 인정하면서도 공통의 조화로운 지향을 찾는 것을 의미한다. 그는 "군자는 남과 조화를 이루되 똑같아지려고 하지는 않고, 소인은 남들과 억지로 같아지려 하나 참된 조화를 이루지 못한다"고 했다. 이는 조화로움이 결코 획일적인 동일함이 아니며, 다름을 품어낼 때 이루어지는 균형이라는 뜻이다.

이러한 동양의 지혜는 하이데거의 존재론과도 접점을 이룬다. 하이데거는 인간 존재를 '세계-내-존재(Dasein)'라고 정의했다. 이는 인간이 결코 고립된 존재가 아니라, 늘 타자와 얽혀 있는 상황 속에서 자신을 드러내며, 존재는 '세계를 향해 열려 있음' 속에서 비로소 실현된다는 의미이다. 관계의 맥락에서 보면, 우리가 타자와 맺는 얽힘과 조율이야말로 우리 존재를 깊게 드러내는 방식인 것이다.

서구의 정치철학자 플라톤도 그의 『국가』에서 정의로운 사회를 하나의 조화로운 몸에 비유했다. 이상적인 국가에서는 각 계층이 자기 역할을 충실히 수행하며 조화를 이룰 때 정의가 실현된다고 보았다. 마치 오케스트라에서 각 악기가 다른 소리를 내지만 조화를 이뤄 아름다운 교향곡을 만드는 것처럼, 사회도 각기 다른 사람들이 제자리에서 최선을 다할 때 전체로서 조율된 조화를 이룬다는 것이다.

즉, 관계란 본질적으로 편안하거나 완전한 합일을 추구하는 게 아니라, 각자의 불완전함을 감당하고 감싸며 끊임없이 다시 조율하는 의지에서 시작된다. 함께 있는 것이 의미 있으려면, 그 관계는 단지 공존하는 것이 아니라, 고통과 충돌을 함께 인식하고 감당하려는 반복적인 수련의 태도로 구성되어야 한다.

관계는 끝없이 조율되는 장이며, 그 조율은 함께 있는 시간보다 함께 감당해 온 시간의 밀도로 완성된다. 수련이 그렇듯, 좋은 관계 역시 화려한 기술보다 서로를 조율하려는 반복의 태도에서 만들어진다. 함께 조율한다는 건, 함께 있다는 것보다 더 신뢰할 수 있는 증명이다. 그것이 철학이 몸에 새겨지는 지점이다.

결국 거리와 고독, 그리고 연결은 대립되는 개념이 아니라, 삶이라는 합주에서 조화를 이루기 위해 조율해야 할 서로 다른 음정들이다. 우리의 과제는 이 음정들을 지혜롭게 다루어 아름다운 인간관계의 하모니를 연주하는 일이다

4부 흘러가는 법
호흡과 고요, 그리고 회복

4부 흘러가는 법
– 호흡과 고요, 그리고 회복

10장. 힘이 아니라 흐름을 배우는 순간

하늘사람이 묻습니다: "스승이시여, 참으로 당신은 어떻게 폭류(거센 물결)를 건넜습니까?"

부처님께서 답합니다: "도반이여, 나는 멈추지도 않고, 헤엄치지도 않음으로써 폭류를 건넜습니다."

하늘사람이 다시 묻습니다: "스승이시여, 어떻게 멈추지도 않고, 헤엄치지도 않으면서 폭류를 건넜습니까?"

부처님께서 답합니다: "도반이여, 내가 멈출 때 나는 가라앉아 버렸고, 헤엄칠 때는 휩쓸려 나가 버렸습니다. 그래서 나는 이처럼 멈추지도 않고, 헤엄치지도 않으면서 폭류를 건넜던 것입니다."

『상윳따 니까야』 오가타라나 경(Oghataraṇa Sutta)

1절. 저항을 멈추면 흐름이 보인다

수련이 깊어질수록 나는 알게 되었다. 어떤 기술은 밀어서 완성되는 것이 아니라, 밀지 않을 때 자연스럽게 완성된다는 것을. 예전엔 상대를 억지로 누르고 조이려 했다. 힘이 세면 유리할 거라고 믿었다. 하지만 그런 나의 기술은 자주 끊기고, 반격을 유도했다. 흐름이 끊기면 수련은 전투가 된다. 에고가 앞서면 기술은 굳어지고, 결국 스스로 흐름을 막아버린다.

고전들은 이러한 진리를 일관되게 가르친다. 불교 경전에서 부처는 생사의 큰 물결을 건너는 방법으로 "멈추지도 애쓰지도 않음"을 제시했다. 멈추면 가라앉고, 지나치게 발버둥치면 떠내려간다는 것이다. 이 일화는 무의미한 저항을 멈추고 조급한 노력을 내려놓을 때 오히려 장애물을 건널 수 있음을 보여준다. 힘으로 맞서려는 집착을 버릴 때 비로소 흐름이 생겨난다.

어느 날, 나는 손목 골절과 무릎 부상을 안고 스파링에 들어갔다. 손목 통증으로 그립을 제대로 잡을 수도 없었고, 무릎은 체중을 실을 때마다 아려왔다. 힘도 제대로 쓸 수 없어 어쩔 수 없이 몸만으로 상대의 움직임에 맡길 수밖에 없었다. 그런데 놀랍게도 그 순간 오히려 상대의 긴장이 풀리고, 내 움직임이 더 유연해졌다. 나는 밀지 않고 따라가되, 방향을 조절하는 법을 알게 되었다. 마치 강물 위에 몸을 맡기되, 노를 쥔 손끝의 방향만 살짝 조절하는 것처럼. 흐름에 저항하지 않고 탑승할 때, 에너지의 효율은 극대화된다. 부상이 가져다 준 제약이 역설적으로 나에게 더 깊은 기술의 지혜를 가르쳐준 것이다.

크리슈나는 『바가바드 기타』에서 아르주나에게 "네게는 행할 의무만 있을 뿐, 그 결과는 네 권한이 아니다. 행위의 열매를 바라지 말고, 무위에 머무르지도 말라"고 가르친다. 결과에 집착하지 않으면서도 현재 자신의 역할에 충실할 때 자연스러운 몰입의 흐름이 생겨난다는 의미다.

이는 단지 기술의 문제가 아니다. 삶도 마찬가지다. 억지로 밀지 않고 흐르게 하는 힘. 그것이 진짜 강함이라는 걸 수련은 알려준다. 무리하게 밀면 부러지지만, 유연함은 부러지지 않고 굽는다. 마치 대나무처럼.

격투 운동에서 흔히 말하는 "힘을 빼야 흐른다"는 말은 단지 기술을 위한 팁이 아니라, 삶 전체를 관통하는 지혜다. 저항을 멈추는 순간, 흐름은 비로소 그 모습을 드러낸다.

2절. 유연함의 힘 – 부드러움이 이기는 역설

노자는 『도덕경』에서 "가장 부드러운 것이 가장 강한 것을 이긴다"고 말했다. 물은 부드럽지만 어떤 벽도 침식시킨다. 그는 또한 "뻣뻣하고 굳센 것은 죽음의 제자요, 부드럽고 유연한 것은 삶의 제자다"라고 설파한다. 실제로 가장 부드러운 물이 바위를 뚫고, 유연한 대나무가 거센 바람을 이겨낸다. "세상에서 가장 부드러운 것이 가장 단단한 것을 제압한다"는 역설은 강함에 대한 우리의 고정관념을 뒤집는다.

이 가르침은 수련뿐 아니라 인생의 태도와도 닮아 있다. 힘으로 밀어붙이는 것이 아니라, 흐름과 리듬을 읽고 그 안에 스며드는 감각이 진정한 강함이다. 그것이야말로 버티는 것이 아닌 살아내는 방식이다.

공자 역시 "지혜로운 자는 물을 좋아하고, 인(仁)한 자는 산을 좋아한다"고 하여 물의 유연한 성질을 지혜에 빗댔다. 물은 어떤 그릇에도 담길 수 있고, 모든 장애물 사이로 길을 찾는다. 지혜로운 이는 그런 물처럼 순응하고 움직일 줄 알아야 한다.

여러 종교에서도 온유(溫柔)와 겸손의 힘을 강조한다. 신약성경에서 예수는 "온유한 자가 복이 있나니, 그들이 땅을 기업으로 받을 것"이라고 말씀했고, 『쿠란』은 "악을 더 좋은 것으로 대응하라. 그러면 적대하던 자가 친구처럼 되리라"고 가르친다. 상대의 악을 힘으로 누르지 않고 선으로 감싸면, 오히려 적의 마음까지 움직여 상황을 근본적으로 변화시킬 수 있다는 가르침이다.

수련을 통해 우리는 이 진리를 몸으로 체득한다. 상대방의 무게를 밀어내려 할수록 더 깊게 잠기고, 흐름을 막으려 할수록 더 빨리 지친다. 순간순간 반응하며 방향을 읽고 타이밍을 포착하기 위해서는 나 자신이 유연해져야 한다.

흐름을 읽는 데 가장 방해가 되는 것은 욕심이다. 빨리 이기고 싶고, 빨리 완성하고 싶은 욕망이 흐름을 막는다. 결과에만 집착하면 현재의 감각은 사라진다. 수련은 그 조급함을 걷어내는 시간이다. 흐름은 기술이 아닌 감각의 언어이며, 그 감각은 고요한 인내 속에서 깨어난다.

3절. 힘을 빼는 지혜 - 노력하지 않음의 역설

흐름을 깨뜨리는 것은 대부분 외부가 아니라 내부에서 온다. 우리 안의 긴장, 두려움, 통제하려는 욕망이 가장 큰 장애물이다. 수련 중 우리는 자주 흐름의 리듬을 놓친다. 그때마다 스스로에게 물어야 한다. "나는 지금 흐르고 있는가, 아니면 막고 있는가?"

무언가를 "이루기 위해 애쓰는" 우리의 상식과 달리, 고전에는 "애쓰지 않을 때 오히려 이루어진다"는 역설적 지혜가 담겨 있다. 도가 철학의 핵심 개념인 무위(無爲)가 그 예다. 〔노자〕는 "배움에는 날로 더해가나, 도를 행함에는 날로 버려간다. 점점 덜 행하려 애써, 마침내 무위에 이른다. 아무것도 하지 않아도 이루지 못할 것은 없다"고 말한다. 인위적으로 통제하려 하지 않을 때 오히려 일은 저절로 이루어진다는 것이다.

흐름은 힘이 아니라 감각의 정밀한 조율에서 온다. 그러나 우리는 이 감각을 믿지 못한다. 계획대로 되지 않으면 흔들리고, 예상치 못한 상황 앞에서 경직된다. 그 두려움이 흐름을 막는다. 흐름은 통제하려는 의도 속에서 사라진다. 그것은 통제가 아니라 반응이며, 의지가 아닌 반사의 영역이다.

질 들뢰즈는 "리듬은 반복이 아니라 차이다. 흐름은 항상 조금씩 어긋난다"고 말했다. 이는 완벽한 동작의 반복이 아니라 미세한 변화를 느끼고 조율하는 능력이 중요함을 의미한다. 완벽한 흐름은 없다. 흐름은 흐트러짐까지 포용하는 감각이다.

마르쿠스 아우렐리우스는 "마음은 모든 방해물을 도움으로 바꾼다. 길을 가로막는 것이 오히려 그 길을 나아가게 한다"고 적었다. 장애물을 억지로 밀쳐내기보다 받아들이고 활용할 때 오히려 해결책이 드러난다는 스토아 철학의 가르침이다.

우리는 흔히 흐름을 '완벽한 상태'로 착각한다. 하지만 흐름은 일관성보다 복원력에 가깝다. 중요한 것은 얼마나 잘 흘렀는가가 아니라, 흐름이 끊겼을 때 다시 돌아올 수 있는가이다.

또 하나의 장애물은 욕심이다. 더 빨리, 더 잘하려는 조급함은 흐름의 리듬을 망가뜨린다. 수련을 오래 한 사람일수록 오히려 더 천천히, 더 유연하게 움직인다. 그들은 기술이 아니라 흐름의 감각을 따른다. 흐름을 안다는 것은 멈출 줄도 안다는 뜻이다.

타인의 시선과 평가에 지나치게 신경 쓰는 것도 흐름을 방해한다. 상대의 반응, 평가, 기대에 의식이 끌릴 때 우리는 스스로의 리듬을 놓친다. 흐름은 타인의 시선이 아니라 내면의 박동과 일치할 때 시작된다.

흐름은 스스로 말하지 않는다. 다만 우리가 조용해졌을 때 조용히 다가온다. 방해는 늘 안에서 시작된다. 그 방해를 인식할 수 있을 때, 흐름은 다시 우리 곁으로 돌아온다.

4절. 나를 맡긴다는 것의 용기와 자연스러움

흐름은 단순히 물처럼 움직이는 것이 아니다. 흐름은 신뢰에서 출발한다.

내가 흐름 속에 자신을 내맡길 수 있는가, 불확실한 타이밍과 낯선 리듬에 몸을 실을 수 있는가. 수련이 가르쳐주는 건 기술이 아니라, 내가 나를 믿는 방식이다.

흐름에 몸을 맡긴다는 건, 계획을 내려놓는 일이기도 하다. 예측한 움직임, 계산된 수 싸움을 잠시 내려놓고, 지금 이 순간에 반응하는 감각을 믿는 것이다. 그것은 어쩌면 가장 본능적이고, 가장 용기 있는 선택이다. 동양 무술에서 말하는 "움직이지 않음 속의 움직임"은 행동보다 먼저 일어나는 내적 반응을 중요시한다는 의미이다.

궁극적으로, 힘을 내려놓고 흐름에 몸을 싣는다는 것은 자기 내면의 지혜를 신뢰하고 자연의 이치에 순응하는 자세를 뜻한다. 성경의 한 구절처럼 "'힘'이나 '능력'으로 되지 않고, 오직 나의 영으로 된다"는 말은, 우리의 의지적 힘보다 더 큰 흐름에 의지할 때 일이 이루어진다는 뜻이다. 여기서 말하는 '영'은 신성(神性)이자 자연의 섭리, 혹은 우리 내면의 깊은 곳에서 작동하는 흐름이라 할 수 있다.

선불교(禪佛敎)의 '무심(無心)' 개념은 이러한 자연스러운 신뢰의 경지를 잘 보여준다. 일본의 궁도(弓道) 대가 헤리겔이 선(禪) 스승 아바 케조에게 활쏘기를 배우는 과정을 기록한 『Zen in the Art of Archery』에서 이러한 철학이 생생하게 드러난다. 헤리겔이 정확히 과녁을 맞히려고 의식적으로 애쓰자, 스승은 "당신이 쏘는 것이 아니라 '그것'이 쏘게 하라"고 가르친다. 수년간의 훈련 끝에 헤리겔은 마침내 '자아'와 '의도'를 내려놓고 활과 화살과 자신이 하나가 되는 경지에 이른다. 화살이 자연스럽게 과녁을 찾아가는 순간, 그는 기술을 넘어선 도(道)를 경험하게 된다. "활은 나의 의지

없이 당겨지고, 화살은 내가 겨냥하지 않아도 날아간다"는 그의 깨달음은 의식적 통제를 내려놓을 때 비로소 도달하는 자연스러운 흐름의 상태를 보여준다.

프리드리히 실러는 말했다: "진정한 자유는 억압의 부재가 아니라, 본성의 흐름을 따를 수 있는 상태다." 이 말은 흐름의 철학을 정확히 보여준다. 억지로 움직이지 않아도, 나를 막는 두려움이 사라지면 자연스러운 흐름이 시작된다. 흐름은 외부의 지시가 아니라, 내면의 울림으로부터 비롯되는 자유다.

우리는 종종 통제 속에서 안심을 얻으려 한다. 계획하고, 조절하고, 예측 가능성 안에 나를 가두며 편안함을 얻는다. 하지만 흐름은 그 틀을 깨고 나온다. 내가 알 수 없는 지점까지 나를 보내는 용기, 그것이 흐름에 나를 맡긴다는 진짜 의미다. 수련은 우리에게 끊임없이 그 용기를 훈련시킨다.

니체는 『차라투스트라는 이렇게 말했다』에서 인간 정신의 성숙을 낙타, 사자, 어린아이에 비유한 유명한 우화를 이야기한다. 이 중 마지막 단계인 어린아이는 니체가 이상적으로 여긴 창조적 인간의 모습인데, 완전히 자연스럽고 자기 내면에 충실한 존재를 의미한다. 니체는 "어린아이는 순진함과 망각, 하나의 새로운 시작, 한 개의 놀이, 스스로 굴러가는 바퀴, 최초의 움직임이며, 신성한 예스(Yes)이다"라고 했다. 아이는 아무 부담 없이 지금 이 순간을 있는 그대로 받아들이고 즐기며, 자신이 "스스로 굴러가는 바퀴"가 되어 세계와 하나가 된다. 이는 낙타의 순종과 사자의 투쟁까지 모두 내려놓은 자연스러운 생의 흐름을 뜻한다.

흐름이 철학이 되는 순간은, 내가 삶을 조작의 대상이 아닌 신뢰의 대상으로 보기 시작할 때 온다. 불확실성을 밀어내는 것이 아니라, 그것을 함께 사는 감각으로 받아들이는 용기가 흐름의 핵심이다. 그렇게 흐름은 수련을 넘어 관계, 사고, 결정, 회복의 모든 방식에 스며든다. 흐름은 기술에서 시작하지만, 결국 존재 방식이 된다.

바슐라르는 『공간의 시학』에서 말했다: "진정한 휴식은 공간에 몸을 맡기면서도, 그 안에서 나를 발견할 수 있을 때다." 이 말은 흐름에도 그대로 적용된다. 진정한 흐름은 내가 사라지는 것이 아니라, 흐름 속에서 나를 더 분명히 느끼게 되는 순간이다. 타인에게 보이기 위한 완벽한 동작이 아니라, 나 자신과 일치되는 움직임에서 흐름은 시작된다.

흐름은 처음에는 기술처럼 느껴진다. 하지만 반복된 수련 속에서 그것은 점차 삶의 태도이자 철학적 관점으로 바뀐다. 흐름은 단순한 움직임이 아니라, 내가 세상을 어떻게 통과할 것인가에 대한 근본적인 방식이다. 수련은 그 흐름을 훈련하는 도장이고, 철학은 그 흐름을 해석하는 언어다.

철학은 때로 우리에게 방향을 제시하는 나침반 같지만, 흐름의 철학은 나침반보다 감각적인 방향 인식에 가깝다. 방향을 가리키는 것이 아니라 스스로 방향을 느끼는 것이다. 방향보다 중요한 건 속도와 리듬이고, 외부가 아니라 내면의 반응이다. 흐름 속에 자신을 내맡긴다는 건, 결국 나를 온전히 신뢰하는 것이다. 그것은 강해지는 것이 아니라, 유연해지는 데서 오는 근육보다 깊은 강인함이다.

삶은 예측할 수 없는 흐름의 연속이다. 우리는 그 안에서 계획하고, 흔들리고, 멈췄다가 다시 나아간다. 이 불안정한 리듬을 받아들이고도 중심을 잃지 않는 힘, 그것이 철학이 흐름 속에서 발견되는 방식이다. 흐름은 기술로 출발하지만, 결국 삶을 대하는 태도가 된다. 그 순간, 수련은 멈추지 않는 사유가 되고, 철학은 멈추지 않는 움직임이 된다.

동서양의 고전들을 종합해 보면, "힘을 빼고 흐름에 따르라"는 가르침은 한결같다. 눈앞의 상황을 억지로 통제하려는 힘 대신, 자연의 흐름에 귀를 기울이고 그 리듬에 몸을 맡기는 지혜가 필요하다.

11장. 부상은 더 이상 나를 무너뜨릴 수 없다

"상처는 빛이 들어오는 곳이다." (루미, 『마수나위』)

"상처는 우리로 하여금, 우리가 무너질 수 있다는 것을 상기시킴으로써, 더 깊이 살아가게 한다." (아드리엔 리치)

수련을 오래 하다 보면 누구도 피할 수 없는 순간이 찾아온다. 부상이다. 부상은 단지 실수의 결과나 약함의 증거가 아니다. 오히려 그것은 몸이 보내는 중요한 메시지이며, 나를 다시 바라보게 만드는 통로다. 루미가 말했듯이, 상처는 단지 아픔이 아니라, 빛이 들어오는 입구가 된다. 부상은 멈춤이 아니라, 새로운 길을 여는 시작이다.

1절. 부상은 약함의 증거가 아니다

운동을 오래 하면 언젠가는 부상을 만난다. 누구도 예외는 없다. 그것은 피로가 쌓여온 결과이기도 하고, 무리한 욕심의 흔적이기도 하다. 때론 우연처럼 다가오기도 한다. 하지만 분명한 건, 부상은 실수의 흔적이 아니라 몸이 나에게 보내는 메시지라는 점이다.

부상을 당했을 때 많은 사람이 가장 먼저 느끼는 감정은 고통보다 수치심이다. "내가 부족했나?", "내가 약한가?", "이걸로 끝나는 건 아닐까?"라는 질문들이 고통보다 먼저 마음을 흔든다. 하지만 이런 감정은 대부분 '부상 = 실패'라는 내면의 오해에서 비롯된다. 부상은 실패가 아니라, 경고이고 전환점이다.

성경의 잠언은 "부드러운 대답은 노를 돌이키나 거친 말은 분노를 돋운다"고 가르친다. 이는 상황에 강하게 맞서기보다 부드럽고 유연한 대응이 갈등을 푸는 힘임을 보여준다. 부상에 대해서도 마찬가지다. 부상과 싸우기보다 그 메시지에 귀 기울일 때, 우리는 더 깊은 회복의 길을 발견한다.

과학적으로도 이는 설득력을 갖는다. 스포츠 의학에서 말하는 '과부하 손상(overuse injury)'은 단지 기술 부족에서 오는 것이 아니라, 회복과 수면, 영양, 정신적 스트레스의 불균형에서 기인하는 복합적 현상이다. 부상은 기술보다 오히려 라이프스타일 전반의 경고로 해석해야 한다. 잘 싸우기 위한 것이 아니라, 잘 회복하기 위한 태도가 필요한 이유다.

아드리엔 리치는 "상처는 우리로 하여금, 우리가 무너질 수 있다는 것을 상기시킴으로써, 더 깊이 살아가게 한다"고 말했다. 이 말은 단순한 위로가 아니라 존재의 철학이다. 부상이 우리에게 가르쳐주는 건 멈춤을 두려워하지 말 것, 그리고 그 멈춤 속에서 다른 길을 찾을 줄 아는 감각이다.

신경생리학적으로도 부상은 단순히 조직 손상만을 의미하지 않는다. 최근 연구에 따르면, 통증은 실제 손상 부위의 상태와 무관하게 뇌에서 위험을 인식했을 때 작동하는 일종의 경보 시스템이다. 통증은 "이 부위를 쉬게 해라"라는 뇌의 요청이며, 몸을 보호하는 생리적 철학의 언어다.

부상은 의지를 시험하는 것이 아니다. 오히려 의지를 잠시 내려놓고, 감각을 다시 세우라는 몸의 요청이다. "멈춰라"는 신호를 무시하고 계속 달리는 사람은 더 큰 상처를 입는다. 노자의 가르침처럼, "부드럽고 약한 것이 삶의 무리요, 뻣뻣하고 굳센 것이 죽음의 무리다." 부상 앞에서 고집스럽게 버티는 것이 아니라, 부드럽게 수용하는 태도가 필요하다.

부상을 대하는 철학은 결국 나를 어떻게 대하느냐의 문제다. 자신에게 냉정한 사람은 부상 앞에서 자신을 밀어붙이고, 자기 연민에 빠진 사람은 부상 속에서 주저앉는다. 하지만 수련자는 배운다. 부상을 받아들이는 것이 자기 수용의 시작이며, 그 수용이 곧 회복의 시작이라는 것을. 부상은 더 이상 나를 무너뜨릴 수 없다. 오히려 나를 더 깊게 이해하게 만든다.

2절. 회복은 기술이 아니라 태도다

부상 이후의 시간은 단순한 휴식이 아니다. 회복은 가만히 기다리는 과정이 아니라, 몸의 리듬을 다시 배우고, 마음의 반응을 조율하는 적극적인 태도다. 대부분의 사람은 부상에서 '얼마나 빨리 회복되느냐'에 집중하지만, 진짜 중요한 건 '어떻게 회복되느냐'이다.

우리는 회복을 종종 '기다림'이라고 착각한다. 시간을 두면 낫는다고 믿는다. 하지만 진짜 회복은 시간을 견디는 것이 아니라, 시간을 의식적으로 살아내는 일이다. 수동적 기다림은 몸과 마음을 더 무기력하게 만들 수 있다.

나는 부상 중에도 할 수 있는 수련을 찾기 시작했다. 왼팔이 아프면 오른팔로 움직였고, 하체가 무리면 상체의 감각을 높였다. 그리고 무엇보다 호흡에 집중했다. '숨 쉬는 회복'은 내게 단순한 생존이 아닌, 수련의 또 다른 형식이 되었다. 호흡은 부상의 통증을 줄이고, 마음의 조급함을 가라앉혔다.

바가바드 기타의 가르침처럼 "네게는 행할 의무만 있을 뿐, 그 결과는 네 권한이 아니다. 행위의 열매를 바라지 말고, 무위에 머무르지도 말라." 회복의 과정에서도 결과에 집착하지 않고 현재 자신이 할 수 있는 것에 집중할 때, 자연스러운 흐름이 생긴다.

과학적으로도 호흡 훈련은 회복에 큰 영향을 미친다. 하버드대의 마사 베르크 박사는 복식호흡이 자율신경계를 안정시키고, 회복에 필요한 면역기능과 항염 반응을 촉진한다고 보고했다. 실제로 수술 후 회복 환자에게 복식호흡 훈련을 병행했을 때 회복 속도와 통증 완화 정도가 유의미하게 증가했다. 회복은 수련의 또 다른 챕터이며, 때로는 가장 중요한 훈련이 된다.

현대 스포츠의학에서는 단순히 통증이 사라졌다고 해서 회복이 완료되었다고 보지 않는다. 이는 회복에 대한 더 통합적인 관점을 보여준다. 오히려 회복은 신경계의 재조정과 인식 체계의 변화를 포함하는 복합적인 과정이다. 예컨대, 관절이나 인대 부상 후에는 뇌가 해당 부위를 보호하려는 경향 때문에 움직임에 대한 두려움(fear-avoidance behavior)이 생기고, 이는 다시 움직임을 제한하는 악순환으로 이어진다. 회복은 그 두려움을 이완시키는 감각적 훈련이다.

마르쿠스 아우렐리우스는 "마음은 모든 방해물을 도움으로 바꾼다. 길을 가로막는 것이 오히려 그 길을 나아가게 한다"고 적었다. 이는 스토아 철학의 핵심으로, 장애물을 억지로 밀쳐내기보다 받아들이고 활용할 때 오히려 해결책이 드러난다는 의미다. 부상이라는 장애물도 마찬가지로, 이를 받아들이고 새로운 방향을 찾을 때 진정한 회복이 시작된다.

또한 현대 재활 의학에서는 회복 중에 신경근 연결(neuromuscular control)의 재형성을 강조한다. 단순히 근육의 강도나 유연성을 되찾는 것이 아니라, 몸 전체가 균형과 움직임을 어떻게 다시 조율하느냐에 초점을 맞춘다. 이때 필요한 것은 단순한 훈련이 아니라 내 몸의 반응을 알아차리는 태도다. 회복은 철저히 감각의 리허설이며, 몸의 언어를 다시 배우는 시간이다.

몸은 기억한다. 고통의 움직임도, 무서웠던 충격도. 그래서 회복은 단순히 '이전 상태로 돌아가는 것'이 아니라, 새로운 감각을 받아들이는 과정이다. 부상 전의 몸으로 돌아가는 것이 아니라, 다른 방식으로 움직일 줄 아는 몸이 되는 것. 회복은 과거로의 복귀가 아니라, 변화를 수용하는 성숙이다.

쇼펜하우어는 말했다: "고통이 없다면 의식은 깊어질 수 없다." 이 말은 회복의 철학에도 그대로 적용된다. 고통은 깨어남의 한 형태이며, 회복은 그 깨어남에 예민하게 반응하는 자세다. 우리는 아팠기 때문에 더 조심하고, 흔들렸기 때문에 더 중심을 찾으려 한다. 회복은 통증의 부재가 아니라 감각의 명료함으로 완성된다.

그리고 무엇보다 회복은 기다림이다. 스스로를 강제로 끌어올리지 않고, 자연스러운 속도에 맞춰 흐르는 일. 노자가 말한 "세상에서 가장 부드러운 것이 가장 단단한 것을 제압한다"는 지혜처럼, 회복의 과정에서도 강한 의지보다는 부드러운 수용이 더 큰 힘을 발휘한다. 조급한 마음은 회복의 적이다. 회복을 서두를수록 재부상의 가능성은 높아진다. 2018년 미국 스포츠의학저널(Journal of Sports Medicine)의 연구에 따르면 "충분한 감각 회복 없이 운동을 재개하는 경우, 초기 부위와 같은 패턴의 재부상률이 40% 이상"으로 나타났다.

그 기다림은 무기력이 아니라, 자기 회복력을 믿는 신뢰의 형식이다. 수련자는 그것을 안다. 회복은 기술이 아니라 태도이며, 이 태도를 배운 사람만이 다시 앞으로 나아갈 수 있다. 회복은 '기다림과 인식'이 만나는 지점에서 비로소 시작된다. 그것은 단지 몸의 복원이 아니라, 존재 전체가 다시 조율되는 경험이다.

3절. 회복은 몸보다 마음이 먼저 시작한다

부상에서의 회복은 단순히 물리적인 재생을 의미하지 않는다. 진짜 회복은 마음이 먼저 '괜찮다'고 믿기 시작하는 데서 출발한다. 많은 운동선수들이 말한다. 몸이 괜찮아도 마음이 겁을 내면 움직이지 못한다고. 실제로 뇌는 우리가 다시 움직이기 전부터 두려움을 조절하고 예측 반응을 설계한다.

심리학에서는 이를 '인지된 위협(perceived threat)'이라고 부른다. 통증 자체보다 통증에 대한 두려움이 신체 회복보다 더 오래 지속되며, 회복을 지연시키는 주요 요인이 된다는 것이다. 이 두려움은 흔히 '이전처럼 돌아갈 수 있을까?'라는 질문에서 비롯된다. 회복은 이 질문을 받아들이고, 이전과는 다른 방식으로 괜찮아질 수 있다는 내적 수용에서 시작된다.

꾸란의 가르침처럼 "분노를 억제하고 사람들을 용서하는" 태도가 중요하다. 부상 후 자신의 몸에 대한 분노나 좌절감을 내려놓고, 현재 상태를 용서하고 받아들일 때 진정한 치유가 시작된다. 이는 강압이 아닌 내면의 평정을 선택하는 자세다.

심리신경면역학(PNI, Psychoneuroimmunology)은 마음과 신경계, 면역계의 상호작용을 연구하는 분야로, 마음과 면역계, 회복의 연결성을 설명한다. 스트레스와 불안이 면역 기능을 약화시키고, 심리적 안정과 희망이 조직 재생을 촉진한다는 연구는 이를 뒷받침한다. 즉, 마음의 상태가 회복의 생물학적 경로에도 영향을 준다. 회복은 단순한 시간의 문제가 아니라, 정신적 환경의 질에 따라 달라지는 역동적 과정이다.

신경과학에서는 특히 회복 초기 단계에서 감정 중추인 편도체(amygdala,

뇌의 감정 처리 영역)의 역할을 강조한다. 편도체가 위협을 과대평가하면, 뇌는 여전히 '위험한 상황'으로 인식하여 신체 회복을 억제하는 호르몬(예: 코르티솔, 스트레스 호르몬)을 계속 분비하게 된다. 따라서 회복의 핵심은 통증보다 두려움을 먼저 이완시키는 심리적 안정 상태다.

공자가 가르친 "덕으로 이끌고 예로써 다스리면 백성은 부끄러움이 생겨 스스로 바르게 된다"는 말처럼, 회복 과정에서도 강제와 억압보다는 내면의 자발적인 변화가 중요하다. 부상 후 몸을 강하게 밀어붙이는 대신, 몸이 스스로 회복할 수 있는 환경을 조성하는 지혜가 필요하다.

회복 과정에서 중요한 것은 나 자신을 대하는 태도다. 자기 연민에 빠져 무력해지거나, 반대로 자신에게 지나치게 냉정해지는 태도 모두 회복을 방해한다. 필요한 건 연민도, 통제도 아닌 존중이다. 아픈 나를 바라보며, 그 상태 그대로를 인정하는 힘. 그 인정이 있어야 회복은 마음에서 시작될 수 있다.

에픽테토스는 말했다: "우리는 사물 그 자체로 괴로운 것이 아니라, 그것에 대한 생각 때문에 괴롭다." 이 통찰은 부상 회복에도 중요한 의미를 가진다. 부상 자체가 나를 무너뜨리는 것이 아니라, 내가 그것을 받아들이지 못하는 방식이 나를 지치게 한다.

회복의 진정한 시작은 몸이 아니라, 회복을 허락하는 마음이다. 그 마음이 열리는 순간, 우리는 더 이상 부상의 피해자가 아니라, 회복을 이끄는 주체가 된다. 몸은 마음의 인식을 따라 움직인다. 회복은 뇌가 먼저 허락해야, 비로소 시작된다.

4절. 다시 움직이기 위한 철학

완전한 회복이란 단지 통증이 사라지는 것이 아니다. 진짜 회복은 다시 움직이기 위한 믿음과 방향을 되찾는 일이다. 부상 이후, 우리는 단순히 이전의 상태로 돌아가는 것이 아니라, 다르게 움직이는 법, 더 깊이 호흡하는 법, 그리고 더 세심하게 나를 다루는 법을 배운다.

예수의 가르침처럼 "나는 마음이 온유하고 겸손하니 내 멍에를 메고 배우라... 내 멍에는 쉽고 내 짐은 가볍다." 이는 부상 후 회복 과정에서도 중요한 가르침이다. 억지로 힘을 쓰며 이전 상태로 돌아가려 하기보다, 자연스럽고 평온한 상태를 받아들일 때 진정한 회복이 이루어진다.

재활 의학에서는 이를 '기능적 회복(functional recovery)'이라 부른다. 조직의 재생은 생물학적 회복이지만, 기능적 회복은 다시 움직이고, 연결하고, 나아가는 역동적인 복귀다. 이때 중요한 건 몸이 아니라 방향 감각이다. 수련자는 안다. 회복의 끝은 다시 싸울 수 있는 몸이 아니라, 다시 흐를 수 있는 삶의 자세다.

니체는 말했다: "진정한 위대함은 무너졌을 때 다시 일어나는 방식에 있다." 이 문장은 부상의 철학에도 그대로 적용된다. 다시 일어서는 사람은 이전과 같은 방식으로 움직이지 않는다. 그는 더 조용하고, 더 단단하며, 무엇보다도 더 자신과 가까워진다. 회복은 나를 다시 나에게 데려오는 여정이다.

장자의 사상처럼, 무위(無爲)의 상태를 통해 자연스러운 흐름에 몸을 맡기는 지혜가 필요하다. 강한 자극보다 유연함으로 삶을 움직일 때, 부상 후 회복도 더 자연스럽게 이루어진다. 이는 "힘이 아니라 흐름을 배우는" 철학과 맞닿아 있다.

신체 재활의 마지막 단계는 '최대 기능 회복(maximal functional return)'이다. 단순히 근육의 강도나 유연성을 되찾는 것에 그치지 않고, 부상을 통해 새롭게 형성된 신체적/정신적 역량을 포함한 통합적 재건이다. 최근 스포츠 과학에서는 이를 '통합 회복(integrative recovery)'라고 표현하며, 기능, 감각, 인지, 감정의 균형 회복을 동시에 다룬다. 이는 단순한 회복이 아니라 변형된 신체 정체성의 통합 과정이다.

스토아 철학자 마르쿠스 아우렐리우스가 자연의 이치에 순응하는 자세를 강조한 것처럼, 회복의 과정에서도 자연스러운 흐름을 존중하는 태도가 중요하다. "장애물은 오히려 길이 된다"는 그의 격언은 부상이라는 장애물도 새로운 길을 찾는 기회가 될 수 있음을 시사한다.

스포츠 심리학에서는 부상에서 돌아온 선수가 스스로를 재정의하는 과정(self-redefinition)을 겪는다고 본다. 이는 새로운 목표, 감각, 태도를 갖춘 '두 번째 자신'을 구축하는 단계다. 정체성의 갱신 없이는 완전한 회복은 불가능하다. 회복은 내가 어떤 몸으로 돌아갈 것인가 이전에, 어떤 인간으로 다시 살아갈 것인가의 문제다.

회복 이후 다시 움직인다는 건 단지 기술을 다시 수행한다는 의미가 아니다. 그 기술을 다루는 나의 존재가 더 달라졌음을 확인하는 행위다. 이전엔 몰랐던 미세한 리듬, 경계, 고요. 몸이 회복되면서 정신도 조율되고, 이전에는 흐려져 있던 자기 인식의 감각이 더욱 명확해진다. 다시 움직인다는 건 다시 느낄 수 있는 사람이 된다는 뜻이기도 하다.

우리는 부상을 통해 움직임의 철학을 다시 쓴다. 수련은 때로 멀어지는 법을 가르친다. 그리고 돌아오는 법도 함께 알려준다. 부상은 멀어짐의 신호였고, 회복은 돌아옴의 시작이었다. 멈추는 것, 아픈 것, 기다리는 것, 다시 시도하는 것—이 모든 것이 하나의 서사로 엮일 때, 회복은 서사의 회복이 된다.

아드리엔 리치의 말처럼 "상처는 우리로 하여금, 우리가 무너질 수 있다는 것을 상기시킴으로써, 더 깊이 살아가게 한다." 수련자는 이 깊은 통찰을 품고 매트에 선다. 더 이상 두려워하지 않는다. 넘어졌던 자신까지 품고, 다시 움직이기 시작한다.

12장. 숨, 고통 그리고 회복

"숨은 당신의 가장 오래된 친구다. 고통 속에서도 늘 당신 곁에 있었다."
(존 카밧진, 『어디를 가든 너는 거기에 있다』)

"내 생각에, 현재의 고난은 장차 우리 안에 나타날 영광과 비교할 수 없다." (로마서 8:18)

1절. 고통은 사라지지 않는다, 흐를 뿐이다

삶에서 고통은 피할 수 없다. 수련에서도, 관계에서도, 몸에서도 고통은 다양한 얼굴로 찾아온다. 하지만 우리가 진짜 배워야 할 것은 고통을 없애는 기술이 아니라, 고통이 흐르도록 허락하는 감각이다. 숨이 막힐 듯 아플 때, 가장 먼저 해야 할 일은 억누르거나 도망치는 것이 아니라, 그 고통과 함께 숨 쉬는 일이다.

마르쿠스 아우렐리우스는 "외부의 어떤 일로 고통받는다면, 그 고통을 일으키는 것은 바로 그 외부의 일이 아니라, 그것에 대해 당신이 내린 판단이다"라고 말했다. 이 스토아 철학의 통찰은 고통 자체보다 그 고통에 대한 우리의 해석이 더 중요함을 알려준다. 같은 부상을 당해도 어떤 사람은 극복의 연료로 삼고, 어떤 사람은 절망의 근거로 삼는다. 고통이 삶을 압도하지 않게 하기 위해 필요한 건, 해석의 철학이다.

심호흡은 단순한 호흡 기술이 아니다. 그것은 몸과 감정, 의식을 다시 연결하는 원시적이면서도 본질적인 리셋 버튼이다. 실제로 호흡은 고통 조절 시스템과 밀접하게 연관되어 있다. 깊은 호흡은 부교감 신경계를 자극해 긴장을 완화시키고, 고통에 대한 민감도를 줄여주는 생리적 회복 장치 역할을 한다. 숨을 들이쉴 때보다 내쉴 때 더 길게 하면, 뇌는 "지금은 괜찮다"고 느끼기 시작한다.

욥기 12장 10절은 "모든 생물의 생명과 모든 인류의 숨결이 그분 손안에 있다"고 말한다. 이는 숨이 단순한 생리적 기능이 아니라 존재의 근원과 연결된 깊은 의미임을 시사한다. 숨을 통해 우리는 자신의 깊은 내면과 연결되며, 고통을 단지 견디는 것이 아니라 그것과 함께 흐르는 법을 배운다.

세계적인 주짓수 전설들이 호흡을 수련의 중심에 두는 이유도 여기에 있다. 힉슨 그레이시(Rickson Gracie)는 인터뷰에서 이렇게 말했다: "호흡을 지배하지 못하면 자신을 지배할 수 없다." 그는 훈련뿐 아니라 실전 중에도 철저한 호흡 조율을 통해 심박수와 불안, 고통에 대한 반응을 통제한다고 밝혀 왔다. 그의 수련에는 항상 '숨을 통해 나를 감각하는 훈련'이 있었다.

단지 주짓수뿐만이 아니다. 요가, 명상, 프리다이빙, 고산 등반, 발레, 심지어 음악 공연과 연설 같은 극도의 긴장 상황에서도 호흡은 자신을 되돌리는 가장 확실한 도구로 사용된다. 심리치료에서도 '4초 들숨-7초 멈춤-8초 날숨'의 4-7-8 호흡법, 마음챙김 호흡, 시각화 호흡 같은 다양한 호흡 기법들이 PTSD나 공황장애를 완화하는 데 실제로 사용되고 있다. 호흡은 과학이자 철학이며, 자기 통제의 문턱이다.

니체는 『즐거운 학문』에서 "오직 거대한 고통, 길고 느릿한 고통만이 우리를 깊은 심연으로 이끌고... 우리는 마치 허물을 벗듯 다시 태어난다"고 썼다. 이는 고통이 순전히 파괴적인 것이 아니라, 이를 통해 더 깊고 순수한 회복이 가능하다는 의미심장한 통찰이다. 고통을 통해 우리는 우리 자신의 본질적인 깊이를 경험하고, 그 과정에서 새로운 사람으로 다시 태어날 수 있다.

이때 숨은 해석을 바꾸는 열쇠가 된다. 우리가 호흡에 집중하는 순간, 해석은 판단에서 감각으로 이동한다. '왜 나한테 이런 일이 일어나지?'라는 질문 대신, '지금 이 고통은 어디서 느껴지는가?'라는 감각의 질문이 자리 잡는다. 판단이 고통을 고정시키는 것이라면, 감각은 고통을 흐르게 한다.

또한, 고통은 기억과 연결되어 있다. 뇌는 과거의 고통을 학습하고, 유사한 자극 앞에서 즉각적으로 경고 반응을 일으킨다. 이때 호흡은 기억의 고리를 끊어주는 첫 번째 개입 수단이 된다. 트라우마 연구자 베셀 반 데어 콜크(Bessel van der Kolk)는 그의 저서 『몸은 기억한다(The Body Keeps the Score)』에서, "트라우마를 경험한 사람들은 끊임없이 몸 안에서 불안함을 느낀다. 과거가 속을 갉아대는 불편함의 형태로 살아 있기 때문이다"라고 설명한다. 호흡을 조율하는 것만으로도 트라우마 반응을 비활성화시키는 데 효과적이라 말한다. 이는 단지 고통을 이겨내는 법이 아니라, 고통을 흘려보내는 신경학적 길을 터주는 방식이다.

사도 바울은 로마서에서 "현재의 고난은 장차 우리 안에 나타날 영광과 비교할 수 없다"고 말했다. 이는 현재 경험하는 고통이 일시적이며, 그 너머의 더 큰 성장과 회복을 바라보는 시각을 제시한다. 고통 속에서도 그것이 영원하지 않다는 희망을 가질 때, 우리는 그 고통과 함께 숨 쉬며 앞으로 나아갈 수 있다.

고통은 뿌리 뽑히지 않는다. 하지만 고통은 흘러갈 수 있다. 숨이 길어질수록, 감정은 흐를 수 있고, 감정이 흐를수록 회복은 시작된다. 고통은 제거의 대상이 아니라 흐름의 일부로 포용되어야 할 감각이다. 수련이 가르쳐주는 것은 그것이다. 숨을 참지 않는 법, 고통을 버티는 것이 아니라 흘려보내는 법. 그것이 회복의 첫걸음이다.

2절. 숨은 몸의 언어다

호흡은 우리가 할 수 있는 가장 오래된 행위이자, 가장 잊힌 언어다. 우리는 태어나자마자 첫 숨을 쉬고, 죽는 순간 마지막 숨을 내쉰다. 그 사이에 무수히 반복되는 이 단순한 행위는, 사실 몸이 자기 자신과 소통하는 방식이다. 고통, 긴장, 불안, 회복—이 모든 것은 숨으로 먼저 기록된다.

시편 147편 3절은 "마음을 상한 자를 고치시며, 그들의 상처를 싸매시는도다"라고 말한다. 이 구절은 물리적 상처뿐 아니라 마음의 상처까지도 보듬어 주는 치유와 회복의 이미지를 담고 있다. 고통 속에서도 우리는 숨을 통해 이 위로와 회복을 경험할 수 있다.

의학적으로도 호흡은 자율신경계의 상태를 실시간으로 반영하는 신호다. 숨이 짧고 얕아지면 교감신경이 우세해지고, 이는 스트레스 반응을 유도한다. 반대로 숨이 깊고 천천히 흐르면 부교감신경이 활성화되어 몸은 회복 모드로 들어간다. 단순히 호흡을 조절하는 것만으로도 우리는 몸 전체의 생리 상태를 다시 쓸 수 있다.

이처럼 숨은 단지 산소의 흐름이 아니라, 몸과 마음을 하나로 묶는 감각의 다리다. 주짓수 수련 중 숨이 가빠질 때, 우리는 먼저 몸의 감각을 잃는다. 기술이 아니라 감각이 먼저 무너진다. 하지만 숨을 다시 느끼는 순간, 기술은 돌아오고 중심은 회복된다.

장자는 "마음을 평온히 하고... 삶이 너에게 어떤 일을 가져오든 너는 이를 감당할 수 있으며, 죽음이 닥쳐도 준비되어 있을 것이다"라고 말했다. 노장사상에서는 근원(도)에 닿아 마음을 평화롭게 하면 삶의 소용돌이도 담담히 받아들이게 된다고 가르친다. 삶과 죽음을 모두 자연의 일부로 인식하고 두려워하지 않는 태도가 강조된다. 이런 평온함은 바로 우리의 숨을 통해 얻을 수 있는 것이다.

대한민국의 산악인 고(故) 김홍빈 대장은 장애를 딛고 히말라야 14좌 완등에 도전하며 이렇게 말했다: "기술은 이미 충분했다. 부족했던 건 숨 하나였다." 열 손가락이 없는 장애를 극복하고 히말라야 14좌를 완등한 최초의 장애인 산악인으로서, 그의 말은 기술이나 장비가 아니라 마지막까지 버티는 '숨', 즉 의지와 생명력의 중요성을 강조한다. 이처럼 고요한 호흡은 기술을 가능하게 하는 기반이자, 감정의 바닥을 다지는 리듬이다.

이러한 호흡의 힘은 다른 종목에서도 동일하게 관찰된다. 프리다이빙 챔피언 기욤 네리(Guillaume Néry)는 자신의 세계 기록 잠수 직전, 이렇게 말한다: "나는 숨을 멈추는 것이 아니라, 내 안의 세계로 들어가는 문을 연다." 음악가 글렌 굴드(Glenn Gould)도 피아노 앞에서 '호흡의 길이를 음악의 흐름과 동기화해야 한다'고 했으며, 무용가들은 안무보다 먼저 숨으로 리듬을 맞춘다.

심리치료, 군 특수부대, 연극학교, 산모의 출산 훈련에 이르기까지—호흡은 위기 속에서 자신을 되찾는 가장 즉각적인 리셋 도구로 사용된다. '박스 호흡(Box Breathing)', '4-7-8 호흡법', '대나무 호흡(Bamboo Breathing)', '시각화 호흡(Visualization Breathing)' 등 다양한 호흡법들은 지금도 PTSD, 불안장애, 수면장애를 완화하는 데 과학적으로 입증되어 활용되고 있다.

에픽테토스는 "진정한 인간은 어려운 시기에 드러난다... 너를 올림픽급 인물로 만들기 위함이다"라고 말했다. 이는 시련을 마주했을 때야 비로소 인간의 진면목이 드러나며, 어려움은 우리를 훌륭한 인물로 단련시키기 위한 시험임을 강조한다. 이런 단련 과정에서 숨은 우리가 중심을 잡을 수 있게 해주는 닻이 된다.

명상에서는 숨을 '지금 이 순간에 존재하는 유일한 감각'이라 말한다. 과거도 아니고, 미래도 아닌 지금. 숨이 흐르고 있다는 것은 나도 여전히 흐르고 있다는 증거다. 몸이 멈췄을 때조차, 숨은 계속 흐른다. 그렇기에 호흡은 움직일 수 없는 순간에도 우리를 살게 하는 마지막 언어다.

숨은 기술이기 이전에, 자기와 마주하는 거울이다. 그것은 자기와의 관계다. 내가 나를 어떻게 대하고 있는지를 숨은 먼저 말해준다. 조급하거나 억눌려 있을 때, 숨은 먼저 짧아지고 끊긴다. 반대로 나를 신뢰하고 열어줄 때, 숨은 길어지고 부드러워진다. 숨은 몸의 언어이자, 삶을 살아내는 가장 원초적인 감각의 문법이다.

3절. 회복은 숨으로 조율된다

회복의 과정은 일방향적인 복원이 아니라, 끊임없는 재조율이다. 몸이 다시 강해지는 것보다 먼저 필요한 건, 몸이 나에게 무엇을 말하는지 듣는 감각이다. 그리고 그 감각은 대부분 숨에서 시작된다. 숨은 매 순간 우리의 상태를 반영하고, 동시에 그 상태를 바꾸는 가장 즉각적인 방식이기도 하다.

마르쿠스 아우렐리우스는 "행동의 장애물이 오히려 행동을 진전시킨다. 길을 막는 것이 곧 길이 된다"고 말했다. 이 스토아 철학의 통찰은 어려움과 장애물이 오히려 발전의 기회가 된다는 것을 일깨운다. 부상이나 고통이라는 장애물 역시 우리가 더 깊이 회복하고 성장할 수 있는 새로운 길이 될 수 있다.

심리학자들은 숨을 '자기 조율(self-regulation)의 리모컨'이라 부른다. 불안할 때 숨은 먼저 빨라지고, 분노할 때 숨은 막힌다. 몸은 숨을 통해 경고하고, 회복도 숨을 통해 시작된다. 자기 조율이란, 그 숨을 감지하고 되돌리는 능력에서 출발한다. 특히 회복 초기에는 의지나 투지가 아니라, 숨의 리듬에 몸을 실어보려는 감각적 용기가 더 중요하다.

사도 바울은 로마서에서 "내 생각에, 현재의 고난은 장차 우리 안에 나타날 영광과 비교할 수 없다"고 말했다. 이는 현재의 고통이 일시적이며 언젠가 더 큰 회복을 맞이할 것이라는 희망을 준다. 회복의 과정에서 우리는 이 희망을 숨과 함께 내면화할 수 있다.

많은 수련자들이 입을 모아 말하는 한 가지가 있다. 부상의 순간보다 더 힘든 건, 다시 시작할 때의 심리적 불안이다. "다시 다치면 어떡하지?" "예전 같지 않으면 어떡하지?"라는 질문이 마음을 휘감는다. 이때 그 질문을 잠재우는 가장 실제적인 도구가 숨이다. 한 번의 깊은 호흡이 불안의 회로를 끊고, 다시 몸과 연결되는 진입구가 된다. 수련자는 이 순간, 숨이 단순한 생존 수단이 아니라, 자기 신뢰를 회복하는 다리가 된다는 걸 경험한다.

이는 신경생리학적으로도 설명된다. 깊은 복식호흡은 미주신경(vagus nerve, 뇌와 내장을 연결하는 신경)을 자극해 부교감신경을 활성화시킨다. 이로 인해 심박수는 떨어지고, 근육은 이완되며, 회복에 필요한 환경이 조성된다. 이 반응은 단지 긴장을 푸는 것을 넘어, 몸이 '괜찮다'는 신호를 받아들이게 만드는 회복의 생물학적 문턱이다. 회복은 곧, 숨을 통해 만들어지는 새로운 리듬이다.

주짓수 수련 중, 격한 롤링을 마치고 바닥에 눕는 그 짧은 순간—거기서 들리는 것은 거친 숨뿐이다. 하지만 그 숨이 점차 느려지고 깊어질 때, 몸은 다시 돌아온다. 근육의 기억이 깨어나고, 감각이 정리된다. 수련자들은 말한다: "그 숨을 되찾는 순간이, 진짜 회복이 시작되는 때다." 그리고 이 경험은 단지 운동의 현장에만 머물지 않는다. 부상을 넘어 삶의 갈피에서도, 숨은 늘 나를 조율하는 메트로놈처럼 작동한다.

숨은 조율이다. 억지로 빠르게 앞서가는 것이 아니라, 흐름에 맞게 다시 몸을 일치시키는 움직임이다. 호흡이 정돈되면 사고도 정리된다. 감정도 함께 정돈된다. 회복은 숨을 따라 자기 자신과 다시 연결되는 과정이며, 흐트러진 모든 감각을 하나의 리듬으로 묶어내는 재통합의 시작이다. 우리는 그 순간을 통해 단지 회복하는 것이 아니라, 다시 나로 돌아오는 법을 배우게 된다.

4절. 다시 숨을 쉰다는 것의 의미

숨이 끊어질 듯한 고통의 순간에도, 우리를 다시 삶으로 데려오는 건 '다시 숨을 쉰다'는 행위다. 그것은 단순한 생존의 반사 작용이 아니다. 숨을 다시 들이쉰다는 건, 다시 살아보겠다는 자율적 선택이다. 회복이란 결국, 이 선택을 하루에도 수없이 반복하며 자신에게 말 거는 행위에 가깝다.

고통 속에선 숨을 잊기 쉽다. 마음이 조급할 때, 몸이 긴장할 때, 감정이 무너질 때 우리는 무의식적으로 호흡을 멈춘다. 이 멈춤은 생리적으로도 위험하지만, 삶의 감각을 단절시키는 가장 빠른 방식이기도 하다. 다시 숨을 쉰다는 건 단절을 연결하는 몸의 선언이다. '나는 여기 있고, 다시 살아가겠다'는 존재의 결단이다.

호흡은 가장 단순하지만 근본적인 회복의 문이다. 요가, 명상, 출산, 전투, 공연 등 수많은 순간에서 우리는 숨을 통해 위기를 넘긴다. 주짓수 고수들이 말하듯, 숨이 무너지면 중심도 무너진다. 하지만 숨이 돌아오면 중심도 돌아온다. 숨을 다시 조율한다는 건 단지 호흡법의 문제가 아니라, 내가 나에게 되돌아오는 복귀의 방식이다.

철학자 메를로퐁티(Maurice Merleau-Ponty)는 말했다: "몸은 세계를 살아내는 주체다." 이 말은 숨을 통해 더욱 선명해진다. 숨을 쉰다는 것은 다시 감각하고, 다시 세계와 관계 맺는 일이다. 단절되었던 리듬, 끊겼던 자기 인식이 숨이라는 다리를 건너 되살아난다. 다시 숨을 쉰다는 건, 세계에 다시 발을 딛고 나로서 존재하는 것이다.

많은 사람은 건강할 때 숨을 의식하지 않는다. 그러나 아픔을 겪고 난 후,

우리는 안다. 숨은 단순한 산소의 흐름이 아니라, 무너진 자신을 되살리는 내적 복원의 구조라는 것을. 숨을 내쉰다는 건, 삶을 견디겠다는 뜻이자, 그 순간을 함께 살아가겠다는 연대다.

수련은 그 과정을 반복하게 만든다. 숨이 끊길 듯한 고통 속에서도, 우리는 천천히 내쉰다. 고통이 사라졌기 때문이 아니라, 그 고통 속에서도 멈추지 않겠다는 다짐 때문이다. 그 숨이 이어질수록, 우리는 중심을 잃지 않는다. 그리고 어느 날, 조용한 순간에 깨닫게 된다. 숨을 쉬고 있다는 사실 자체가, 살아 있다는 가장 본질적인 증거라는 것을.

5부 고통 너머의 삶
희망, 긍정
그리고 통합의 철학

5부 고통 너머의 삶
– 희망, 긍정, 그리고 통합의 철학

13장. 삶을 묻는 시간 – 질문이 철학이 되는 순간

"성찰하지 않는 삶은 살 가치가 없다." (소크라테스, 『플라톤의 변명』)

소크라테스는 아테네 법정에서 신을 부정하고 청년들을 타락시켰다는 이유로 재판을 받는다. 그는 변론 과정에서, 자신이 신의 뜻을 따라 사람들에게 "너 자신을 알라"고 묻는 일을 했을 뿐이라고 주장한다.

그는 이렇게 말했다. "나는 지혜롭지 않다. 다만 내가 아는 것은, 내가 모른다는 사실뿐이다."

그는 아테네의 유명한 정치가, 시인, 장인들을 찾아다니며 질문을 던졌다. 그들의 무지와 허위를 드러내며, 스스로 무지함을 인정하지 않는 것이야말로 참된 문제라고 했다.

그리고 이렇게 선언한다."성찰하지 않는 삶은 살 가치가 없다."

왜냐하면, 살아가면서 자신의 삶을 되돌아보고, 무엇이 선한지, 무엇이 정의로운지, 어떻게 살아야 하는지 묻지 않는다면, 인간으로서의 존엄과 가능성을 스스로 버리는 것이기 때문이다. 소크라테스는 목숨을 구걸하지 않았다. 만약 성찰하지 않는다면, 살아남아도 그것은 진정한 삶이 아니기 때문이다. 결국 그는 독배를 마시는 형을 받고, 당당히 죽음을 받아들인다.

1절. 고통을 넘은 자리에서 시작되는 질문

고통은 질문을 낳는다. 아픔은 묻는다. "이 길이 맞는가?" "나는 누구인가?" "무엇을 위해 이렇게까지 하는가?" 반복되는 부상, 정체된 감정, 어깨 위에 얹힌 기대 속에서 우리는 멈추고, 물으며, 삶의 문턱에 선다. 이 질문은 단순한 호기심에서 나오지 않는다. 그것은 한계를 마주했을 때, 그 한계를 견디는 이유에 대해 다시 묻게 되는 내면의 부름이다.

소크라테스가 "성찰하지 않는 삶은 살 가치가 없다"고 말한 것은 바로 이런 의미다. 인간 존재의 본질은 끊임없이 자기 자신을 되묻는 데 있다. 일상의 매 순간을 성찰하며 질문함으로써 삶의 방향과 의미를 찾는 것, 그것이 진정 살아있음의 증거다. 이 말은 고통과 한계 앞에서 멈춰 서서 '나는 누구인가', '어디로 가야 하는가'를 질문하는 행위 자체가 인간을 인간답게 만든다는 통찰을 담고 있다.

내가 운동을 처음 시작했을 때, 고통은 일종의 성장의 증거처럼 느껴졌다. 근육의 통증, 피부가 찢어지고, 다양한 골절을 경험하며 기진맥진한 하루를 보내는 것. 그것은 내가 살아있고 단련되고 있다는 증거였고, 나를 더 단단하게 만드는 과정이었다. 그러나 시간이 지날수록 고통은 형태를 바꾸기 시작했다. 단순한 근육통이 아니라, 존재 자체를 흔드는 깊은 피로와 회의로 다가왔다. 그때부터 고통은 내게 질문을 던지기 시작했다. "이 길은 누구를 위한 것인가?", "지금 나는 진정 원하는 삶을 살고 있는가?"

불교에서는 삶의 본질을 고통(苦)으로 보고, 그 원인을 묻고 초월하는 수행을 강조한다. 부처는 "일체유위고(一切有爲苦) - 모든 것은 일시적(有爲)이고 고통이다"라고 가르쳤다. 이는 고통에서 벗어나려면 삶의 원인과 의미를 탐구해야 함을 의미한다. 사성제(四聖諦)는 고통의 원인과 소멸을 물으며, 고통 너머의 해탈을 사유하게 한다. 부처가 수도하여 깨달음을 얻은 이야기처럼, 고통이 삶의 문턱에서 출발하는 질문과 성찰의 계기가 될 수 있다.

러시아의 대문호 레프 톨스토이는 『세 가지 질문』이라는 짧은 이야기에서 다음과 같은 질문을 던진다. "가장 중요한 시간은 언제인가?", "가장 중요한 사람은 누구인가?", "가장 중요한 일은 무엇인가?" 이 이야기의 주인공인 왕은 나라를 잘 다스리기 위해 삶의 본질적인 질문에 대한 답을 찾고자 한다. 그는 여러 학자와 현인들을 찾아가지만, 어느 누구도 만족스러운 해답을 주지 못한다. 결국 숲에 사는 은둔한 수도자를 찾아가게 되고, 그곳에서 우연히 위기에 처한 사람을 구하고, 수도자의 간병을 도우며 시간을 보낸다. 그 경험 속에서 그는 깨닫는다. 가장 중요한 시간은 '지금 이 순간', 가장 중요한 사람은 '당신이 함께 있는 그 사람', 그리고 가장 중요한 일은 '그 사람에게 선을 행하는 것'이라는 사실이다.

이 우화가 주는 철학적 통찰은 명확하다. 철학은 거창한 개념이 아니라, 지금 여기에 대한 인식이며 실천이다. 삶은 미래가 아닌 현재에 있으며, 인간 존재의 가치는 타인과 맺는 관계와 그 관계 안에서 행하는 실천에 의해 드러난다. 이는 존재론의 실천적 전환이며, 질문을 단지 사유에 멈추지 않고 행동으로 확장하는 철학의 본질을 보여준다.

예수는 "사람이 만일 온 천하를 얻고도 자기 목숨을 잃으면 무엇이 유익하리요"(마태복음 16:26)라며, 세속적인 이득을 쫓기보다 자신의 생명과 영혼의 가치를 우선해야 함을 강조했다. 이 구절은 삶의 목표와 가치가 돈이나 권력이 아니라, 자기 삶의 본질을 잃지 않는 데 있음을 묻는 형식으로 제시된다. 비록 전 세계를 다 가진다 하더라도 '나를 잃지 않는 삶'이 진정한 유익임을 일깨워준다. 이러한 질문은 인간 존재의 목적을 고민하게 하며, 삶의 방향에 대한 철학적 성찰을 촉발한다.

이와 같은 질문은 우리가 고통을 겪은 뒤에 더욱 선명해진다. 육체가 회복되지 않을 때, 마음이 따라오지 않을 때, 우리는 멈추고 자신에게 묻게 된다. 나는 왜 이토록 스스로를 몰아붙이는가? 이 고통은 나를 어디로 데려가고 있는가? 철학은 이 질문을 도구 삼아, 삶을 다시 구성하는 거울이 된다. 질문이 깊어질수록, 우리는 단지 버티는 것이 아니라, 방향을 다시 잡는다.

존재에 대한 탐색은 이렇게 시작된다. 아파본 사람만이 묻는 방식이 있다. 왜냐하면 고통은 단순한 불편함이 아니라, 존재에 균열을 내기 때문이다. 그 균열을 마주했을 때, 우리는 비로소 진짜 질문을 품게 된다. 철학은 책에서 시작되지 않는다. 철학은 그 순간, '나는 왜 이 자리에 있는가'를 묻는 데서 시작된다. 그리고 그 물음은 우리를 다시 살아가게 만든다.

2절. 질문이 철학으로 변화하는 순간

질문은 누구나 한다. "나는 왜 이 일을 하고 있을까?", "이 삶은 내가 원했던 것인가?", "정말 이 방향이 맞는가?" 하지만 모든 질문이 철학이 되지는 않는다. 철학이 되기 위해선 그 질문이 반드시 '나를 흔드는 질문'이어야 한다. 나의 습관을, 일상을, 생각의 패턴을 다시 보게 만드는 힘이 있어야 한다. 그래야 비로소 철학은 머릿속을 떠나 삶의 중심으로 내려온다.

질문이 철학이 되는 순간은 그 질문이 삶의 구조를 바꾸기 시작할 때다. 예를 들어, "나는 왜 항상 지쳐 있는가?"라는 질문은 단순한 피곤함을 넘어선다. 이는 나의 수면 습관, 인간관계, 일의 방식, 운동 루틴, 심지어 삶의 의미까지 조정하게 만든다. 질문은 사유를 통해 현실로 이어질 때 비로소 철학이 된다. 철학은 독서실에서가 아니라, 실제 삶을 바꾸는 질문의 힘으로 나타난다.

현대 심리학자 빅터 프랭클은 홀로코스트 생존 경험을 통해 "삶의 의미를 찾는 자만이 극한의 고통도 이겨낼 수 있다"고 주장했다. 그는 고통을 피할 수 없지만, 고통 속에서도 자신만의 '왜'(의미)를 발견하는 사람이야말로 진정한 삶을 산다고 보았다. 자신의 고통에 의미를 부여하고 그 너머를 바라볼 수 있을 때, 우리는 그 고통을 견디는 힘을 얻는다.

리처드 도킨스는 말했다. "과학은 질문에서 출발하지만, 철학은 질문의 존재 이유 자체를 탐구한다." 철학은 질문의 질문을 던지는 일이다. 우리는 '왜 아픈가'라고 물을 수 있다. 하지만 철학은 '왜 나는 그 질문을 중요하게 여기는가'까지 묻는다. 철학은 질문의 방향을 바꾸고, 그 질문을 계속 품게 만든다. 철학이 된 질문은 사라지지 않는다. 오히려 삶의 궤도를 수정하며 우리를 이끈다.

실존주의 철학자 장 폴 사르트르는 "실존이 본질에 앞선다"고 말했다. 이는 인간의 존재가 먼저 있고, 그 뒤에 의미와 목적이 온다는 뜻이다. 인간 존재 그 자체가 끊임없는 질문과 선택으로 자신의 본질을 만들어간다는 것이다. 우리의 존재는 미리 규정된 것이 아니라, 우리가 스스로 만들어가는 것이다. 이러한 관점에서 질문은 단순한 호기심이 아니라, 자신의 존재를 형성하는 필수적인 과정이 된다.

질문이 철학이 되는 또 다른 조건은 '정답 없음'이다. 정답이 있다면 그건 문제일 뿐이다. 철학은 정답보다 중요한 질문을 던지는 것이다. "어떻게 살아야 하는가?" "진정한 행복은 무엇인가?" "나는 무엇을 위해 존재하는가?" 이런 질문들은 단지 머리를 자극하는 것이 아니라, 존재의 뿌리를 건드린다. 그래서 철학은 때때로 불편하고 고통스럽다. 하지만 그 불편함 속에서 우리는 성장을 시작한다.

주짓수를 수련하며, 나는 종종 질문을 던졌다. "이 기술은 왜 이 시점에 써야 하지?", "지금 이 순간, 나는 왜 두려운가?", "상대가 아니라, 나 자신이 내 발목을 잡고 있지는 않은가?" 처음에는 기술적 질문이었지만, 나중에는 존재적 질문으로 변했다. 기술이 익숙해질수록, 나는 기술을 쓰는 이유를 더 깊이 묻게 되었다. 그 질문은 단지 경기에서 이기기 위한 것이 아니라, 삶 전체를 다시 보기 위한 철학의 문이었다.

알베르 카뮈는 삶의 부조리에 대해 "인간은 의미 없는 세계에서도 스스로 의미를 창조해야 한다"고 말했다. 이는 우리가 스스로 "왜 사는가"라는 근본적 물음에 대해 답을 찾아가는 주체적인 사유의 중요성을 강조한 것이다. 의미는 주어지는 것이 아니라, 우리 스스로 만들어가는 것이다.

철학이 된 질문은 우리의 삶을 구체적으로 바꾼다. 그리고 그 질문은 일상 속에서 피어난다. 우리가 걷는 시간, 훈련하는 순간, 가족과 대화하는 틈, 혼자 조용히 커피를 마시는 시간 속에서. 중요한 건 질문을 외면하지 않는 용기다. 철학은 대단한 지식이 아니라, 끊임없이 나를 향해 질문을 던지는 사람의 태도다.

그러니 묻자. 내가 지금 품고 있는 질문은 나의 삶을 바꿀 준비가 되어 있는가? 이 질문은 철학이 될 준비가 되어 있는가? 그리고 나는, 그 질문을 감당할 준비가 되어 있는가?

3절. 질문은 존재를 건드릴 때 힘이 있다

질문이 철학이 되기 위해서는 단지 똑똑한 질문이 아니라, 존재를 흔드는 질문이어야 한다. "나는 왜 존재하는가?", "나는 누구인가?", "지금의 나는 진짜 나인가?" 이러한 물음은 단지 정신적 사유가 아니다. 그것은 존재 자체를 다시 정의하려는 노력이며, 내면의 구조를 전면적으로 재편성하는 사유의 힘이다.

하이데거는 『존재와 시간』에서 이렇게 말했다. "존재를 물을 수 있는 존재만이 인간이다." 이 말은 인간만이 자신의 삶을 돌아보고, 그 삶의 의미를 묻는 존재라는 뜻이다. 인간은 단순히 생존하는 것이 아니라, 스스로를 되묻는 존재로 살아간다. 고통은 바로 이 되물음의 출발점이 된다. 단순히 '힘들다'는 감정이 아니라, 왜 힘든지를, 이 힘듦이 어디서 오는지를 묻게 될 때, 우리는 철학의 문턱에 들어선다.

깊은 숲 속, 지혜로운 올빼미가 살고 있었다. 매일 밤, 동물들은 고민이 생기면 그에게 조언을 구하러 왔다. 어느 날, 젊은 참새가 날아와 말했다. "왜 저는 항상 불안한 걸까요? 날아도 날아도 마음이 편하지 않아요." 올빼미는 조용히 답했다. "넌 매일 바람을 탓하고 있지. 하지만 바람을 향해 날 것인지, 피할 것인지는 네가 결정해야 해." 참새는 멈춰 섰다. 그 말은 단순한 조언이 아니었다. 존재의 방향을 묻는 질문이었다. 그는 그날 이후 처음으로, 날개가 아니라 마음의 방향을 고민하기 시작했다.

이 우화는 우리에게 질문의 깊이가 존재를 바꾼다는 사실을 일깨운다. 방향을 묻는 질문은 단지 효율이나 성과가 아닌, 나라는 존재의 궤도를 흔들어놓는다. 불안은 단지 감정이 아니라, 존재가 흔들릴 때 나오는 신호다. 그 신호를 읽고 나를 다시 설정할 때, 우리는 단순한 감정 조절이 아닌 존재 재구성의 길로 나아간다.

훈련 중 만난 한 제자는 이렇게 물었다. "관장님, 저 여기 10년 넘게 해왔는데도 도대체 제가 뭘 잘하는지 모르겠어요." 그 말에 나는 이렇게 답했다. "너무 오래 기술만 배웠던 거야. 이 기술이 왜 필요한지, 나와 무슨 관계가 있는지 묻지 않았으니까." 반복되는 수련 속에서도 존재를 묻지 않으면, 우리는 쉽게 메마른다. 기술은 익숙해지지만, 존재는 비워진다.

존재를 묻는 질문은 결국 '나'라는 틀을 다시 짜는 일이다. 철학자 장 폴 사르트르는 말한다. "존재는 본질에 앞선다." 이는 인간은 정해진 본질을 따라가는 것이 아니라, 선택을 통해 스스로의 본질을 만들어간다는 뜻이다. 우리는 매 순간 어떤 사람이 될지를 결정하고 있으며, 그 결정 앞에 설 때마다 존재의 본질이 다시 쓰인다. 질문은 그 선택의 기준이 된다.

질문이 존재를 건드리는 순간, 우리는 더 이상 과거의 '나'로 살아갈 수 없다. 질문은 변화를 요구하고, 성찰을 촉구하며, 새로운 삶의 가능성을 여는 열쇠가 된다. 그리고 그 질문은 대개 가장 조용한 순간에 온다. 명상을 할 때, 고요 속에서 숨을 바라볼 때, 혹은 지친 몸을 눕히고 아무 말 없이 하늘을 올려다볼 때. 질문은 외부의 소음이 아닌, 내면의 침묵 속에서 비로소 들린다.

그래서 질문은 힘이 있다. 존재를 건드리는 질문은, 더 이상 지금 이대로는 살 수 없다는 선언이다. 그것은 나를 다시 태어나게 하는 고통이자, 삶을 더 단단하게 만드는 철학적 리셋이다. 그리고 그 리셋은, 존재 전체를 다시 세우는 시작이 된다.

4절. 철학은 대답보다 질문의 깊이에 달려 있다

철학은 '답'이 아니라 '질문'에서 시작된다. 그리고 더 정확히 말하면, '질문을 대하는 태도'에서 비롯된다. 같은 질문도 어떤 이는 피하고, 어떤 이는 반복해 되묻는다. 삶을 바꾸는 건 정답을 아는 것이 아니라, 질문을 지속적으로 품는 힘이다.

우리는 살아가며 무수한 질문을 마주한다. "왜 계속 이 일을 하고 있는가?", "무엇이 나를 이끄는가?", "나는 진짜 원하는 방향으로 가고 있는가?" 때로는 질문이 부담이 되기도 하고, 삶을 불편하게 만들기도 한다. 하지만 진짜 성장은 언제나 불편한 질문을 끝까지 품은 사람에게만 주어진다.

사드구루는 『이너 엔지니어링』에서 이렇게 말한다. "지성은 답을 찾는 것이 아니라, 질문을 포기하지 않는 능력이다." 이는 곧 철학은 끝없는 되물음의 과정이라는 뜻이다. '이게 맞는가?'라는 물음을 멈추지 않는 사람만이, 삶의 중심으로 더 가까이 다가간다. 질문이 철학이 되는 순간은 바로 그 되물음의 반복 속에서 탄생한다.

한 마을이 거대한 산불에 휩싸였을 때, 모든 동물들이 숲을 버리고 도망쳤다. 그런데 오직 앵무새 한 마리만이 불 속으로 날아들었다. 그 앵무새는 날개에 물을 묻혀 조금씩 불길 위에 떨어뜨리며 산을 오갔다. 어느 날, 이 모습을 본 신이 앵무새에게 물었다. "네가 그 작은 물 한 방울로 이 불을 끌 수 있다고 생각하느냐?" 앵무새는 대답했다. "아니요. 하지만 지금 내가 할 수 있는 일은 이것뿐입니다." 신은 감동했고, 비를 내려 숲을 구했다.

이 이야기는 질문의 힘과 태도에 대해 말해준다. '내가 이걸 한다고 바뀔까?'라는 질문 앞에서 대부분은 멈춘다. 하지만 그 질문에 '그래도 해본다'고 답한 앵무새는 결국 세상을 움직였다. 철학도 마찬가지다. 질문 앞에서 멈추는 사람이 아니라, 질문을 품고 나아가는 사람이 삶을 바꾸는 가능성을 만든다.

철학은 거창한 정답이 아니라, 삶의 모든 작은 질문에 성실하게 반응하는 방식이다. 커피를 내릴 때, 문득 이런 질문이 들 수 있다. "나는 왜 이렇게 느긋한 시간을 원했을까?" 그 질문은 소비 습관이나 라이프스타일이 아니라, 삶의 질서를 다시 세우려는 몸의 요구일 수 있다. 이런 작은 물음이 모여 우리의 세계관을 만들고, 궁극적으로 나라는 존재의 질을 결정한다.

주짓수를 수련하면서 가장 많이 받는 질문 중 하나는 "어떻게 하면 더 빨리 강해질 수 있을까요?"이다. 하지만 이 질문에 나는 종종 다시 묻는다. "

왜 빨리 강해지고 싶으신가요?" 그 물음에 당황하는 제자들을 보면, 그들의 질문은 '표면'에 머무르고 있었음을 느낀다. 질문은 깊어질수록 방향이 달라진다. '어떻게'에서 시작해 '왜'로 넘어가야 철학이 된다.

그래서 진정한 철학적 수련이란, 기술을 익히는 것이 아니라 질문을 재구성하는 것이다. 왜 내가 이 기술을 반복하는가?, 왜 지금 이 타이밍이 중요한가?, 왜 나는 이 기술에 두려움을 느끼는가? 이러한 질문은 단지 스포츠가 아니라, 존재와의 대화로 수련을 바꾼다.

우리는 가끔 '답을 얻고 싶다'는 마음에 급해진다. 하지만 진짜 중요한 건 질문이 사라지지 않는 것이다. 질문이 끊임없이 우리 안에 머물러 있을 때, 우리는 그 질문과 함께 성장한다. 철학은 대답이 아니라, 질문을 멈추지 않는 태도다. 그리고 그 태도는 결국 삶의 깊이를 만든다.

그러니 묻는 것을 두려워하지 말자. 불안정한 질문 속에서만 진짜 삶이 시작된다. 철학은 답을 아는 이가 아니라, 질문을 떠나보내지 않는 사람의 것이다.

14장. 삶을 수련하는 자, 철학을 넘는다

"너희는 어찌하여 '주여, 주여' 부르면서도 내가 말한 것을 행하지 않느냐?" (예수, 『누가복음』 6:46)

예수는 사람들에게 말한다. 말로만 '주여, 주여' 부르는 것은 아무 소용이 없다고. 진정한 믿음은 행함으로 증명된다고 강조한다.

그리고 이렇게 비유를 들려준다:"내 말을 듣고 행하는 자는, 깊이 파고 반석 위에 집을 지은 사람과 같다. 홍수가 나고 물이 밀려와도, 그 집은 흔들리지 않는다. 그러나 내 말을 듣고 행하지 않는 자는, 기초 없이 땅 위에 집을 지은 사람과 같다. 물이 밀려들면 그 집은 곧 무너지고, 파괴가 심하다." (누가복음 6:47-49)

삶은 단순히 흘러가는 것이 아니다. 삶은 매 순간 깨어 있어야 하며, 자신을 돌아보고 새롭게 살아내야 한다. 이제 우리는 철학을 넘어, 삶 그 자체를 수련하는 자리로 나아가야 한다.

1절. 철학을 넘는다는 것의 의미

철학은 삶을 사유하게 만든다. 하지만 어떤 순간, 우리는 철학을 '넘어야' 한다. 철학을 넘는다는 말은 철학을 버리는 것이 아니다. 그것은 철학이 '도달점'이 아니라 '시작점'이라는 깨달음이다. 철학이 도구가 되는 순간, 삶은 더 깊은 통합으로 나아간다.

"정의를 행함으로써 사람은 정의로워지고, 절제된 행동을 함으로써 절제된 사람이 된다." 아리스토텔레스의 이 말은 지식과 행동의 관계를 명확히 보여준다. 덕(德)은 그것을 아는 것만으로는 불충분하며, 반복적인 행위를 통해 형성된다. 철학적 개념을 이해하는 것에 그치지 않고 실제 행동으로 덕을 실현해야 비로소 우리는 덕이 있는 사람이 된다.

스피노자는 『윤리학』에서 인간 존재의 본질을 "존재하려는 노력, 즉 코나투스(conatus)"라 정의하며, 이 노력은 감정과 이성, 육체 모두에서 드러난다고 보았다. 그의 철학은 몸과 마음을 분리하지 않으며, 오히려 우리의 사유가 육체적 실천과 함께 깊어질 때 진정한 자유를 향해 나아간다고 말한다. 고통조차도 회피의 대상이 아니라, 존재의 조정과 정렬을 위한 신호로 이해된다.

이러한 스피노자의 코나투스 개념은 현대 심리학의 '회복탄력성(resilience)' 개념과 놀랍도록 맞닿아 있다. 회복탄력성이란 역경과 고통 속에서도 본래의 형태로 돌아가려는 힘, 심지어 그것을 통해 더 강해지는 능력을 말한다. 스피노자가 17세기에 이미 통찰했던 존재의 본질적 노력이 현대 심리학에서는 트라우마와 위기를 극복하는 핵심 요소로 재발견된 것이다.

"알라는 사람들이 스스로 바꾸지 않는 한 그들의 상태를 바꾸지 않으신다." (꾸란 13:11) 꾸란의 이 구절은 외부에서 오는 변화를 기다리기보다 자신을 먼저 변화시켜야 함을 가르친다. 이는 삶의 수련이 자기 자신으로부터 시작된다는 진리를 담고 있다. 우리는 환경을 탓하거나 조건을 탓하기 전에, 먼저 자신의 내면과 행동을 바꾸어 나가야 한다.

현대 명상 지도자인 잭 콘필드는 "깨어 있음은 단지 생각을 관찰하는 것이 아니라, 삶 전체를 사랑과 통찰로 껴안는 방식"이라고 말한다. 철학이 고통을 이해하는 틀을 제공한다면, 수련은 그 고통을 살아내며 변화로 통합하는 과정이다. 철학은 이론의 시작점일 뿐, 통합된 삶은 실천에서 완성된다.

니체는 『차라투스트라는 이렇게 말했다』에서 "언젠가 날기를 배우고자 하는 자는 먼저 서고, 걷고, 달리고, 기어오르고, 춤추는 법을 배워야 한다"고 말했다. 이는 철학적 통찰을 실현하기 위해서는 일상의 소소한 훈련부터 시작해야 함을 의미한다. 높은 경지를 향한 열망이 있더라도, 삶의 기본기를 착실히 다지는 수련 없이는 진정한 '비상'은 불가능하다.

철학은 질문을 던지게 했고, 우리는 그 질문을 통해 스스로를 다시 보았다. 이제 우리는 묻는다. "질문을 넘어 삶을 직접 살아낼 수 있을까?" 이 물음은 이론을 넘어선 실천, 사유를 넘어선 존재로의 전환이다. 철학이 삶을 위한 준비였다면, 지금부터는 삶 그 자체가 수련의 장이 된다.

2절. 수련은 삶의 모든 순간에서 이루어진다

수련은 도장에서만 이루어지는 것이 아니다. 삶 전체가 수련의 장이 되어야 한다. 수련은 단지 기술을 익히는 반복이 아니라, 삶과의 끊임없는 상호작용 속에서 만들어지는 태도와 감각이다. 철학이 머리로 이해한 것이라면, 수련은 몸으로 이해하고, 관계로 실천하는 것이다.

"배우고 때때로 그것을 익히면 또한 기쁘지 아니한가?" (공자, 『논어』 학이편) 공자의 이 말은 지식의 습득과 실천적 연습의 통합을 강조한다. 배운 것을 주기적으로 복습하고 실생활에 적용할 때 비로소 참된 즐거움이 있다는 의미다. 이는 철학적 이해에만 머무르지 않고, 그것을 삶 속에서 체득하는 과정의 중요성을 보여준다.

예를 들어보자. 한 제자가 도장에서 자신의 특기인 트라이앵글 기술을 수백 번 연습했지만, 집에서는 가족 간 갈등 앞에서 늘 감정을 이기지 못했다. "나는 왜 가족과 다툴 때만 되면 무기력해질까?"라는 질문 앞에서 그는 결국 깨달았다. 기술은 몸에 익었지만, 그 기술을 지탱할 '내면의 반응력'은 수련되지 않았다는 사실을. 그날 이후 그는 도장에서만이 아니라, 삶의 모든 순간에서 수련 중이라는 태도를 갖기 시작했다. 감정이 동할 때, 판단이 앞설 때, 그 모든 순간이 수련의 기회임을 받아들이게 된 것이다.

"당신에게는 오직 행위할 권리만 있을 뿐, 그 결과에 대한 권리는 결코 없다." (『바가바드 기타』 2:47) 바가바드 기타의 이 가르침은 행동의 본질에 대한 깊은 통찰을 담고 있다. 우리는 최선을 다해 행동할 의무만 있을 뿐, 그 결과에 집착해서는 안 된다는 것이다. 이는 수련자의 태도를 명확히 보여준다. 성과나 보상을 바라고 행동하는 것이 아니라, 순수한 의무감과 책임으로 지금 해야 할 일에 최선을 다하는 것이 진정한 수련의 자세이다.

삶에서 일어나는 수많은 갈등과 충돌, 예기치 못한 상처는 도장에서의 반복보다 훨씬 더 깊은 수련을 요구한다. 우리는 일상에서 종종 감정적으로 반응하거나, 두려움에 움츠리거나, 관계에서 회피하거나 분노한다. 이런 순간들은 철학적 명제로는 다 다스릴 수 없다. 오히려 이런 순간들 속에서 "나는 지금 어떤 패턴으로 반응하고 있는가?", "이 감정의 뿌리는 어디인가?"를 성찰할 수 있다면, 그 순간이 곧 수련의 현장이 된다.

잭 콘필드는 말했다. "명상은 도피가 아니다. 그것은 세상 한가운데서 깨어 있게 해주는 훈련이다." 이처럼 진정한 수련은 단절된 공간에서 이루어지지 않는다. 고요한 공간뿐 아니라 혼란과 충돌의 공간에서도 우리는 끊임없이 훈련된다. 그러므로 수련이란 삶을 분리해서 '연습'하는 것이 아니라, 삶 그 자체를 감각하고 성찰하며 살아내는 일이다.

"마음속의 모든 욕망을 거두어 들이면 육신은 불멸에 이른다." (『카타 우파니샤드』 2:3:14) 카타 우파니샤드의 이 구절은 내적 수련의 본질을 보여준다. 외부의 환경을 바꾸려 애쓰기보다, 자신의 내면을 다스리고 욕망을 절제할 때 진정한 자유와 평화를 얻을 수 있다는 의미다. 내면의 평정을 이루는 것이 수련의 핵심이며, 그것은 일상 속 모든 순간에서 이루어져야 한다.

"군자는 자기에게 구하고, 소인은 남에게 구한다." (『논어』 위정편) 공자의 이 말은 수련자의 기본 태도를 일깨운다. 진정한 수련자는 문제의 원인을 외부에서 찾지 않고, 항상 자신에게서 먼저 찾는다. 실패했을 때 환경이나 타인을 탓하기보다 자신의 부족함을 돌아보고, 성공했을 때도 교만하지 않고 더 나은 자신이 되기 위해 노력한다. 이것이 바로 삶 전체를 수련장으로 삼는 자세이다.

고전 『논어』에서 공자는 이렇게 말했다. "군자는 말보다 행동이 앞서야 한다." (『논어』 위정편) 여기서 행동이란 단지 외적 실행이 아니라, 내면에서 비롯된 삶의 일관성이다. 철학을 배운 자와 수련을 실천한 자는 다르다. 철학이 삶을 설계한다면, 수련은 그 설계를 검증한다. 그리고 그 검증은 항상 삶에서 벌어진다. 아침에 눈뜨는 순간부터 잠자리에 드는 마지막까지, 우리가 살아내는 하루하루가 모두 수련의 장인 것이다.

3절. 실천 없는 철학은 방향성을 잃는다

철학은 사유의 나침반이다. 하지만 방향이 설정되었을 뿐, 그 길을 걷는 것은 삶의 몫이다. 실천 없는 철학은 부유하고, 뿌리내리지 못한다. 우리가 진정으로 변화하려면 철학이 '살아 있어야' 한다.

"아는 자는 말하지 않고, 말하는 자는 알지 못한다." (노자, 『도덕경』 제56장) 노자의 이 말은 지식과 실천의 관계를 예리하게 지적한다. 진정으로 알고 있는 사람은 부질없는 말을 늘어놓지 않고 묵묵히 행동으로 보여준다. 반면 지식만 있고 실천이 없는 사람은 말로만 떠들 뿐이다. 철학이 말과 글로 빛나는 것이 아니라 삶으로 증명될 때, 그것은 비로소 진정한 가치를 갖는다.

소크라테스는 자신의 철학을 단지 가르치는 데 그치지 않고 실제로 살아냈다. 그의 죽음 앞에서의 태도는 철학이 단순한 이론이 아니라 삶의 방식이었음을 증명한다. 감옥에서 독배를 들기 전, 그는 제자들에게 두려움이나 분노 대신 평정을 보여주었다. 이는 그가 평생 탐구해온 덕(德)에 대한 이론이 단지 관념에 머물지 않고 진정한 내면의 태도로 체화되었음을 보여준다. 철학은 그에게 있어 '아는 것'이 아니라 '되는 것'이었다.

"너희는 어찌하여 '주여, 주여' 부르면서도 내가 말한 것을 행하지 않느냐?" (누가복음 6:46) 예수의 이 말씀은 신앙을 고백하는 말과 실제 행동 사이의 괴리를 지적한다. 이는 철학에도 동일하게 적용된다. 철학적 원리를 말로는 찬양하면서도 실제 삶에서 그것을 실천하지 않는다면, 그 철학은 공허한 메아리에 불과하다. 진정한 철학자는 자신의 신념을 일상의 작은 행동들 속에서 일관되게 구현해내는 사람이다.

명상, 호흡, 주짓수—이 모든 수련이 가르쳐준 것은 결국 '삶의 방식'이다. 어떻게 반응하고, 어떻게 멈추고, 어떻게 회복하는가. 철학이 그것을 이론으로 설명한다면, 수련은 그것을 몸에 각인시킨다.

"판단보다 감각이 먼저 반응하는 순간"이란 의식적인 판단과 추론이 개입하기 전에, 훈련된 직관이 상황에 적절히 응답하는 상태를 말한다. 예를 들어, 숙련된 무도가는 공격이 들어오는 순간 생각하기도 전에 몸이 먼저 반응한다. 이런 상태에 도달하기 위해서는 무수한 반복 훈련이 필요하다. 처음에는 의식적 노력으로 시작하지만, 점차 그 반응이 자연스러워지고 마침내 '제2의 본성'이 된다. 동양의 무도에서는 이를 '무심(無心)'의 경지라 부른다.

수련을 반복할수록 철학은 이론이 아니라, 감각으로 내려온다. 판단보다 감각이 먼저 반응하는 순간, 우리는 철학을 '말하는' 사람이 아니라 '사는' 사람이 된다. 이 전환은 훈련 없이는 불가능하다. 그래서 철학은 실천과 함께만 온전히 작동한다.

현대 사회에서 우리는 '앎'의 과잉과 '삶'의 결핍 속에 살고 있다. 정보는 넘쳐나지만 지혜는 희박하고, 이론은 풍부하지만 실천은 부족하다. 우리는 건강한 식습관의 중요성을 알면서도 실천하지 못하고, 명상의 효과를 인정하면서도 꾸준히 하지 못한다. 지식과 행동 사이의 이 간극은 철학이 진정한 변화의 도구가 되지 못하는 근본적인 이유다. 실천 없는 철학은 결국 방향을 잃는다.

4절. 침묵 속의 수련, 철학을 살아내기

어느 날, 제자가 붓다에게 물었다. "당신의 가르침 중 가장 중요한 것은 무엇입니까?" 붓다는 아무 말 없이 조용히 꽃을 들어 보였다. 제자는 실망하며 말했다. "말씀이 없으시군요." 그러자 붓다는 말했다. "말은 너의 귀에 닿지만, 침묵은 너의 존재에 닿는다."

이 우화는 우리에게 언어 이전의 지혜, 말보다 깊은 직관적 깨달음의 가능성을 일깨운다. 철학은 종종 개념과 논리, 해석으로 진리를 쫓지만, 때로는 말이 닿지 않는 자리에 진실이 있다. 붓다의 침묵은 철학의 한계를 보여주는 동시에, 철학을 삶으로 확장하는 열쇠가 된다. 그 침묵은 멈춤이고, 멈춤은 통찰의 시작이다.

"아는 자는 말하지 않고, 말하는 자는 알지 못한다." (『장자』 내편) 장자의 이 말은 진정한 앎의 본질을 보여준다. 지혜가 깊어질수록 오히려 말은 줄어든다. 왜냐하면 진정한 지혜는 언어로 충분히 표현될 수 없고, 삶 속에서 살아내는 것으로만 드러나기 때문이다. 철학적 담론보다 침묵 속 실천이 더 큰 울림을 주는 이유가 여기에 있다.

이와 비슷하게 노자는 『도덕경』에서 말한다. "도(道)를 말하는 순간, 그것은 더 이상 도가 아니다." (『도덕경』 제1장) 진리는 말해지는 순간 형태를 잃고, 본질은 개념화되는 순간 왜곡된다. 따라서 철학이 언어를 통해 이뤄지는 것이라면, 삶은 그 철학을 침묵 속에서 살아내는 방식이라 할 수 있다.

플라톤의 '동굴의 비유'에서도 우리는 유사한 통찰을 발견한다. 동굴 밖으로 나온 사람은 진리의 빛을 직접 경험하지만, 다시 동굴로 돌아와 그 경험을 설명하려 할 때 언어의 한계에 부딪힌다. 그가 본 빛의 세계는 말로다 표현할 수 없기 때문이다. 동서양의 철학적 전통은 모두 '직접적 깨달음'과 '언어적 전달' 사이의 간극을 인식하고 있었다.

삶의 수련자는 말로서 철학을 정의하지 않는다. 그는 말보다 먼저 반응하고, 사유보다 먼저 감각하며, 이론보다 먼저 살아낸다. 철학을 넘는다는 것은 철학을 외면하는 것이 아니라, 그것을 몸과 숨, 그리고 침묵 속 실천으로 통합하는 것이다.

질문을 멈춘 자가 아니라, 질문을 품고 행동하는 자, 그는 철학자가 아니라 수련자다. 철학을 넘는다는 말은, 더 이상 철학으로 설명하지 않는다는 뜻이 아니라, 이제 그것을 살아낸다는 선언이다. 결국 가장 깊은 철학은 설명되지 않고 살아지는 철학이다.

한 수련자는 이렇게 고백했다: "나는 10년간 철학책을 읽으며 죽음에 대해 연구했지만, 실제로 내 삶이 변한 것은 호스피스에서 자원봉사를 시작하면서부터였다. 죽어가는 이들과 함께하는 침묵 속에서, 책 수천 권이 주지 못한 깨달음을 얻었다." 실천은 단순히 이론을 적용하는 것이 아니라, 완전히 새로운 차원의 이해와 통찰을 가능하게 한다.

이제 우리는 질문한다: "당신은 철학을 말하는가, 아니면 철학을 사는가?" 그리고 우리는 또한 응답한다: "나는 철학을 넘어, 삶을 수련한다."

15장. 삶을 다시 보는 눈
– 철학은 시선에서 시작된다

"세상을 있는 그대로 본다는 것은, 자신의 마음을 새롭게 비우는 일이다."
(노자, 『도덕경』)

노자는 말한다. 마음을 비우고(虛), 고요히 머물러야(靜) 비로소 만물이 저절로 돌아가는 이치를 볼 수 있다고.

"텅 빈 마음으로 세상을 바라보라. 모든 것이 올라왔다가 내려가고, 살아났다 죽는다. 나는 그 흐름을 보며, 다만 순리에 따를 뿐이다."

삶을 다시 보는 것은 외부를 바꾸는 일이 아니라, 나의 마음을 다시 정화하는 일이다. 고통, 실패, 관계의 균열—이 모든 것은 '어떻게 볼 것인가'에 달려 있다. 철학은 익숙한 해석을 넘어, 삶을 새롭게 바라보는 시선을 길러준다. 그리고 그 시작은, 마음을 비우는 데서 출발한다.

1절. 바라보는 방식이 모든 것을 바꾼다

삶은 우리가 무엇을 보느냐보다, 어떻게 보느냐에 따라 달라진다. 똑같은 사건도 어떤 이는 절망으로, 어떤 이는 전환의 기회로 받아들인다. 그 차이는 대상이 아니라 인식의 방식에서 비롯된다. 철학은 이러한 인식을 재구성하는 기술이다. 세상을 다시 보는 방법, 나 자신을 다시 바라보는 관점을 제공하는 것이다.

플라톤은 『국가』 제7권의 동굴의 비유에서 "어둠에서 빛으로 나아갈 때 그들은 얼마나 기뻐할까! 동굴 안의 명예와 영광이 얼마나 하찮게 여겨질까!"라고 말했다. 이 유명한 이야기는 깊은 동굴 속에서 그림자만 보며 살아온 사람들이 밖으로 나와 실제 세계를 접하게 되면, 그들이 진실이라고 믿어왔던 모든 것이 얼마나 제한적이었는지 깨닫게 된다는 내용이다. 이처럼 시선의 전환은 우리가 '당연하다'고 여겼던 현실의 모든 면을 근본적으로 뒤흔들 수 있다.

몇 년 전 미국 시합을 위해 오랜 준비 끝에 도착했지만, 이민국에서 예상치 못한 문제로 입국을 거부당했다. 1년 넘게 준비했던 대회에 참가조차 하지 못한 채 돌아와야 했다. 그 순간 두 가지 목소리가 내 안에서 싸웠다. 하나는 "모든 노력이 수포로 돌아갔다"라는 절망의 목소리였고, 다른 하나는 "이 사건이 나에게 무엇을 말하고 있는가?"라는 질문의 목소리였다. 같은 상황이지만, 바라보는 방식에 따라 완전히 다른 이야기가 만들어졌다. 전자는 나를 깊은 좌절로 몰아넣었지만, 후자는 내가 왜 이 길을 걷고 있는지 근본적인 질문을 던지게 했다.

마르셀 프루스트는 『잃어버린 시간을 찾아서』에서 "진정한 발견의 여행은 새로운 풍경을 찾는 것이 아니라, 새로운 눈을 갖는 것이다"라고 썼다. 이 통찰은 외부 환경의 변화보다 내면의 관점 전환이 더 본질적인 변화를 가져온다는 점을 일깨운다. 우리가 찾는 해답은 멀리 있지 않다. 다만 우리가 바라보는 시선을 바꿀 때, 같은 자리에서도 완전히 새로운 세계가 펼쳐질 수 있다.

삶을 바꾸고 싶다면, 먼저 바라보는 습관부터 의심해야 한다. 철학은 정답을 주기보다, 익숙한 해석의 틀을 흔드는 질문을 던진다. 쇼펜하우어가 말한 "세계는 나의 표상이다"라는 말처럼, 세계는 객관적으로 있는 것이 아니라, 우리가 어떻게 지각하고 해석하느냐에 따라 구성된다.

이러한 인식론적 전환은 고대부터 현대까지 철학의 핵심 주제였다. 플라톤의 동굴의 비유에서 현상계의 그림자를 실재로 착각하는 갇힌 사람들처럼, 우리도 종종 자신의 제한된 시각을 전부인 양 착각한다. 동양에서도 불교의 '무명(無明)'은 사물의 참모습을 보지 못하는 무지를 가리킨다. 이처럼 동서양 철학 모두 '보는 방식'이 곧 존재 방식이 됨을 강조해왔다.

예수는 『마태복음』에서 "외식하는 자여, 먼저 네 눈 속에서 들보를 빼어라... 그 후에야 형제의 눈 속의 티를 빼라"(마태복음 7:5)고 가르쳤다. 이 구절은 타인의 사소한 잘못을 지적하기 전에 자신의 중대한 결함을 먼저 돌아보라는 의미다. 우리는 종종 자신의 편향된 시선을 자각하지 못한 채 세상을 판단하는데, 이런 태도로는 결코 진실에 다가갈 수 없다. 진정한 통찰은 자기 자신의 시선부터 성찰하는 겸손에서 비롯된다.

현대 인지심리학 역시 이 통찰을 뒷받침한다. 우리의 뇌는 들어오는 모든 정보를 있는 그대로 처리하지 않는다. 오히려 기존의 신념, 경험, 기대에 따라 선택적으로 해석한다. 이것이 바로 '확증 편향'이나 '프레이밍 효과' 같은 인지적 오류의 근원이다. 따라서 철학적 사유란 이러한 자동화된 해석 과정을 잠시 멈추고, 다른 가능성을 상상하는 능력이다.

윌리엄 제임스는 "인간이 마음가짐을 바꿈으로써 자신의 삶을 변화시킬 수 있다는 사실이 내 세대의 가장 위대한 발견이다"라고 선언했다. 이는 단순한 낙관주의가 아니라, 심리학적 연구를 통해 확인된 인식과 현실 사이의 깊은 연관성을 강조한 것이다. 우리의 인식 패턴이 바뀌면 감정, 행동, 그리고 궁극적으로 우리가 경험하는 현실까지 달라진다.

사소한 일상의 순간에도, 이 '바라보는 방식'의 차이는 삶의 질을 결정한다. 교통체증에 갇혔을 때, 그것을 시간 낭비로 볼 것인가, 아니면 사색의 기회로 볼 것인가? 질병에 걸렸을 때, 그것을 순전한 불운으로 볼 것인가, 아니면 삶의 우선순위를 재고하는 계기로 볼 것인가? 매 순간 우리는 해석의 갈림길에 서 있다.

2절. 시선의 전환은 훈련을 통해 가능하다

사고방식은 습관이고, 습관은 반복에서 나온다. 즉, 우리는 다르게 바라보는 법을 훈련할 수 있다. 이는 자연스러운 성향이 아니라 의식적 수련을 통해 발전시키는 기술이다.

주짓수 수련 중 실수를 반복할 때 "왜 나는 이것밖에 안 되는가?"라고 반응하는 이가 있는 반면, "지금 나는 무엇을 배우고 있는가?"라고 접근하는 이도 있다. 같은 상황이지만 해석의 틀에 따라 경험은 전혀 달라진다. 이런 태도는 단순한 낙관주의가 아니라, 삶을 구성하는 주체로서의 자각된 반응이다.

T.S. 엘리엇은 『황무지』의 〈Little Gidding〉에서 "우리는 탐험을 멈추지 않으리라. 모든 탐험의 끝은 우리가 시작했던 곳에 도달하지만, 그곳을 마치 처음 보는 것처럼 알게 될 것이다"라고 썼다. 이 시구는 진정한 여정의 의미가 외부 세계의 정복이 아니라 내면의 시선 변화에 있음을 암시한다. 우리는 긴 탐색 끝에 출발점으로 돌아오지만, 그때의 우리는 이미 달라져 있고, 같은 풍경도 전혀 다르게 보게 된다.

이러한 시선의 전환은 의식적인 노력과 반복을 통해 가능해진다. 스토아 철학자 에픽테토스는 "우리를 괴롭히는 것은 사건 자체가 아니라 사건에 대한 우리의 판단"이라고 가르쳤다. 그는 매일 아침과 저녁에 자신의 판단을 성찰하는 시간을 가졌다. 이 실천은 단순한 사고 실험이 아니라, 정신적 근육을 단련하는 구체적인 수련이었다.

마크 트웨인은 『무적의 청춘기(The Innocent Abroad)』에서 "여행은 편견과 독선, 편협함을 없애준다. 한평생 좁은 구석만을 맴돌며 살면 사람과 사물에 대한 넓고 관용적인 시각을 얻을 수 없다"고 썼다. 여행이 중요한 이유는 단지 새로운 풍경을 보는 것이 아니라, 익숙한 생각의 틀을 깨고 새로운 관점을 체험하게 해주기 때문이다. 낯선 문화와 환경은 우리의 고정관념을 흔들고, 그동안 당연하게 여겼던 많은 것들이 사실은 특정 맥락과 시선의 산물임을 깨닫게 한다.

나 역시 이러한 시선 전환의 훈련을 일상에 적용해보았다. 처음에는 어색

했다. 수년간 익숙해진 해석의 패턴을 바꾸는 것은 마치 반대 손으로 글씨를 쓰는 것처럼 불편했다. 그러나 매일 작은 상황에서부터 시작했다. 비가 와서 약속이 취소되었을 때, 실망 대신 "이 시간을 어떻게 의미 있게 쓸 수 있을까?"라고 묻는 식이었다. 처음에는 의식적 노력이 필요했지만, 시간이 지날수록 이러한 시선은 점점 자연스러워졌다.

철학이 우리에게 주는 가장 실용적인 도구 중 하나는 바로 '프레임 인식'이다. 어떤 상황을 '문제'로 해석하느냐, '기회'로 보느냐는 결국 삶의 훈련에서 비롯된다. 이 훈련은 앎이 아니라, 감각과 반복을 통해 단단해지는 것이다. 시선은 고정된 것이 아니라, 훈련 가능한 감각적 근육이다.

찰리 멍거는 "매우 뜨거운 물에 개구리를 던지면 개구리는 뛰쳐나오지만, 미지근한 물에 넣고 천천히 온도를 높이면 결국 개구리는 그 자리에서 죽는다"라는 비유를 들었다. 이는 변화가 점진적일 때 우리가 그것을 인식하지 못하는 경향을 보여준다. 마찬가지로, 우리의 사고 패턴과 해석 습관도 서서히 형성되어 우리도 모르게 현실 인식을 제한한다. 철학적 훈련은 이런 무의식적 패턴을 깨닫고 의식적으로 새로운 관점을 시도하는 과정이다.

이러한 시선의 훈련은 육체적 훈련과 다르지 않다. 처음 무거운 바벨을 들 때의 어려움처럼, 익숙한 해석의 틀을 바꾸는 것도 처음에는 큰 에너지를 요구한다. 그러나 꾸준한 반복을 통해 신경 경로가 강화되면, 점차 그 시선이 자연스러운 반응으로 자리 잡는다. 인지신경과학 연구에 따르면, 반복된 사고 패턴은 실제로 뇌의 구조를 물리적으로 변화시킨다. 이것이 바로 '신경가소성'이며, 이는 우리의 시선이 물리적으로도 훈련 가능함을 보여준다.

루트비히 비트겐슈타인은 "보는 방식을 배우는 것은 대단히 어렵다. 왜냐하면 보는 방식이 보이지 않기 때문이다"라고 말했다. 우리는 세상을 바라보되, 자신이 어떻게 바라보는지는 잘 보지 못한다. 철학적 수련이란 바로 이 투명한 렌즈를 의식하고, 그것을 조정하는 능력을 키우는 일이다.

3절. 철학은 더 깊은 층위의 인식을 가능하게 한다

철학은 단지 지식을 늘리는 행위가 아니다. 그것은 내가 무엇을 안다고 믿는지를 다시 묻고, 그 믿음을 성찰하는 메타 인식의 훈련이다. 공자는 "군자는 의심을 품되 말에 빠지지 않는다"(『논어』 위정편)고 했다. 이는 지혜로운 사람은 질문을 멈추지 않되, 언어에 매몰되지 않고 그 이면을 보려 한다는 뜻이다.

소크라테스가 말했던 "나는 내가 모른다는 것을 안다"는 유명한 문장은 단순한 겸손을 넘어선다. 그것은 자신의 인식 자체를 대상화하여 바라볼 수 있는 메타적 시선을 의미한다. 이러한 메타 인식은 현대 심리학에서 '메타인지(metacognition)'라 불리며, 고차원적 사고의 핵심으로 여겨진다.

토머스 쿤은 『과학혁명의 구조』에서 "과학 혁명은 기존 패러다임이 더 이상 자연의 특정 영역을 충분히 설명하지 못한다는 위기의식이 퍼질 때 일어난다"고 설명했다. 이는 지식의 진보가 단순한 사실 축적이 아니라, 우리가 세계를 바라보는 근본적인 틀(패러다임)의 전환에서 비롯됨을 시사한다.

진정한 지적 혁명은 더 많은 정보가 아니라, 같은 정보를 완전히 다른 방식으로 해석할 수 있는 관점의 변화에서 시작된다.

우리의 뇌는 경험을 의미화하기 위해 끊임없이 이야기를 만든다. "왜 그가 나를 무시했는가?", "내가 이 일에 실패한 이유는 무엇인가?" 이런 해석들은 자동적으로 생성되지만, 철학적 사유는 이 자동적 서사를 잠시 멈추고 다시 살펴볼 수 있게 해준다. "그가 정말 나를 무시한 것인가?", "실패라는 프레임 자체가 적절한가?" 이처럼 자신의 해석을 재해석하는 것, 이것이 메타 인식의 본질이다.

철학은 정보를 수집하는 도구가 아니라, 정보를 어떻게 바라보는지에 대한 태도를 바꾸는 기술이다. 우리가 가진 지식, 믿음, 가치관을 한 걸음 떨어져 성찰할 수 있는 힘. 그것이 철학이 실천과 만나는 지점이다.

현대 사회에서 이러한 메타 인식의 필요성은 더욱 커지고 있다. 우리는 하루에도 수천 개의 정보에 노출되고, 알고리즘은 우리의 기존 신념을 강화하는 방향으로 정보를 선별한다. 이런 환경에서 자신의 인식 패턴을 의식하지 못한다면, 우리는 점점 더 좁은 세계관 속에 갇히게 된다. 철학적 메타 인식은 이러한 정보 거품에서 벗어나는 열쇠다.

삶은 늘 답보다 질문이 많다. 그 질문 앞에 섰을 때, 철학은 방향을 주지 않는다. 대신 물음을 끝까지 붙드는 시선을 준다. 그 시선은 판단을 미루고, 감정을 직면하게 하고, 결국 행동을 바꾸게 만든다. 철학은 이론이 아니라, 존재를 바라보는 눈이다.

4절. 인식의 한계를 이해하고 넘어서기

여섯 명의 맹인이 코끼리를 만졌다. 한 사람은 다리를 만지고 "기둥 같다"고 했고, 또 한 사람은 귀를 만지며 "부채 같다"고 했다. 각각의 말은 다 맞았지만, 동시에 불완전했다. 이 이야기는 우리가 진실이라 믿는 것이 전체가 아닌 일부일 수 있음을 말해준다.

불경 『열반경』에는 이와 유사한 우화가 등장한다. "맹인들이 코끼리를 만져 본 뒤, 이를 만진 이는 '무 뿌리 같다', 귀를 만진 이는 '창 같다', 꼬리를 만진 이는 '노끈 같다'고 말했다." 이 이야기는 동서양을 막론하고 인간 인식의 근본적 한계를 상징하는 보편적 지혜로 전해져 왔다. 우리 각자는 현실의 일부만 경험하고, 그것을 전체로 착각하는 오류를 범하기 쉽다.

이 우화는 철학의 핵심적인 전제를 보여준다. 모든 인식은 부분적이며, 해석은 한계가 있다. 철학은 바로 그 '한계 인식'으로부터 출발한다. 하지만 그 한계를 직시할 수 있다면, 우리는 더 겸손하게 세상을 보고, 더 열린 시선으로 관계를 맺고, 더 깊은 내면의 확장을 이룰 수 있다.

이 우화는 현대 사회에서 특히 중요한 의미를 가진다. 정보의 홍수 속에서 우리는 종종 단편적 지식을 전체 진실인 양 착각한다. 정치적 견해, 종교적 신념, 심지어 과학적 이론까지도 코끼리의 일부일 뿐이라는 사실을 잊기 쉽다. 진정한 지혜란 자신의 관점이 제한적임을 인정하고, 다른 시각을 통합할 수 있는 열린 마음을 갖는 것이다.

나의 무도 수련에서도 이 교훈은 생생히 드러났다. 처음 주짓수를 배울 때, 나는 특정 기술만을 반복적으로 훈련했다. 그것이 승리의 열쇠라고 믿었기 때문이다. 그러나 시간이 지날수록 나는 깨달았다. 진정한 숙련은 개별 기술이 아니라, 상황을 읽고 흐름에 반응하는 능력에서 온다는 것을. 나는 코끼리의 다리만 만지고 있었던 것이다.

비트겐슈타인은 "내 언어의 한계는 내 세계의 한계다"라고 말했다. 언어는 생각을 담는 도구이지만, 동시에 우리의 세계를 가두는 프레임이기도 하다. 우리가 깨달아야 할 것은, 어떤 고통도, 어떤 깨달음도 전체가 아닌 단면일 수 있다는 사실이다. 그리고 그 사실을 이해한 사람만이 삶을 더 넓게, 더 부드럽게 수용할 수 있다.

이러한 인식의 겸손함은 역설적으로 더 큰 자유를 준다. 자신의 시각이 제한적임을 아는 순간, 우리는 그 한계에 갇히지 않게 된다. 다른 관점들을 탐색할 수 있고, 새로운 가능성에 열릴 수 있다.

코끼리의 전체 모습은 어쩌면 영원히 알 수 없을지 모른다. 그러나 그 사실을 받아들이고, 계속해서 탐색을 이어나가는 것. 그것이 철학적 삶의 본질이다.

철학은 질문을 던지는 언어이자, 삶을 다시 보는 눈이다. 이 눈은 타고나는 것이 아니라 수련으로 만들어진다. 우리가 삶을 끊임없이 성찰하고, 나의 해석을 의심하며, 겸손하게 바라볼 때, 비로소 철학은 우리의 일상이 된다. 이렇게 볼 때, 철학은 책 속에 갇힌 이론이 아니라 매 순간 세상을 바라보는 방식, 삶을 해석하는 태도, 그리고 무엇보다 자신의 한계를 인정하면서도 계속해서 더 넓은 시야를 추구하는 여정이다.

삶의 방식은
말보다 오래 남는 언어다.

6부 삶을 통합하다
표현, 창조
그리고 확장으로

6부 삶을 통합하다
– 표현, 창조, 그리고 확장으로

16장. 나를 다시 세우는 기술 – 자기 재창조의 시작

"같은 강에 두 번 들어갈 수 없다. 같은 강에 발을 담그더라도, 강물은 이미 다른 것이다." — 헤라클레이토스

"최상의 선(上善)은 물과 같다." — 노자, 『도덕경』 8장

삶은 한 번 무너지고 나면, 이전과 똑같이 돌아갈 수 없다. 흐르는 강물처럼, 우리의 삶과 존재 역시 한순간도 같은 모습으로 머물지 않는다. 고통은 우리를 무너뜨리는 것이 아니라, 더 이상 이전의 방식으로는 살아갈 수 없음을 알리는 신호다. 문제는 회복의 속도가 아니다. 진짜 질문은 이것이다. "무너진 이후, 나는 누구로 다시 설 것인가?"

그 무너짐 이후에 우리는, 새로운 자신을 다시 짜야 한다. 과거의 습관, 과거의 정체성, 과거의 방식으로는 채워지지 않는 빈 공간 앞에 선다. 이제 우리는 묻는다. "나는 어떤 틀로 다시 살아가고 싶은가?" "이 고통은 나를 어디로 이끌고 있는가?"

삶을 다시 세운다는 것은, 이전으로 돌아가는 것이 아니라, 이전보다 더 깊고 섬세한 방식으로 나를 재구성하는 일이다. 그 첫걸음은, 변화된 나를 받아들이는 용기에서 시작된다

.

1절. 무너진 이후, 누구로 다시 설 것인가

삶은 한 번 무너지고 나면 이전과 똑같이 돌아갈 수 없다. 문제는 회복의 속도가 아니다. 그 무너짐 이후에 우리는 누구로 다시 설 것인가가 핵심이다. 몸이 아팠던 자리는 다시 단단해지지만, 그 단단함은 이전과는 전혀 다른 성질을 띤다. 물리적 상처뿐 아니라 정체성, 관계, 일상의 틀이 무너졌다면, 단순한 복원이 아니라 새로운 설계가 필요하다. 이 장은 그 첫 물음에서 시작된다. 나는 이제 어떤 구조로 나를 다시 짜야 하는가?

마르쿠스 아우렐리우스는 『명상록』에서 "좋은 사람이 어떤지에 대해 더 이상 논의하지 말고, 그런 사람이 되어라"라고 말했다. 이 말은 우리에게 중요한 통찰을 준다. 무너진 후의 삶에서 우리는 종종 '어떻게 회복해야 하는가'에 대한 끝없는 분석과 고민에 빠진다. 그러나 진정한 재건은 사유가 아닌 행동에서 시작된다. 다시 서기 위해 필요한 것은 완벽한 계획이 아니라 첫 걸음을 내딛는 용기다.

많은 사람들은 회복을 "이전으로의 복귀"로 생각한다. 그러나 실제로 고통 이후 우리는 동일한 자리로 돌아갈 수 없다. 똑같은 일, 똑같은 루틴, 똑같은 방식으로 살아가려고 할수록 더 큰 저항과 무기력이 따라온다. 진짜 변화는, 무너진 자리에서 '다른 나'를 세우는 것이다. 이전보다 더 강한 사람이 아니라, 더 섬세한 방향을 가진 사람이 되는 것. 이전보다 더 지치지 않는 존재가 아니라, 더 잘 멈추고, 더 잘 구성하는 존재로 다시 서는 것이다.

장자는 『장자』에서 "하늘과 땅이 나와 함께 태어났으며, 만물이 나와 하나이다"라고 말했다. 이 깊은 통찰은 우리의 재건 과정에 새로운 관점을 제시한다. 우리는 세상과 분리된 존재가 아니라 자연과 하나로 연결된 존재라는 자각이다. 무너진 후에 다시 설 때, 우리는 단지 개인적 정체성만 재구성하는 것이 아니라 세상과의 관계 전체를 새롭게 바라보게 된다. 우리의 고통은 우주의 흐름 속에 있으며, 그 흐름에 맞추어 우리 자신을 다시 조율할 때 진정한 회복이 시작된다.

철학자 질 들뢰즈는 『차이와 반복』에서 "우리는 반복을 통해 진정으로 새로워진다"고 말했다. 여기서 말하는 반복은 기계적인 루틴이 아니다. 삶을 다시 짜는 훈련된 반복이다. 주짓수 기술을 익힐 때처럼, 우리는 반복을 통해 더 나은 타이밍을 감각하고, 더 유연한 흐름을 만든다. 삶도 그렇다. 단순한 반복이 아니라, '재설계된 반복', 즉 '어떻게 반복할 것인가'를 고민하는 반복만이 우리를 새롭게 만든다.

노자는 『도덕경』에서 "성인은 무위로 행하지만, 이루지 못한 것이 없다"고 가르쳤다. 이 역설적 지혜는 재건의 과정에서 특히 의미가 깊다. 무위(無爲)란 아무것도 하지 않는다는 뜻이 아니라, 자연의 흐름에 거스르지 않고 조화롭게 행동하는 것을 의미한다. 고통 이후의 재건에서도 강제로 이전의 삶을 복구하려는 무리한 시도보다는, 자신의 본성과 자연의 흐름에 맞추어 점진적으로 새로운 구조를 세우는 것이 중요하다. 때로는 적극적으로 노력하지 않음으로써 오히려 더 큰 성장이 이루어질 수 있다.

예를 들어보자. 오랫동안 해오던 일에서 심한 번아웃을 겪고, 결국 일을 그만둔 한 수련자가 있었다. 그는 단순히 쉬는 것만으로는 회복되지 않았다. 그는 묻기 시작했다. "내가 이 일을 왜 시작했지?", "나는 누구에게 어떤 에너지를 주고 싶었나?", "지금의 나는 어떤 구조에서 소진되는가?" 그 질문들은 이전의 경력을 복원하는 것이 아니라, 삶 전체를 다시 설계하는 지도가 되었다. 그가 선택한 건 전혀 다른 직업이 아니었다. 같은 일을 '다르게 반복'하는 것이었다. 더 짧은 근무, 더 깊은 몰입, 더 정직한 관계. 그는 그렇게 다시 짜인 사람이 되었다.

삶을 다시 짜는 데에는 네 가지 재료가 필요하다. 첫째, 고통을 관찰한 메모. 이것이 어디에서, 어떻게 발생했는지에 대한 명확한 자각. 둘째, 나의 중심 감각 회복. 무엇이 나를 숨 막히게 했는가, 무엇을 할 때 내가 가장 나다웠는가. 셋째, 낡은 패턴의 제거. 단순히 버리는 것이 아니라, 반복되는 맥락을 감지하고 그것을 해체하는 작업이다. 마지막으로, 재설계된 리듬. 시간표, 말투, 식사, 관계 맺는 방식―모두 다르게 짜야 한다. 우리는 이전과 똑같이 살 수 없다. 그렇다면 다르게 살 이유를 스스로 설계해야 한다.

공자는 『논어』에서 "덕으로 다스리는 사람은 마치 북극성처럼 항시 고요히 빛나니, 모든 별들이 저절로 그를 따른다"고 말했다. 이 지혜는 우리의 재건 과정에도 적용된다. 외적인 성취나 복구에 매달리기보다 내면의 덕(德)을 키우는 데 집중할 때, 삶의 다른 부분들이 자연스럽게 제자리를 찾아간다. 고통 이후의 회복은 겉으로 드러나는 성공의 복원이 아니라, 내면의 중심을 다시 세우는 과정이다.

어떤 이는 이렇게 말한다. "그럼에도 불구하고 나는 나다." 하지만 고통 이후의 나는 더 이상 같은 '나'가 아니다. 나는 더 이상 그전의 나로 돌아가지 않을 것이다. 나는 다시 구성된 나로 살아갈 것이다. 이 선언은 단순한 각오가 아니다. 삶을 살아가는 기술이 바뀌는 순간이며, 더 섬세하고도 단단한 존재로의 재탄생이다.

이 물음은 추상적인 철학적 고민이 아니라, 일상의 구체적 선택으로 이어져야 한다. 내가 만난 한 수련자는 심각한 부상 이후 자신의 훈련 방식 전체를 재구성했다. 그는 단순히 '회복'을 넘어, 자신의 몸과 대화하는 방식을 완전히 바꾸었다. 더 이상 한계를 밀어붙이는 것이 아니라, 한계를 정확히 감지하고 그 주변에서 춤추듯 움직이는 방식으로. 그 결과 그는 이전과 다른 기술, 다른 몸의 감각, 다른 접근법을 발견했다. 무너짐이 그에게 준 것은 새로운 자기 인식의 지도였다.

삶은 버텨내는 것이 아니라, 새로 짜는 것이다. 고통은 우리를 부수기 위해 오는 것이 아니라, 더 나은 구조로 짓기 위해 이전의 삶을 무너뜨린다. 그렇기에 고통 이후의 삶은 건축이자 예술이며, 기술이며 감각이다. 그 첫 걸음은 자신에게 묻는 것이다. "나는 이제 누구로 다시 서고 싶은가?"

그 물음에서, 새로운 삶은 시작된다.

2절. 삶의 틀을 새로 짠다는 것

고통 이후의 삶을 새롭게 설계하려면, 단순한 '변화'가 아니라 구조 전체의 재배열이 필요하다. 우리가 익숙하던 사고방식, 일상 루틴, 관계의 방식, 심지어 말투까지도 다시 구성되어야 한다. 삶을 짜는다는 건 작은 선택 하나부터 재구성하는 것이다. 이때 필요한 것은 과감한 제거와 의식적인 설계다.

노자는 『도덕경』에서 "성인은 무위의 일에 처하고, 말없는 가르침을 행한다. 만물이 일어나도 사양하지 않고, 낳되 소유하지 않으며, 행하되 의지하지 않고, 공이 이루어져도 거기에 머물지 않는다. 오직 거기에 머물지 않기 때문에 떠나지 않는다"고 말했다. 이 심오한 가르침은 우리가 삶을 재구성할 때 어떤 태도를 가져야 하는지 보여준다. 지나친 통제와 집착에서 벗어나, 자연스러운 흐름에 맡기는 방식으로 삶을 다시 짤 때 오히려 더 견고한 구조가 만들어진다.

우리는 너무 많은 것을 붙잡고 산다. 이전의 성과, 익숙한 패턴, 관계에서의 역할... 그러나 고통을 겪은 후에도 같은 틀을 유지한 채 살아간다면, 그 고통은 아무 의미도 남기지 못한 채 사라진다. 삶의 재설계는, 먼저 내려놓는 일부터 시작된다. 나를 피곤하게 만드는 패턴, 감정을 갉아먹는 관계, '해야만 한다'는 오래된 내면의 문장들... 이들을 하나씩 내려놓는 순간, 비로소 다르게 짤 수 있는 공간이 생긴다.

"최상의 선(上善)은 물과 같다"라는 노자의 『도덕경』 말씀은 삶의 틀을 새로 짜는 과정에 중요한원리를 제공한다. 물은 형태가 없지만 모든 형태를 취할 수 있고, 가장 낮은 곳으로 흐르지만 결국 모든 것을 적시고 생명을 키운다. 우리가 삶을 재구성할 때도 이러한 물의 성질을 배울 필요가 있다. 고정된 형태에 집착하지 않고 상황에 따라 유연하게 적응하며, 겸손한 자세로 자신을 낮추되 본질적인 가치를 잃지 않는 방식으로 살아가는 것이다.

'다르게 짜는 것'은 기존 틀을 조금씩 조정하는 수준이 아니다. 그것은 완전히 다른 리듬으로 살아보기 위한 실험이다. 예를 들어, 아침에 일어나는 시간을 바꾸는 것, 식사 속도를 늦추는 것, 관계에서 말의 속도를 줄이는 것. 단순해 보이는 이 작은 변화들은 삶 전체에 영향을 미친다. 새로운 시간에 눈을 뜨면, 다른 감정이 깨어난다. 느리게 먹으면, 새로운 대화가 시작된다. 이런 감각의 실험들이 바로 삶의 틀을 짜는 감각적 훈련이다.

공자의 "자신이 원치 않는 것을 남에게 행하지 말라"는 『논어』의 가르침은 관계의 재구성에 중요한 원칙을 제시한다. 고통 이후에 우리는 종종 다른 사람들과의 관계도 새롭게 설정해야 한다. 이때 기준이 되는 것은 외부의 기대나 사회적 규범이 아니라, 자신이 진정으로 중요하게 여기는 가치여야 한다. 나 자신이 대우받고 싶은 방식으로 다른 이들을 대할 때, 더 진실되고 지속 가능한 관계가 형성된다.

철학자 한병철은 『피로사회』에서 "현대인은 성과를 통해 자신을 소진시키는 방식으로 삶을 구성한다"고 지적한다. 즉, 우리는 스스로의 삶을 끊임없이 몰아붙이는 구조로 짜왔다는 것이다. 삶의 재설계는 이 몰아붙임을 이완된 틀로 전환하는 과정이다. 속도가 아닌 방향, 무게감보다 균형감. 무언가를 채우기보다, 여백을 확보하는 구성. 그것이 새롭게 짠 삶의 특징이다.

나는 훈련을 통해 이런 전환을 경험한 적이 있다. 예전에는 하루의 모든 시간을 채우려 했다. 수업, 훈련, 대화, 콘텐츠 제작까지. 하지만 어느 날부터, 하루에 한 시간은 반드시 '무계획(無計劃) 시간'으로 비워두기로 했다. 처음에는 불안했다. 아무것도 하지 않는 시간이 나를 약하게 만들 것 같았다. 그런데 그 시간이 쌓이자, 그 안에서 새로운 감각의 결합이 일어났다. 그 시간은 회복의 시간이자 창조의 시작이었다. '아무것도 하지 않음'이 '다르게 하기'의 가능성을 열어주었다.

삶을 새롭게 짜기 위해 필요한 것은 의지가 아니다. 그것은 의식이다. 의지는 우리를 앞으로 밀어붙이지만, 의식은 우리가 서 있는 자리를 정확히 보게 한다. 의지는 종종 소진되지만, 의식은 점점 더 선명해진다. 철학자 후설이 말한 '판단 중지(epoche)'처럼, 익숙한 해석의 틀을 잠시 멈추고 현상 자체를 바라보는 힘. 이것이 삶의 재설계를 가능하게 하는 근본적인 도구다.

익숙한 패턴에서 벗어나 스스로를 '보는 힘', 그리고 조용히 조정하는 기술. 우리는 대개 무너지고 나서야 그 틀을 본다. 하지만 이제는 다르게 해야 한다. 무너지기 전에 스스로의 틀을 들여다보고, 그것을 능동적으로 조율할 수 있어야 한다.

지금 이 순간, 우리는 스스로에게 물어야 한다. "나는 어떤 틀에서 살아왔고, 어떤 틀에서 더는 살 수 없는가?" 이 질문이 시작되는 순간, 삶의 재설계는 감각이 되고 철학이 된다.

3절. 나를 리셋하는 기술들

고통을 통과한 이후, 우리는 무언가를 바꾸고 싶어 한다. 그러나 '무엇을 바꿀 것인가'보다 더 중요한 질문은 '어떻게 바꿀 것인가'이다. 삶은 한순간의 결심으로 바뀌지 않는다. 그것은 리셋 가능한 시스템처럼 보이지만, 사실은 고도로 설계된 조정과 반복의 기술을 요구한다. 이 절에서는 그런 '리셋의 기술들'에 대해 말하고자 한다.

마르쿠스 아우렐리우스는 『명상록』에서 "좋은 사람이 어떤지에 대해 더 이상 논의하지 말고, 그런 사람이 되어라"라고 말했다. 이 실천적 지혜는 삶의 리셋 과정에서 핵심적인 태도를 알려준다. 우리는 종종 어떻게 변화할지에 대한 끝없는 계획과 분석에 시간을 낭비한다. 그러나 진정한 변화는 행동에서 시작된다. 삶을 리셋하는 첫 번째 기술은 바로 이 '분석에서 행동으로의 전환'이다.

첫 번째 기술은 경계 설정이다. 많은 사람들은 회복을 위해 휴식을 택하지만, 가장 먼저 해야 할 일은 자신과 타인 사이의 경계를 다시 긋는 것이다. 이 경계는 단절이 아니라 재정이다. 어떤 대화는 잠시 멈춰야 하고, 어떤 관계는 거리 조절이 필요하다. '지금은 말하고 싶지 않다'는 감각을 존중하는 순간, 내 안의 리듬은 다시 살아난다.

노자는 『도덕경』에서 "아는 자는 말하지 않고, 말하는 자는 알지 못한다"고 말했다. 이 가르침은 경계 설정의 지혜를 더욱 깊게 해준다. 진정한 회복의 과정에서 때로는 설명하거나 정당화하기보다 침묵을 선택하는 것이 더 강력할 수 있다. 모든 감정과 상태를 언어화해야 한다는 압박에서 벗어나, 자신만의 내적 공간을 지키는 것이 중요하다.

두 번째 기술은 의식적 루틴의 재설정이다. 무심코 흘러가던 아침 루틴을 멈춰 세우고, '나에게 가장 필요한 시작은 무엇인가?'를 묻는 것이다. 누군가는 명상으로, 누군가는 음악으로, 또 누군가는 조용한 산책으로 아침을 연다. 중요한 건 그것이 내 삶의 중심과 연결되어 있어야 한다는 것이다. 외부의 기대가 아니라 내 감각에 맞춘 루틴만이 나를 다시 작동시킨다.

장자는 『장자』에서 "하늘과 땅이 나와 함께 태어났으며, 만물이 나와 하나이다"라고 말했다. 이 통찰은 루틴 재설정에 깊은 영감을 준다. 우리의 일상은 자연의 리듬과 연결되어 있을 때 가장 조화롭게 작동한다. 해가 뜨고 지는 자연의 순환, 계절의 변화, 몸의 자연스러운 생체리듬에 맞추어 일상을 재구성할 때 우리는 더 큰 흐름 속에서 자연스러운 힘을 얻게 된다.

세 번째 기술은 호흡과 감각을 복원하는 훈련이다. 고통을 겪은 후, 많은 사람들이 자신의 감각을 놓친다. 통증에 익숙해진 몸은 미세한 기쁨을 감지하지 못한다. 이때 필요한 건 대단한 치유가 아니라, 아주 작은 감각의 복원이다. 바람이 스치는 느낌, 손끝에서 느껴지는 온도, 커피 향기, 눈빛 하나. 이런 감각들을 다시 수집하는 것이 진짜 회복이다. 호흡 또한 중요하다. 얕고 급했던 호흡을 깊고 부드럽게 되돌리는 것. 호흡은 언제나 가장 먼저 무너지고, 가장 마지막에 회복된다.

네 번째 기술은 행동의 구조를 다시 디자인하는 것이다. 여기서 핵심은 '의미 없는 에너지 낭비를 줄이는 것'이다. 쓸데없는 대화, 목적 없는 스크롤링, 자동화된 반응들. 이 모두는 우리를 다시 무너뜨리는 습관의 흔적이다. 리셋이란 단절이 아니라, 기능을 재정렬하는 행위다. 가장 단순하고 중요한 활동부터 순서를 다시 짠다. '무엇을 할 것인가'보다, '무엇을 하지 않을 것인가'를 명확히 해야 한다.

노자의 무위(無爲) 개념은 이 행동 구조의 재디자인에 중요한 통찰을 제공한다. 무위는 게으름이 아니라 불필요한 행동을 줄이고 자연의 흐름에 따라 효율적으로 움직이는 것을 의미한다. 과도한 통제와 의도적 노력을 줄이고, 자연스러운 반응과 직관적 행동을 늘릴 때 오히려 더 효과적인 결과를 얻을 수 있다.

다섯 번째 기술은 '적절한 거리두기'다. 이는 단순한 회피가 아니라, 자신과 문제 사이의 최적의 거리를 찾는 훈련이다. 너무 가까우면 매몰되고, 너무 멀면 무감각해진다. 고통을 겪은 후 우리는 그 사건과 어떤 거리를 유지할 것인지 결정해야 한다. 그것을 매일 들여다볼 것인가, 아니면 가끔씩만 돌아볼 것인가? 그 거리감이 회복의 속도와 깊이를 결정한다. 스토아 철학자들이 말한 '객관적 관조'와 같이, 자신의 상황을 한 발짝 물러나 바라보는 능력은 삶의 리셋을 위한 가장 강력한 도구 중 하나다.

공자는 『논어』에서 "군자는 자기에게 구하고, 소인은 남에게 구한다"라고 가르쳤다. 이 지혜는 회복 과정에서 특히 중요하다. 우리는 무너진 후 종종 외부에서 해결책을 찾으려 한다. 다른 사람의 위로, 사회적 인정, 외부 환경의 변화 등을 통해 회복하려 하지만, 진정한 리셋은 자기 자신에게서 시작된다. 스스로의 내면을 깊이 들여다보고, 자신의 감정과 생각을 정직하게 마주할 때 비로소 실질적인 변화가 일어난다.

삶을 리셋하는 기술은 단절이 아니다. 그것은 재구성이고, 재활성화이며, 스스로를 되찾는 과정이다. 이 기술들은 거창한 변화가 아니라, 작지만 뚜렷한 감각의 훈련으로 이루어진다. 회복은 선택이 아니다. 회복은 기술이다. 그리고 그 기술은 누구에게나 익혀질 수 있다. 다만 그 기술을 실천하는 사람만이 고통 이후의 나를 새로운 형태로 다시 설 수 있다.

동양의 수련 전통에서는 이를 '조율(調律)'이라고 부른다. 악기의 줄을 다시 조이고 푸는 과정, 그것은 단순한 수리가 아니라 악기의 본질을 회복시키는 과정이다. 마찬가지로, 삶의 리셋은 우리 본연의 울림을 찾아가는 여정이다. 그 울림은 이전과 같지 않을 것이다. 그러나 그것은 분명 우리의 소리다.

지금 당신은 어떤 리듬으로 살아가고 있는가? 그 리듬은 당신의 삶을 회복시키는가, 소진시키는가? 그 리듬의 조율이 곧, 당신의 재탄생을 결정할 것이다.

4절. 나는 다시 조율된 나로 살아간다

삶은 한 번 무너지면, 이전과 같은 방식으로 살아갈 수 없다. 그러나 그것은 불행이 아니라 가능성이다. 무너짐은 다시 살아낼 수 있다는 삶의 증거다. 우리가 이 장을 통해 고통 이후의 삶을 재설계하고, 틀을 다시 짓고, 리셋의 기술을 익혀온 이유는 단 하나다. 새로운 나로 살아가기 위해서다.

노자는 『도덕경』에서 "아는 자는 말하지 않고, 말하는 자는 알지 못한다"고 말했다. 이 심오한 통찰은 재창조된 자아의 특징을 보여준다. 진정으로 자신을 다시 세운 사람은 자신의 변화를 과시하거나 끊임없이 설명하지 않는다. 그저 조용히 그 변화를 살아낸다. 그 모습 자체가 가장 강력한 메시지가 된다. 남들에게 인정받기 위해 자신의 고통과 회복을 이야기하는 것이 아니라, 스스로의 내면에서 느끼는 진정성과 일관성이 중요하다.

다시 조율된 나는 이전보다 완벽하지 않을지도 모른다. 그러나 훨씬 더 깨어 있고, 자각하며, 섬세하게 연결된 존재다. 예전에는 외부의 기대와 습관에 맞춰 반응했다면, 이제는 내 감각과 기준에 따라 선택한다. 그것이 변화의 핵심이다. 삶을 통제할 수 없더라도, 내가 어떤 방식으로 반응할지는 선택할 수 있다는 자각. 이 감각은 고통을 통과한 사람만이 가질 수 있는 특권이다.

마르쿠스 아우렐리우스가 『명상록』에서 말했듯이, "좋은 사람이 어떤지에 대해 더 이상 논의하지 말고, 그런 사람이 되어라." 다시 조율된 삶은 바로 이 원칙을 체현한다. 더 이상 회복에 대해, 변화에 대해, 성장에 대해 끝없이 분석하고 토론하는 것이 아니라, 그저 그 상태를 살아내는 것이다. 말이 아닌 행동으로, 이론이 아닌 실천으로 자신의 재창조를 드러내는 것이다.

"나는 다시 조율된 나로 살아간다"는 말은 선언이 아니다. 그것은 구체적인 실천 목록이다. 나는 아침을 다르게 시작하고, 관계를 새롭게 맺으며, 감정을 섬세하게 느끼고 표현한다. 나는 멈추고, 천천히 결정하며, 깊게 반응한다. 삶을 수련하듯 살아간다는 말은, 하루의 모든 장면을 감각과 의식으로 대한다는 뜻이다. 이것이 '나'라는 구조가 다시 세워지는 방식이다.

철학자 마르틴 부버는 『나와 너』에서 "인간은 관계 속에서 비로소 '나'가 된다"고 말했다. 이 말은 고통 이후의 삶을 새롭게 짓는 과정에서 더욱 강력하게 다가온다. 우리가 새롭게 짜는 삶은 타자와 맺는 방식, 즉 세계와 맺는 관계에서 완성된다. 다시 조율된 나는 혼자가 아니다. 이전보다 더 명확한 거리, 더 온전한 연결, 더 정직한 표현을 통해 타자와 소통한다.

장자는 『장자』에서 "하늘과 땅이 나와 함께 태어났으며, 만물이 나와 하나이다"라고 말했다. 이 통찰은 재창조된 자아의 궁극적 지향점을 보여준다. 우리는 세상과 분리된 존재가 아니라 모든 것과 연결된 존재임을 깨달을 때, 고통의 의미가 달라진다. 내 고통은 더 이상 '나만의 것'이 아니며, 나의 회복 역시 '나만을 위한 것'이 아니다. 우리는 서로 연결된 세계 속에서 함께 흐르는 물결의 일부임을 자각할 때, 고통의 무게는 줄어들고 회복의 가능성은 확장된다.

고통은 우리를 더 무겁게 만들지만, 동시에 더 가볍게 만든다. 버릴 것을 분명히 알고, 짊어질 것을 명확히 알게 되는 순간, 우리는 삶의 불필요한 무게를 덜어낸다. 그것이 바로 다시 조율된 존재의 가벼움이자, 깊이이다. 무거운 감정은 지나갔고, 그 안에서 걸러진 감각만이 남았다. 그것은 흔들리지만 쉽게 무너지지 않는다.

노자가 『도덕경』에서 말한 "최상의 선은 물과 같다"는 가르침은 재창조된 삶의 이상적인 모습을 보여준다. 물은 어떤 그릇에도 담길 수 있고, 가장 낮은 곳으로 흘러가면서도 결국 모든 것을 적시고 생명을 키운다. 고통 이후에 우리가 도달할 수 있는 가장 아름다운 상태는 이러한 물의 성질을 닮은 것이다. 어떤 상황에도 적응하면서도 자신의 본질을 잃지 않고, 겸손하게 낮은 자리에 있으면서도 주변에 생명력을 불어넣는 존재가 되는 것이다.

이러한 과정은 단지 개인적 경험으로 끝나는 것이 아니다. 나의 변화는 내 주변의 관계도 변화시킨다. 심리학자 알프레드 아들러는 "삶의 모든 문제는 결국 관계의 문제"라고 말했다. 다시 설계된 내가 다른 이들과 맺는 관계의 방식에도 새로운 패턴이 생긴다. 예전에는 내가 먼저 움직였다면, 이제는 기다릴 줄 안다. 예전에는 즉각 반응했다면, 이제는 그 사이에 잠시 멈추는 여백을 둔다. 이런 미세한 변화들이 관계 전체의 질을 바꾼다. 그리고 그 바뀐 관계가 다시 나를 새롭게 한다.

무너짐의 가장 큰 선물은 바로 이것이다. 우리는 더 이상 자동화된 삶을 살지 않게 된다. 하루하루가 의식적인 선택과 구성의 연속이 된다. 삶이 무너졌다는 것, 그것은 삶의 모든 요소를 새롭게 배치하고 구성할 수 있다는 의미이기도 하다. 그리고 그 새로운 구성 안에서, 우리는 예전보다 더 자유롭고 가벼우면서도, 동시에 더 깊고 단단한 존재가 된다.

지금, 나는 다시 조율된 나로 살아간다. 고통은 나를 무너뜨린 것이 아니라, 나를 다시 설계하도록 이끈 것이었다. 나는 그 무너짐 속에서 나를 다시 짓고, 지금 이 자리에서 그렇게 살아가고 있다. 그리고 하루아침에 나오지 않는 이 질문으로 다음 삶의 문을 연다:

"나는 이 새로운 나를, 어떻게 표현하며 살아갈 것인가?"

17장. 나를 표현하는 힘
– 존재는 드러날 때 완성된다

"우리는 반복을 통해 진정으로 새로워진다." — 질 들뢰즈, 『차이와 반복』

"너희는 세상의 빛이다... 빛을 사람들 앞에 비추라." — 예수, (마태복음 5:14-16)

삶은 단지 존재하는 것으로 끝나지 않는다. 삶은 드러날 때, 비로소 완성된다. 존재는 고여 있지 않다. 매 순간 반복 속에서 다시 표현되고, 다시 구성된다. 표현이란 단순한 기술이 아니라, 존재가 스스로를 확장해가는 본능적 움직임이다. 질 들뢰즈가 『차이와 반복』에서 말했듯, 반복은 단순한 되풀이가 아니라, 매번 새로운 방식으로 '나'를 세상에 드러내는 힘이다. 이제 우리는 묻는다. "나는 이 삶을 어떻게 표현하며 살아가고 있는가?"

플라톤의 동굴의 비유는 이러한 존재의 드러남에 대한 심오한 통찰을 제공한다. 동굴 속 그림자만 보던 사람이 밖으로 나와 실재하는 햇빛을 마주했을 때, 이전에 자신이 본 것이 단지 환상에 불과했음을 깨닫게 된다. 이처럼 우리 존재의 참모습은 세상 속에 드러남으로써 비로소 완전한 실재성을 획득한다. 내면에 갇힌 생각과 감정은 표현을 통해 자신의 한계를 넘어서고 진정한 존재로 확장되는 것이다.

1절. 표현은 존재의 확장이다

삶을 조율했다면, 이제는 그것을 어떻게 드러낼 것인가를 물어야 할 때다. 존재는 스스로를 인식하는 것으로 충분하지 않다. 그것은 세상과 연결될 때, 비로소 완성된다. 말, 행동, 표정, 호흡, 선택—이 모든 것이 '나'라는 존재의 확장된 언어다. 표현은 단지 외적인 작용이 아니라, 존재의 한 방식이다.

"Tat Tvam Asi(너는 곧 그것이다)", "Aham Brahmasmi(나는 브라만이다)"라는 『우파니샤드』의 가르침은 개인의 내면 깊은 곳에 우주의 실재가 함축되어 있음을 말한다. 이는 표현이 단순히 내면의 외부화가 아니라, 우주적 진리와 자신을 동일시하는 과정임을 시사한다. 우리가 자신을 드러낼 때, 그것은 개인의 한계를 넘어 더 큰 존재와의 연결을 이루는 신성한 행위인 것이다.

많은 사람들은 '표현'하면 예술가나 연설가를 떠올린다. 그러나 표현은 누구나 매일 하고 있는 일이다. 한숨을 쉬는 방식, 고개를 드는 각도, 대화의 침묵, 타인을 바라보는 눈빛—그 모든 것이 내가 누구인지를 말해준다. 우리는 '살아 있는 방식' 자체로 자신을 말하고 있다. 이때 표현은 특별한 능력이 아니라 살아 있는 자의 본능적 기술이다.

스피노자는 『윤리학』에서 "각 존재는 가능한 한 자기 존재의 유지를 위해 노력한다(Conatus)"고 말했다. 이 자기 보존의 노력은 단순한 생존 본능이 아니라, 자신의 본질을 최대한 실현하고 표현하려는 근본적 경향성이다. 우리가 자신을 표현하는 것은 우리 존재의 본성에 따르는 자연스러운 과정인 것이다.

문제는 이 표현이 왜곡되거나, 억눌리거나, 표면에만 머무를 때다. 감정을 솔직히 표현하지 못하는 사람, 자기 생각을 정제되지 않은 말로 흩뿌리는 사람, 혹은 타인의 시선을 지나치게 의식해 자기를 억제하는 사람들. 이들은 모두 자신을 진짜로 표현하지 못하는 상태에 머물러 있다. 그 결과는 분명하다. 삶이 막히고, 관계가 흐려지고, 정체성이 모호해진다.

존 스튜어트 밀은 『자유론』에서 "어떤 의견이 침묵당한다면 그 의견이 진실일지도 모른다. 이것을 부정하는 것은 우리의 무오함을 가정하는 것이다"라고 말했다. 표현의 자유가 진리 추구의 전제라는 이 통찰은 개인적 차원에서도 적용된다. 우리 내면의 목소리가 억압되고 침묵할 때, 우리는 자신의 진실에 도달할 가능성을 잃는 것이다.

철학자 메를로퐁티는 인간을 "몸을 통해 세상과 관계를 맺는 존재"라고 정의했다. 그는 언어도 몸의 확장이라 보았다. 말뿐만 아니라, 몸짓, 시선, 손끝의 움직임—이 모든 것들이 나를 말한다. 즉, 표현은 사고의 결과물이 아니라 감각의 움직임이다. 그렇기에 훈련된 감각을 가진 사람만이, 정제된 표현을 할 수 있다.

노자는 『도덕경』에서 "말할 수 있는 도(道)는 영원한 도가 아니며, 이름 붙일 수 있는 이름은 영원한 이름이 아니다"라고 말했다. 언어로 표현되는 순간 도의 완전함이 손상된다는 이 역설적 통찰은 표현의 한계와 가능성을 동시에 보여준다. 우리의 표현은 항상 불완전하지만, 그럼에도 불구하고 우리는 끊임없이 자신을 드러내야만 존재의 진실에 다가갈 수 있다.

예술가들이 오랜 시간 동일한 동작을 반복하며 훈련하는 이유가 여기에 있다. 그들은 단순히 기술을 연마하는 것이 아니라, 자신의 존재를 더 명확하게 표현할 수 있는 몸과 감각을 만들고 있는 것이다. 피아니스트의 손가락, 무용수의 몸짓, 작가의 문장—이 모든 것은 단지 기술이 아니라 존재의 확장된 언어가 된다. 우리도 마찬가지다. 일상의 모든 순간 속에서, 우리는 자신만의 고유한 방식으로 존재를 표현하고 있다.

니체는 『차라투스트라는 이렇게 말했다』에서 "내면에 혼돈을 간직한 자만이 춤추는 별을 낳을 수 있다"고 말했다. 이 시적 표현은 우리 내면의 모순과 혼돈이 창조적 표현의 원천이 될 수 있음을 시사한다. 때로는 내면의 갈등과 혼란이 가장 진실된 자기표현으로 이어질 수 있다는 것이다.

나는 주짓수를 수련하면서 한 가지 중요한 깨달음을 얻었다. 상대를 제압하는 기술이 아니라, 나를 명확히 표현하는 기술이 필요하다는 사실이다. 내가 긴장하고 있다는 것을 몸이 숨기지 못할 때, 상대는 그 빈틈을 읽는다. 반대로, 내가 안정되어 있고 호흡이 고르다면, 말하지 않아도 나는 준비되어 있다는 메시지가 전달된다. 표현은 전언(傳言)보다 선명한 비언어적 감각이다.

삶에서도 마찬가지다. 우리는 늘 무언가를 표현하고 있다. 직장에서의 태도, 식사하는 방식, SNS에 올리는 말, 친구를 대하는 어투. 이것은 나를 보여주는 쇼가 아니라, '내가 누구인가'를 세상에 묻는 방식이다. 표현은 드러냄이 아니라 연결의 언어다. 그러므로 삶을 조율한 다음, 그것을 드러낼 수 있어야 한다. 내가 감각하고 회복한 삶을, 이제는 보여줘야 할 시간이다.

공자는 『논어』에서 "자신이 행하지 않길 바라는 바를 남에게 베풀지 마라"고 가르쳤다. 이 가르침은 자기표현의 윤리적 차원을 일깨운다. 우리의 표현은 타인에게 영향을 미치며, 따라서 타인에 대한 배려와 존중이 표현의 기본 원칙이 되어야 한다. 진정한 자기표현은 남을 해치거나 억압하지 않는 방식으로 이루어질 때 비로소 완성된다.

하지만 표현은 결코 쉬운 일이 아니다. 왜냐하면 그것은 자기 수용의 깊이와 연결되어 있기 때문이다. 나 자신을 받아들이지 못하면, 나는 나를 제대로 표현할 수 없다. 그래서 표현 이전에, 우리는 '나는 지금의 나를 있는 그대로 받아들일 준비가 되어 있는가?'를 물어야 한다. 그 질문에 고개를 끄덕이는 순간, 표현은 용기가 아닌 자연이 된다.

지금 나는 말한다. 단지 언어로가 아니라, 내가 살아내는 방식으로. 내 몸의 리듬, 관계의 거리, 침묵의 간격, 그 모든 것이 나를 말하고 있다. 그리고 그 표현은 삶을 타인과 연결하고, 나를 완성시킨다. 표현은 선택이 아니다. 표현은 존재의 완성이다.

2절. 감각이 살아날 때 표현은 시작된다

표현은 머리에서 시작되지 않는다. 표현은 감각에서 시작된다. 우리가 느끼지 못할 때, 우리는 말하지 못하고, 표현하지 못한다. 감각이 무뎌진 사람은 말을 많이 할 수는 있어도, 살아 있는 표현을 하기는 어렵다. 그래서 표현은 언어가 아니라, 감각의 회복에서 비롯된다.

데이비드 흄은 『인간 본성에 관한 논고』에서 "내가 나라고 부르는 무엇을 들여다보면, 사랑이나 증오, 기쁨이나 고통 등의 감각밖에 보이지 않는다...

감각이 사라지면 나는 존재하지 않는다"고 말했다. 이는 자아가 감각과 경험의 연속일 뿐이며, 감각이 존재의 본질적 요소임을 강조한다. 우리가 진정으로 표현하기 위해서는 먼저 이 근본적인 감각들과 연결되어야 한다.

감각은 살아 있음의 징후다. 기온의 변화에 민감해지는 것, 사람의 말투에서 감정을 읽어내는 것, 자신의 숨소리가 거칠어졌다는 사실을 알아채는 것—이 모두가 표현의 전 단계다. 감각이 살아있다는 것은, 내가 나를 느끼고 있다는 뜻이고, 그것은 곧 내가 내 삶을 살아 있다는 증거다. 표현은 바로 이 지점에서 시작된다.

장자는 『장자』에서 유명한 '나비의 꿈' 이야기를 들려준다. "장저우가 꿈에 나비가 되어 날다가 깨어났을 때, 자신이 꿈속의 나비였는지, 나비가 꿈속의 자신인지 분간할 수 없었다." 이 이야기는 주체와 객체, 꿈과 현실의 경계가 모호함을 보여주며, 우리의 감각적 경험과 표현이 서로 얽혀 있음을 암시한다. 진정한 자기표현은 이러한 경계를 유연하게 넘나들며 이루어진다.

현대 인지신경과학은 이 통찰을 뒷받침한다. '신체화된 인지(embodied cognition)'라는 개념에 따르면, 우리의 사고와 감정은 추상적인 정신 과정이 아니라 몸의 감각과 밀접하게 연결되어 있다. 우리가 기쁨을 느낄 때 자연스럽게 몸이 확장되고, 두려움을 느낄 때 움츠러드는 것은 우연이 아니다. 이런 신체적 반응은 단지 감정의 부산물이 아니라, 감정 자체의 필수적인 부분이다.

『카타 우파니샤드』의 "마음속의 모든 욕망을 거두어 들이면 육신은 불멸에 이른다"는 가르침은 내적 감각에 대한 깊은 인식이 자기표현의 질을 결정함을 시사한다. 외부 자극에 끊임없이 반응하는 표면적 감각을 넘어, 내면의 본질적 감각과 연결될 때 우리의 표현은 시간을 초월한 깊이를 갖게 된다.

나는 주짓수를 수련하면서 감각이 어떻게 훈련되는지를 배웠다. 기술보다 먼저 필요한 것은 상대의 중심을 감지하는 능력, 그리고 내 몸이 어디에 어떻게 반응하는지를 아는 감각이다. 그것이 없으면 어떤 기술도 작동하지 않는다. 반대로 감각이 깨어난 순간, 기술은 훨씬 더 간결하고 명료해진다. 표현도 같다. 감각이 살아난 사람의 말은 짧아도 깊고, 침묵조차 풍부하다.

감각을 회복하기 위한 첫걸음은 느림이다. 삶의 속도를 줄일 때, 우리는 비로소 미세한 감각을 감지할 수 있다. 걸음의 무게, 커피의 향, 창밖의 바람 소리. 그것들을 느낄 수 있어야, 내 삶의 속도도 조정된다. 느리게 살기 시작하면, 말투도 바뀌고, 시선도 부드러워진다. 이 모든 것이 표현의 감각적 기반을 만든다.

칸트는 『실천이성비판』에서 "네 행위의 준칙이 보편적 법칙이 되도록 행위하라"는 정언명령을 제시했다. 이 원칙은 감각적 표현에도 적용될 수 있다. 우리의 감각이 단순한 개인적 경험을 넘어 보편적 공감과 이해로 이어질 때, 그 표현은 더 큰 의미와 가치를 갖게 된다. 진정한 감각의 표현은 자신만의 고립된 경험이 아니라, 인간 보편의 경험과 연결될 수 있어야 한다.

현대 사회는 끊임없이 자극을 추구하고 속도를 높이도록 우리를 유도한다. 그러나 역설적으로, 이런 빠른 속도는 감각을 무디게 만든다. 과도한 정보와 자극에 노출된 뇌는 점차 감각의 섬세함을 잃어버린다. 심리학자들은 이를 '감각적 마비(sensory numbness)'라고 부른다. 우리의 뇌가 생존을 위해 필수적이지 않은 정보를 필터링하기 시작하면서, 삶의 미묘한 질감과 층위를 느끼지 못하게 되는 현상이다.

아리스토텔레스는 『니코마코스 윤리학』에서 "인간의 기능은 이성에 따르는 영혼의 활동이며, 인간의 선(행복)은 덕에 따른 영혼의 활동이다"라고 말했다. 이성과 감정, 생각과 감각이 조화롭게 통합될 때 인간은 비로소 그 본성을 실현할 수 있다. 우리의 감각적 표현 역시 이런 통합적 접근을 통해 더욱 풍요롭고 의미 있게 될 수 있다.

두 번째는 타인의 감각을 존중하는 것이다. 표현은 나만의 독백이 아니다. 그것은 언제나 상대의 감각과 만나는 과정이다. 누군가의 눈빛, 고개 끄덕임, 침묵—이 모든 것이 감각적인 언어다. 나의 감각이 살아날수록, 타인의 신호를 더 정교하게 읽을 수 있다. 진정한 표현은 '전달'이 아니라 '조율'이다. 내가 말하는 방식이 아니라, 상대와 연결되는 방식을 선택하는 것이기 때문이다.

철학자 에마누엘 레비나스는 『존재에서 존재자로』에서 "타인의 얼굴을 마주하는 것은 윤리적 행위의 시작"이라고 말했다. 이것은 단순히 물리적으로 얼굴을 보는 것이 아니라, 타인의 존재를 감각적으로 인식하고 응답하는 것을 의미한다. 우리가 타인의 존재를 진정으로 느낄 때, 우리의 표현은 일방적인 발화가 아닌 관계적인 대화가 된다.

셋째는 감각의 내면화, 즉 스스로의 감정을 감각으로 분리해서 바라보는 힘이다. 예를 들어 "나는 화가 나"가 아니라, "나는 지금 이마 근육이 뻣뻣하고, 호흡이 짧아지고 있어"라고 감각을 인식하는 것. 그렇게 되면 감정은 폭발이 아니라 정보가 되고, 표현은 공격이 아니라 이해로 가는 다리가 된다. 감정을 말하는 것이 아니라, 감각을 기반으로 말하는 것, 이것이 진짜 표현의 시작이다.

이 접근법은 현대 심리치료에서도 널리 활용된다. 마음챙김 기반 인지치료(MBCT)나 감각 집중 치료(Sensorimotor Psychotherapy)와 같은 방법들은 감정을 신체 감각의 수준에서 먼저 인식하도록 돕는다. 이런 방식으로 감정을 대할 때, 우리는 감정에 휩쓸리지 않고 그것을 관찰하고 표현할 수 있는 여지를 확보할 수 있다.

이 절의 핵심은 단순하다. 감각이 살아날 때 표현은 시작된다. 그리고 그 감각은 훈련을 통해 얼마든지 되살릴 수 있다. 말보다 먼저, 표현보다 먼저, 우리는 스스로를 다시 느껴야 한다. 그래야만 내가 말하는 모든 것이 나로부터 시작된다는 사실을 실감할 수 있다. 그리고 그때 우리는 말할 수 있다. "이것이 지금의 나다."

3절. 말보다 깊은 언어 – 침묵, 시선, 몸짓

우리는 말로만 존재하지 않는다. 말하지 않아도 전해지는 것들, 오히려 말보다 더 많은 것을 담고 있는 표현들이 있다. 침묵, 시선, 몸짓. 이들은 단순한 비언어적 요소가 아니라, 가장 깊은 감정과 의도를 담는 언어다. 우리는 말보다 먼저, 혹은 말 없이도 나를 말할 수 있어야 한다.

노자는 『도덕경』에서 "아는 자는 말하지 않고, 말하는 자는 알지 못한다"고 가르쳤다. 진정으로 깊은 앎은 종종 말을 초월하며, 끊임없이 말하는 것은 오히려 깊은 이해의 부재를 드러낼 수 있다. 침묵은 단순한 말의 부재가 아니라, 더 깊은 표현의 형태로 이해될 수 있다.

인류학자 에드워드 홀은 문화 간 의사소통 연구에서 "말은 메시지의 일부일 뿐"이라는 사실을 밝혀냈다. 그의 연구에 따르면, 의사소통의 60-80%는 비언어적 신호를 통해 이루어진다. 우리가 의식하지 못하는 사이에도, 우리의 몸은 끊임없이 이야기하고 있는 것이다. 이는 단순한 통계적 사실을 넘어, 우리의 존재 방식 자체에 관한 근본적인 진실을 말해준다.

비트겐슈타인은 『철학적 탐구』에서 "만일 사자가 말을 할 수 있다면 우리는 그를 이해할 수 없을 것이다"라고 말했다. 언어는 삶의 형식에 뿌리를 두고 있으며, 따라서 서로 다른 삶의 경험을 가진 존재들 사이의 소통은 언어만으로는 불가능할 수 있다. 이는 말을 넘어선 더 근본적인 표현 방식, 즉 침묵과 몸짓, 시선의 중요성을 일깨운다.

수련 중, 한 제자가 내게 말했다. "관장님, 말 한마디 없이도 뭔가 메시지가 전해지는 순간이 있어요." 나는 그 말에 깊이 공감했다. 상대를 누르려 할 때가 아니라, 함께 흐르려 할 때. 말을 멈춘 그 순간, 내 시선과 손끝, 호흡의 간격이 모든 걸 전하고 있다는 걸 나는 안다. 침묵은 단절이 아니라, 더 정제된 대화의 형식이다.

침묵은 피하는 것이 아니라, 받아들이는 것이다. 불편한 침묵을 피하려 말로 채우는 대신, 그 침묵이 전하는 긴장이나 감정을 있는 그대로 받아들이면 그 자체로 진실한 표현이 된다. 침묵이란 '아무 말도 하지 않음'이 아니라, '아무 말도 하지 않아야 할 때의 용기'다. 우리는 이 용기를 통해 더 깊은 신뢰를 만들어낸다.

『코란』에는 "오 인류여! 너희의 주를 경외하라. 그분께서 너희를 한 영혼 (너희의 조상)으로부터 창조하시고, 그 영혼으로부터 그 반쪽을 창조하셨으며, 그 둘로부터 수많은 남녀를 번성시켰다"라는 구절이 있다. 이는 모든 인간이 근원적으로 연결되어 있음을 상기시킨다. 이러한 연결 속에서 침묵은 단절이 아니라 오히려 더 깊은 차원의 소통과 공감을 가능하게 하는 공간이 될 수 있다.

동양의 수행 전통에서는 침묵의 가치를 오래전부터 강조해왔다. 선(禪) 수행에서 말보다 침묵을 중시하는 이유는, 언어가 담을 수 없는 진실이 있다는 깨달음 때문이다. "말로 표현할 수 없는 것을 말하는 순간, 그것은 이미 왜곡된다"는 통찰은 동서양을 막론하고 깊은 지혜로 여겨진다. 때로는 침묵이 가장 정확한 표현이 되는 순간이 있다.

시선은 방향이다. 사람을 어떻게 바라보는가, 어디를 보는가, 어떤 리듬으로 응시하는가는 전부 언어다. 때로는 말보다 시선이 더 직접적으로 마음을 전한다. 무심한 시선은 상대를 단절시키지만, 따뜻한 시선은 말보다 먼저 관계를 잇는다. 시선은 판단의 창이기도 하고, 이해의 손짓이기도 하다. 삶에서의 표현은, 내가 무엇을 어떻게 바라보느냐에서 출발한다.

마르쿠스 아우렐리우스는 『명상록』에서 "옳지 않은 일은 행하지 말며, 진실하지 않은 말은 하지 마라"라고 가르쳤다. 이는 말과 행동의 일치, 즉 표현의 진실성을 강조한다. 우리의 시선, 몸짓, 침묵 역시 이러한 진실성의 원칙에 따라야 한다. 외면적으로 드러나는 표현과 내면의 진실 사이에 불일치가 있을 때, 그 표현은 공허해지고 신뢰를 잃게 된다.

심리학자 제임스 깁슨은 '어포던스(affordance)'라는 개념을 통해, 우리의 시선이 단순히 보는 것이 아니라 '무엇을 할 수 있는지'를 탐색하는 과정이라고 설명했다. 우리는 세상을 '객관적으로' 보는 것이 아니라, 우리의 의도와 가능성을 통해 본다. 이런 관점에서 시선은 단순한 감각이 아니라, 세상과 관계 맺는 방식 자체다.

몸짓은 감각의 문장이다. 말보다 먼저 나오는 손짓, 고개 끄덕임, 미세한 어깨의 움직임—이 모든 것들이 감정과 의도의 표현이다. 훈련된 사람은 말보다 먼저 몸으로 감정을 전한다. 마치 노래보다 멜로디가 먼저 감정을 자극하듯, 몸짓은 가장 원초적인 표현이자 가장 진실한 표현일 수 있다.

삼장법사의 이야기는 이러한 몸짓의 언어를 잘 보여준다. 『서유기』에서 삼장법사는 손오공과 함께하는 수행 여정을 통해 자신의 약함과 고집을 직면하고 극복한다. 이는 단순한 모험담이 아니라, 신체적 여정과 도전을 통해 내면의 진리와 만나는 과정을 상징한다. 말과 사상만으로는 완성될 수 없는 깨달음이 육체적 경험과 행위를 통해 완성된다는 것이다.

우리의 뇌는 '거울 뉴런(mirror neurons)'이라는 특별한 신경 세포를 통해 타인의 몸짓을 보는 것만으로도 동일한 신경 회로를 활성화한다. 이것은 우리가 다른 사람의 동작을 볼 때, 실제로 그 동작을 수행하는 것과 유사한 신경 활동이 일어난다는 것을 의미한다. 이 놀라운 메커니즘은 몸짓이 단순한 물리적 움직임이 아니라, 감정과 의도를 직접적으로 전달하는 강력한 소통 수단임을 과학적으로 뒷받침한다.

『바가바드 기타』에는 "의(義)가 쇠퇴하고 불의가 성할 때마다, 그때에 나는 화신으로 나타난다"는 크리슈나의 선언이 있다. 이는 말로만 진리를 전하는 것이 아니라, 화신이라는 구체적 형태로 나타나 행동함으로써 진리를 드러내는 방식을 보여준다. 가장 심오한 진리는 때로 말보다 실체적인 현존과 행위를 통해 더 잘 전달된다는 것이다.

이러한 비언어의 언어들은 대단한 훈련 없이도 누구나 갖고 있는 것들이다. 다만 우리는 그것의 존재를 의식하지 못하거나, 혹은 그 힘을 두려워해 외면한다. 하지만 진짜 표현은 언제나 그곳에 있다. 말로는 감히 다 담을 수 없는 어떤 것들. 그걸 전하는 것이 바로 우리의 비언어적 감각이다.

예수는 성경에서 "너희는 세상의 빛이다... 빛을 사람들 앞에 비추라"고 가르쳤다. (마태복음 5:14-16) 이 가르침은 자신의 존재 자체가 이미 하나의 메시지이며 표현임을 일깨운다. 침묵과 시선, 몸짓으로 드러나는 우리의 존재 방식은 그 자체로 세상을 비추는 빛이 될 수 있다. 우리가 어떻게 존재하느냐가 우리가 무엇을 말하느냐보다 더 강력한 메시지를 전할 수 있는 것이다.

삶에서 내가 표현하고 싶은 것이 무엇이든, 그것은 반드시 말로만 하지 않아도 된다. 침묵은 나의 깊이를 말해주고, 시선은 나의 태도를 말해주며, 몸짓은 나의 감정을 드러낸다. 우리가 이것을 의식하고 다듬는 순간, 말보다 더 진실한 표현이 시작된다.

표현은 드러냄이 아니라, 존재의 파장이다. 말이 닿지 못할 때, 나의 감각이 먼저 닿는다. 그 순간 우리는 말하지 않고도 충분히 말하고 있는 것이다.

4절. 나는 무엇으로 나를 표현할 것인가

표현은 단지 언어의 문제가 아니다. 그것은 '내가 누구인가'에 대한 태도이며, '나는 어떤 삶을 살고 있는가'에 대한 고백이다. 우리는 결국, 우리가 선택한 방식대로 자신을 표현하며 살아간다.

롤스는 『정의론』에서 "정의는 각자에게 각자의 몫을 바르게 분배하는 것"이라고 말했다. 이 원칙은 자기표현의 영역에서도 중요한 의미를 갖는다. 모든 사람은 자신만의 고유한 방식으로 자신을 표현할 권리와 기회를 가져야 한다. 이는 단순한 표현의 자유를 넘어, 각자가 자신의 고유성을 통해 공동체에 기여할 수 있는 사회적 조건의 중요성을 시사한다.

누구는 말로, 누구는 손으로, 누구는 몸으로, 누구는 삶 전체로 자신을 표현한다. 중요한 것은 수단이 아니다. 중요한 건 그 안에 담긴 의도와 감각, 그리고 일관된 진심이다. 표현이란 결국 삶을 구성하는 방식이자, 내가 누구인지 세상에 건네는 지속적인 문장이다.

알버트 아인슈타인은 과학 이론을 통해 자신을 표현했고, 마하트마 디는 비폭력 저항이라는 행동으로 자신의 철학을 표현했다. 누군가는 음식을 만드는 방식으로, 또 누군가는 묵묵히 꽃을 가꾸는 일상을 통해 자신을 드러낸다. 이 모든 표현 방식은 동등하게 가치 있다. 중요한 것은 그 표현이 나의 본질과 얼마나 일치하느냐, 그리고 그것이 세상에 어떤 울림을 주느냐다.

존 스튜어트 밀은 『공리주의』에서 "만족하지 못하는 인간이 만족하는 돼지보다 낫다"고 말했다. 이는 표현의 깊이와 질에 대한 중요성을 시사한다. 단순히 쉽고 편안한 방식으로 자신을 표현하는 것보다, 때로는 도전적이고 불편하더라도 더 깊고 의미 있는 방식으로 자신을 표현하는 것이 인간 존재의 고귀함을 실현하는 길이 될 수 있다.

철학자 빅토르 프랑클은 『죽음의 수용소에서』에서 "삶은 질문이고, 우리는 그에 대한 대답으로 존재한다"고 말했다. 이 말은 표현의 본질을 잘 보여준다. 내 존재가 곧 대답이라면, 나는 지금 무엇으로 대답하고 있는가? 나의 하루는 어떤 메시지를 말하고 있는가? 이 질문 앞에서 우리는 말보다 더 큰 표현이 필요하다는 걸 알게 된다.

몽테스키외는 『법의 정신』에서 "법은 기후, 풍속, 생활양식에 맞게 제정되어야 한다"고 주장했다. 마찬가지로 우리의 자기표현 방식도 우리가 살아가는 환경, 관계, 문화적 맥락과 조화를 이루어야 한다. 자신에게 가장 자연스럽고 진실된 표현 방식을 찾되, 그것이 주변 환경과 어떻게 상호작용하는지를 고려하는 지혜가 필요하다.

표현의 방식을 선택하는 것은 단순한 취향의 문제가 아니다. 그것은 깊은 자기 성찰을 요구하는 존재론적 선택이다. 내가 어떤 방식으로 나를 드러낼 때 가장 참되게 느껴지는가? 어떤 순간에 나는 가장 생생하게 살아있음을 느끼는가? 이런 질문들은 나의 표현 방식을 발견하는 여정에서 중요한 이정표가 된다.

나는 한동안 '나를 드러내지 않는 것'이 겸손이라 믿었다. 하지만 어느 순간, 나를 표현하지 않는 건 스스로의 존재를 축소시키는 일이라는 걸 깨달았다. 표현은 자랑이 아니다. 표현은 책임이다. 내가 어떻게 살아가고 있는지, 그 방식 자체로 누군가에게 영향을 줄 수 있다는 것. 그것이 표현의 윤리이고 철학이다.

이는 플라톤의 동굴의 비유와 연결된다. 『국가』에서 동굴 밖으로 나와 실재를 본 사람은 다시 동굴로 돌아가 그 지식을 나눌 책임이 있다. 마찬가지로 자신만의 진실을 깨달은 사람은 그것을 표현함으로써 다른 이들과 나눌 책임이 있다. 자기표현은 단순한 자기만족이 아니라, 공동체에 대한 기여가 될 수 있다.

심리학자 칼 로저스는 "진정한 자기 표현은 치유의 핵심"이라고 말했다. 우리가 자신을 있는 그대로 표현할 때, 우리는 단순히 외부와 소통하는 것이 아니라 내면의 분열을 치유하는 과정을 거친다. 감춰두었던 부분들, 인정하지 않았던 부분들이 표현을 통해 통합될 때, 우리는 더 온전한 존재가 된다.

그래서 이제는 묻는다. "나는 무엇으로 나를 표현할 것인가?" 말보다 먼저, 감정보다 깊이 있는 무엇으로. 이 질문은 단지 창작자에게만 해당되지 않는다. 아침을 여는 방식, 관계를 맺는 자세, 실패를 대하는 태도—이 모든 것이 나를 표현하는 방식이다.

삶을 수련해온 사람은 알고 있다. 표현은 그저 '보여주는 행위'가 아니며, '존재의 응답'이라는 것을. 내가 진심으로 내 삶에 응답하기 시작할 때, 그것은 어떤 형식으로든 표현이 된다. 글이든, 침묵이든, 움직임이든, 관계든. 표현은 완성이 아니라 과정이다. 우리는 매순간 자신을 새롭게 표현하며 끊임없이 변화하고 성장한다. 어제의 표현이 오늘에는 맞지 않을 수 있다. 중요한 것은 그 변화의 흐름 속에서도 유지되는 진정성이다. 표현의 형식은 변할지라도, 그 안에 담긴 본질은 일관될 때, 우리의 존재는 더욱 선명해진다.

하루아침에 나오지 않는 질문으로 다음 삶의 문을 연다
"나는 지금 이 삶을, 어떻게 드러내며 살아가고 있는가?"

18장. 삶은 메시지다
– 존재는 표현되고, 표현은 남는다

"네 존재는 네가 반복하는 행동들의 총합이다." — 아리스토텔레스, 『니코마코스 윤리학』

삶은 기록되지 않아도 흔적을 남긴다. 그 흔적은 한 번의 말이나 특별한 사건이 아니라, 매일 반복하는 삶의 방식에서 비롯된다. 아침을 여는 작은 선택, 타인을 대하는 몸짓, 걷는 속도와 눈빛의 깊이. 우리는 의식하든 그렇지 않든, 매일 삶을 조율하며 무언가를 표현하고 있다.

성경에서 말하는 '빛'은 단순한 은유가 아니다. "너희는 세상의 빛이라... 이같이 너희 빛을 사람 앞에 비추게 하여 저희로 너희 착한 행실을 보고 하늘에 계신 너희 아버지께 영광을 돌리게 하라." (마태복음 5:14-16) 이 말씀은 우리 각자의 삶과 행동이 세상에 드러나 타인에게 영향을 미친다는 근본적 진리를 담고 있다. 우리의 존재는 그 자체로 하나의 메시지이며, 우리가 어떻게 살아가는지가 어떤 말보다 더 강력한 가르침이 된다.

아리스토텔레스가 『니코마코스 윤리학』에서 말했듯, 우리는 '한 번의 행동'이 아니라 '반복하는 방식'으로 정의된다. 삶은 순간의 연출이 아니라 일상의 축적이다. 내가 어떤 마음으로 하루를 맞이하고, 어떤 리듬으로 세상과 연결되는가—그 모든 반복들이 쌓여 나라는 존재를 빚어낸다.

삶은 단순히 흘러가는 것이 아니다. 하루하루의 리듬 속에서, 우리는 끊임없이 메시지를 남기고 있다. 하루는 나의 문장이다. 그리고 나는 그 문장을 매일 다시 쓴다.

1절. 하루는 나의 문장이다

삶은 기록되지 않아도 흔적을 남긴다. 그 흔적은 말이 아니라, 살아가는 방식에서 비롯된다. 내가 어떤 시간에 일어나고, 어떤 표정으로 아침을 맞이하며, 누구를 어떤 감각으로 대하는가—그 모든 것이 하루라는 종이 위에 남겨지는 비언어적 문장이다.

노자는 『도덕경』에서 "이름 붙일 수 있는 것은 영원한 도가 아니요"라고 말했다. 진정한 도(道)는 말로 다 표현할 수 없으며, 인위적인 표현보다 자연스러운 삶 자체가 도의 구현이라고 본 것이다. 삶이 메시지가 되는 순간은 의도적으로 무언가를 전하려 할 때가 아니라, 있는 그대로의 자연스러운 존재가 드러날 때이다.

우리는 매일 무엇인가를 표현하며 살아간다. 때론 의식적이고, 때론 무의식적이다. 중요한 건 '무엇을' 표현하느냐보다, '어떻게' 표현되는가다. 아침을 여는 방식, 커피를 마시는 습관, 길을 걷는 속도, 말보다 앞서는 시선—이 일상의 디테일이 내가 누구인지에 대한 은밀하고도 분명한 서술이다.

마르쿠스 아우렐리우스는 『명상록』에서 "지금 하는 일이 영원히 메아리친다"고 성찰했다. 그는 "한 방울의 행위도 전 우주로 퍼져나간다"는 관점으로, 우리의 일상적 행동 하나하나가 우주적 의미를 지닌다고 보았다. 지금 내가 행하는 말과 행동이 단순히 사라지는 것이 아니라, 미래에도 울림을 남긴다는 이 통찰은 하루하루의 중요성을 일깨운다.

요한 볼프강 폰 괴테는 "사람은 자신이 매일 반복하는 것 그 자체다"라고 말했다. 즉, 우리는 단 한 번의 말이나 행동이 아니라, 어떻게 반복하고,

어떻게 하루를 감각하며 살아가느냐에 의해 규정된다. 그러므로 하루를 구성하는 방식은 곧 나라는 존재의 정체성을 비추는 거울이다. 단순히 살아가는 것이 아니라, 그 하루의 패턴 속에서 나 자신이 끊임없이 표현되고 있다.

비트겐슈타인은 『논리철학논고』에서 "내 언어의 한계는 내 세계의 한계다"라고 말했다. 이는 우리가 어떻게 말하고 행동하느냐가 곧 우리가 인식하고 경험할 수 있는 세계의 경계를 결정한다는 의미다. 하루라는 시간 속에서 우리가 사용하는 언어, 취하는 행동, 유지하는 습관이 모두 우리의 세계를 구성하고, 그 구성된 세계가 타인에게 메시지로 전달된다.

현대 심리학에서는 이를 '미세 행동(micro-behavior)'이라 부른다. 신경과학자들은 우리가 의식하지 못하는 작은 습관과 반응들이 실제로 우리의 성격과 태도를 가장 정확하게 드러낸다고 말한다. 의도적으로 꾸며낸 큰 제스처보다, 무의식적으로 반복되는 작은 행동 패턴이 진짜 우리의 모습을 보여준다는 것이다. 그래서 하루의 미세한 습관들은 단순한 일상이 아니라, 내면의 지도를 그대로 투영한 철학적 행위다.

데이비드 흄은 『인간 본성에 관한 논고』에서 "개체는 경험의 끊임없는 흐름 속에서만 존재한다"고 말했다. 이는 고정된 '자아'보다 행위와 표현이 중요함을 시사한다. 우리의 존재는 매 순간의 선택과 행동을 통해 끊임없이 새롭게 구성되며, 그 과정에서 우리는 자신만의 고유한 메시지를 세상에 남기게 된다.

수련을 반복하면서 나는 이런 감각을 조금씩 배웠다. 기술을 연습하는 시간이 아니라, 삶을 조율하는 시간이었다는 걸. 단순한 동작 속에 내가 가진 리듬이 담겼고, 숨을 고르는 찰나에 내가 감당할 수 있는 고요가 남았다. 수련은 기록되지 않지만, 하루를 통해 메시지가 되었다. 나는 그것을 '살아 있는 문장'이라 부르고 싶다.

하루는 '말'보다 훨씬 오래 남는다. 말은 잊히지만, 삶의 방식은 타인의 기억에 감각으로 각인된다. 어떤 이는 침묵으로도 강렬했고, 어떤 이는 친절한 말투보다 따뜻한 호흡으로 오래 남았다. 내가 남긴 말보다, 내가 하루를 어떻게 살았는가가 결국 누군가에게는 '나'라는 사람으로 기억되는 법이다.

불교 경전에서는 "선한 행위는 상속되는 재산과 같다"고 가르친다. 한 개인의 도덕적 행위가 후세에 남는 진정한 '유산'이라는 것이다. 설령 육신은 사라져도, 그가 행한 언어와 행동은 주변에 영향을 미치고 기억된다. "죽은 목소리지만 그의 가르침은 여전히 메아리친다"는 교훈처럼, 삶의 메시지는 말과 행위로 남아 다른 이의 마음에 울림을 준다.

동양의 철학 전통에서는 이를 '일상즉도(日常卽道)'라 불렀다. 즉, **평범한 일상이 곧 도(道)**라는 뜻이다. 선(禪) 수행에서 강조하는 "평상심시도(平常心是道)"—평범한 마음이 곧 도라는 가르침 역시 같은 맥락이다. 우리의 하루하루가 담고 있는 감각과 리듬, 그 미세한 선택들이 모여 우리의 존재 방식을 구성한다는 통찰이다.

이런 감각을 익히기 위해서는 의식적인 반복이 필요하다. 일상의 리듬을 관찰하고, 내가 어떤 방식으로 반응하는지를 자주 되묻는 것이다. 오늘 아침, 나는 어떤 마음으로 눈을 떴는가? 식탁에 앉을 때, 내 몸은 어떻게 움직였는가? 누군가와 마주쳤을 때, 나는 어떤 표정으로 반응했는가? 하루를 문장이라 말하려면, 나는 매일의 단어들을 감각으로 조율해야 한다.

하루는 단지 시간을 보내는 단위가 아니다. 그것은 살아 있는 철학의 최소 단위다. 그 안에서 우리는 선택하고, 포기하고, 멈추고, 다시 시작하며 존재를 구성한다. 하루를 의식하는 사람만이, 삶을 '남길 수 있는 무언가'로 바꿔낼 수 있다. 그리고 그 사람은 더 이상 '사는 사람'이 아니라, 삶을 표현하는 사람이 된다.

『꾸란』 3장 185절은 "모든 인간은 죽음을 맛보며 심판의 날 보상을 받게 되리라... 이 세상은 단지 기만의 속세에 불과하니라"고 말한다. 이는 현세가 영원한 것이 아님을 경고하면서, 동시에 우리의 행위가 영원히 기록된다는 사실을 상기시킨다. 오늘 하루의 선택들이 단지 지나가는 순간이 아니라, 영원히 남는 흔적임을 기억한다면, 우리는 매일을 더 의미 있게 구성할 것이다.

나는 이제 하루를 흘려보내지 않는다. 내가 하루를 어떻게 열고, 어떻게 감각하며, 어떻게 마무리했는지가 곧 내가 누구인지를 말해준다. 말보다 구체적이고, 생각보다 진실한 존재의 형태로서.

하루는 나의 문장이다. 그리고 나는 매일 그 문장을 다시 쓴다.

2절. 관계는 나의 방식이다

사람을 대하는 방식이 곧 나의 인생이다. 우리는 하루의 절반 이상을 타인과 연결된 채 살아간다. 대화의 어투, 침묵의 리듬, 응시의 깊이—이 모든 것들은 말보다 오래 남는다. 관계는 단지 사회적 기술이 아니라, 나라는 사람이 어떤 리듬으로 살아가는지를 보여주는 거울이다.

공자는 『논어』에서 "자신이 행하지 않길 바라는 바를 남에게 베풀지 마라"고 가르쳤다. 이 '충서(忠恕)' 정신은 관계 속에서 자기와 타인이 분리될 수 없음을 보여준다. 내가 타인을 대하는 방식이 곧 내 자신을 대하는 방식이며, 그것이 나의 인생을 구성한다는 것이다. 더 나아가 공자는 "인자(仁者)는 사람을 보고 그 도를 깨달으며, 어짊을 보는 이에게 부끄러움을 느낀다"고 말했다. 관계 속에서 자신의 덕을 드러내는 것이 타인에게 메시지를 전하는 가장 효과적인 방법임을 강조한 것이다.

나는 수련을 통해 이 사실을 더 명확히 느꼈다. 예전에는 상대의 말에 반응하느라 바빴다. 그 반응은 즉각적이고 본능적이었다. 하지만 수련이 깊어질수록, 나는 반응이 아니라 선택을 배웠다. 한 템포 쉬고, 나의 중심을 감각하고, 타인의 에너지를 받아들이는 시간. 그 짧은 여백이 관계를 바꾸기 시작했다.

철학자 마르틴 부버는 『나와 너』에서 이렇게 말했다. "나는 너를 통해 나를 발견한다." 관계란 타인을 바라보는 일이 아니라, 타인을 통해 나를 감각하는 과정이다. 내가 상대를 어떤 리듬으로 대하는지, 어디에 머물고 어디에서 물러나는지를 통해 나는 나를 알아간다. 관계는 타인과 맺는 연습이기 이전에, 나와 나를 만나는 감각의 장이다.

『우파니샤드』의 "그대가 곧 그것이니(Tat Tvam Asi)"라는 가르침은 이러한 관계의 본질을 더욱 깊게 드러낸다. 개별적 자아(아트만)는 곧 우주의 진리

(브라만)와 동일하며, 그렇기에 타인과 자신 사이에 근본적인 구분이 없다는 것이다. 우리가 관계 속에서 타인을 대하는 방식은 사실 우주 자체를 대하는 방식이며, 그것이 우리의 존재를 표현하는 메시지가 된다.

현대 신경과학의 발견은 이 통찰을 뒷받침한다. 우리의 뇌에는 '거울 뉴런(mirror neurons)'이라는 특별한 신경 세포가 있다. 이 세포들은 타인의 행동이나 감정을 관찰할 때 활성화되는데, 마치 우리 자신이 그 행동을 하거나 감정을 느끼는 것처럼 반응한다. 즉, 우리는 신경학적으로도 타인과의 관계 속에서 자신을 발견하고 구성하도록 설계되어 있다는 증거다.

어떤 사람과 있을 때 편안한가? 어느 대화에서 나는 위축되는가? 나는 어디서 말이 많아지고, 어디서 침묵을 견디지 못하는가? 이 질문들은 내가 삶을 구성하는 방식을 들여다보게 한다. 관계는 감정의 교환이 아니다. 그것은 삶의 방식이 타인과 닿을 때의 진동이다. 그리고 그 진동은 타인의 몸에도 흔적으로 남는다.

『바가바드 기타』에서 크리슈나는 "네게는 오직 행위할 권리만 있을 뿐, 그 열매를 소유할 권리는 없다"고 가르친다. 이 지혜를 관계에 적용하면, 우리는 타인과의 관계에서 결과나 보상을 기대하기보다, 관계 자체에 충실해야 함을 의미한다. 내가 타인을 어떻게 대하느냐 하는 행위 자체가 중요하지, 그 관계를 통해 무엇을 얻느냐는 이차적인 문제일 뿐이다. 이러한 태도는 관계를 더욱 진정성 있고 깊게 만든다.

심리학자 수전 케인은 『콰이어트(Quiet)』에서 우리의 성격 유형이 관계 맺는 방식을 결정한다고 설명한다. 그러나 더 깊은 차원에서 보면, 우리의 관계 맺는 방식이 역으로 우리의 존재 방식을 형성한다. 나는 타인과의 관계 속에서 '누가 될 것인가'를 매순간 선택하고 있다. 누군가에게 화를 낼 때, 누군가의 이야기를 경청할 때, 누군가의 성공을 축하할 때—그 모든 순간이 나의 존재 방식을 구성한다.

나는 이제 관계에서 서두르지 않는다. 대화의 속도보다 중요한 것은 대화의 감각이다. 말과 말 사이의 여백, 표현하지 않는 감정이 만드는 공기, 듣고 있는 척이 아닌 듣고 있는 몸의 리듬. 이 모든 것이 나를 설명한다. 관계란 연결이 아니라, 조율이다. 나의 삶의 리듬과 상대의 삶의 리듬이 만나는 지점.

롤스는 『정의론』에서 "정의는 각자에게 각자의 몫을 바르게 분배하는 것"이라는 원칙을 제시했다. 이 원칙은 관계의 윤리에도 적용된다. 관계 속에서 서로의 독립성과 고유성을 존중하면서도, 서로에게 필요한 공감과 지지를 제공하는 것이 관계의 정의다. 이러한 균형 잡힌 관계 방식이 결국 우리가 세상에 남기는 메시지의 일부가 된다.

관계의 질은 단순히 얼마나 많은 사람을 알고 있는가가 아니라, 그 관계 안에서 얼마나 진정성 있게 존재하는가에 달려있다. 사회학자 조지 시멜은 현대 사회에서 '표면적 관계'가 증가함에 따라 오히려 진정한 만남의 가치가 더 커진다고 지적했다. 빠르게 스쳐 지나가는 관계가 아니라, 서로의 존재 방식을 존중하고 인정하는 깊은 관계만이 우리에게 의미 있는 흔적을 남긴다.

우리는 관계 안에서만 진짜 존재가 된다. 나 홀로 있을 때보다, 누군가 앞에 섰을 때 진짜 내가 어떤 사람인지 드러난다. 관계는 평가가 아니라, 표현이다. 내가 이 세상과 어떤 관계를 맺고 있는지에 따라, 내 삶이 어떤 방식으로 남는지가 결정된다.

임마누엘 칸트는 『실천이성비판』에서 "그대가 하고자 꾀하고 있는 것이 동시에 누구에게나 통용될 수 있도록 행하라"는 정언명령을 제시했다. 이 원칙은 관계의 방식을 결정하는 중요한 기준이 될 수 있다. 내가 타인을 대하는 방식이 보편적 법칙이 될 수 있는지 자문해 보는 것은, 관계의 윤리를 정립하는 데 도움이 된다. 이는 관계가 단순한 개인적 취향의 문제가 아니라, 우리 존재의 윤리적 표현임을 상기시킨다.

나는 더 이상 관계를 두려워하지 않는다. 그것은 감정의 파도가 아니라, 존재의 리듬이다. 때로는 멀어지고, 때로는 조용히 다가가고, 때로는 흐름에 맡기고, 때로는 중심을 잡는다. 그 모든 순간이 바로 나라는 메시지를 남기는 방식이다.

당신은 타인 앞에서 어떤 리듬을 살고 있는가? 그 리듬이 바로 당신이 남기는 삶의 감각이다.

3절. 몸의 배열, 삶의 문장부호

우리는 언어로만 삶을 구성하지 않는다. 우리가 남기는 진짜 문장은 몸의 위치와 움직임, 그리고 공간을 대하는 태도에서 나온다. 정돈된 책상, 반복되는 산책 루트, 식사의 리듬, 옷을 고르는 손의 감각—이 모든 것은 말보다 앞서 전달되는 존재의 배열이다.

현상학자 메를로퐁티는 "인간의 몸은 세계를 향한 우리의 기본적인 자세"라고 말했다. 우리의 몸은 단순한 물리적 구조물이 아니라, 세계와 관계 맺는 방식 그 자체다. 나의 자세, 움직임, 제스처―이 모든 것이 세계를 해석하고 반응하는 나만의 언어다. 몸은 내면 상태의 단순한 표현이 아니라, 내가 세계를 만나는 가장 기본적인 방식이다.

스피노자는 『윤리학』에서 만물과 인간을 신(자연)의 필연적 표현이라 여겼다. "자유란 필연성의 깨달음"이라는 그의 유명한 문구는, 자신의 존재 자체가 우주의 표현임을 인식하는 것이 진정한 자유라는 뜻이다. 몸의 배열과 움직임 역시 이러한 우주적 필연성의 일부로, 우리가 의식적으로 조율할 때 그것은 자유로운 자기표현이 된다.

삶은 겉모습보다 훨씬 섬세한 리듬으로 구성되어 있다. 나는 주짓수 수련을 통해 몸의 정렬이 마음의 정렬을 바꾼다는 사실을 알게 되었다. 매트 위에서 중심이 무너질 때, 그것은 기술 이전에 몸의 무의식적 배치에서 기인한다. 그리고 그 감각은 삶에도 그대로 이어진다. 어떤 자세로 앉고, 어떤 시선으로 걷는가는 단순한 버릇이 아니다. 그것은 내가 지금 어떤 상태인지 말해주는 신호다.

장자는 『장자』에서 유명한 호접지몽(胡蝶之夢) 이야기를 들려준다. 장자가 꿈에서 나비가 되었을 때, 그는 완전히 나비로서 존재했고, 깨어난 후에는 자신이 나비의 꿈을 꾸었는지, 나비가 장자의 꿈을 꾸고 있는지 구분할 수 없었다. 이는 우리의 물리적 존재와 의식이 분리될 수 없는 하나임을 보여준다. 몸의 배열은 단순한 육체적 상태가 아니라, 존재 방식의 표현이다.

심리학자 에이미 커디의 연구는 이 통찰을 과학적으로 뒷받침한다. 그녀는

'파워 포즈(power pose)'에 관한 실험을 통해, 우리가 취하는 자세가 호르몬 수치와 심리적 상태에 직접적인 영향을 미친다는 사실을 발견했다. 몸의 배열이 바뀌면 생각의 배열도 바뀐다는 것이다. 이는 몸과 마음의 경계가 우리가 생각하는 것보다 훨씬 더 모호하고 유동적임을 보여준다.

니체는 『차라투스트라는 이렇게 말했다』에서 "초인이 되라(Becoming who you are)"고 촉구했다. 이는 자신의 본성을 발견하고 표현하는 과정이 단순한 사상적 깨달음이 아니라, 몸과 행동을 통한 전인적 변화를 요구함을 의미한다. 우리의 몸이 취하는 자세, 움직임의 패턴, 공간 속에서의 위치는 모두 우리가 누구인지를 보여주고, 그것이 타인에게 메시지로 전달된다.

삶의 감각은 공간을 대하는 방식에서도 드러난다. 무의식적으로 물건을 쌓는가, 아니면 일정한 간격을 두고 정리하는가. 이는 단지 정돈 습관이 아니라, 내면의 호흡 상태가 바깥으로 드러난 흔적이다. 숨이 가쁜 사람은 주변이 흩어져 있고, 고요한 사람은 작은 물건 하나도 정성스럽게 다룬다. 몸은 생각보다 더 빠르게 나의 상태를 드러내고, 공간은 그것을 고스란히 반영한다.

플라톤은 『국가』에서 정의와 진리를 찾아가는 과정을 통해, 철인(哲人)의 삶이 사회를 비추는 거울임을 보여준다. 개인의 내적 질서와 사회의 질서가 서로 반영된다는 것이다. 마찬가지로, 우리 개인의 공간 배치와 몸의 움직임은 내면의 상태를 반영하며, 그것이 타인에게 메시지로 전달된다. 공간을 어떻게 구성하고 그 안에서 어떻게 움직이느냐는 우리의 내적 질서를 보여주는 가시적 증거다.

일본의 '마네키네코(招き猫)'—행운을 부르는 고양이 장식품은 오른발이 들

려 있으면 돈을, 왼발이 들려 있으면 사람을 부른다고 한다. 이처럼 몸의 작은 배열 하나가 전혀 다른 의미를 만들어낸다. 우리의 몸도 마찬가지다. 약간의 각도 차이, 미세한 긴장의 위치, 호흡의 깊이—이 모든 작은 배열들이 나의 메시지를 구성한다.

아리스토텔레스는 『니코마코스 윤리학』에서 덕(德)이 습관을 통해 형성된다고 말했다. 정의로운 행동을 반복하면 정의로운 사람이 되고, 절제된 행동을 반복하면 절제된 사람이 된다는 것이다. 이런 관점에서 보면, 몸의 배열과 움직임도 반복을 통해 우리의 인격을 형성하고, 그것이 타인에게 전달되는 메시지가 된다. 우리가 어떤 자세를 취하고, 어떤 움직임을 반복하느냐가 우리가 어떤 사람이 되느냐를, 그리고 어떤 메시지를 남기느냐를 결정한다.

나는 요리를 할 때 이 감각을 가장 선명하게 느낀다. 칼을 드는 손끝의 긴장, 재료를 손질하는 순서, 불을 다루는 거리. 모든 것이 나의 하루를 그대로 반영하고 있었다. 마음이 급하면 칼질도 거칠어지고, 몸이 긴장하면 불 조절이 안 된다. 음식의 맛은 단지 재료가 아니라, 나의 상태가 만들어낸 감각의 조율이었다.

몸은 생각보다 먼저 말한다. 그 움직임은 미세하지만 정직하다. 대화 중의 팔짱, 고개를 끄덕이는 속도, 문을 여는 손의 위치—모두가 나의 감정을 번역해 보여준다. 그래서 나는 이제 말보다 먼저 몸을 바라보는 연습을 한다. 내가 어떻게 앉아 있는지, 지금 어디에 힘이 들어가 있는지, 그 긴장을 어디서부터 풀어야 할지를 인식한다. 몸의 배열은 결국 삶의 문장부호다. 쉼표 없이 이어지는 문장은 쉽게 지치고, 느낌표만 가득한 삶은 금세 번아

웃된다.

존 스튜어트 밀은 『공리주의』에서 "만족하지 못하는 인간이 만족하는 돼지보다 낫다"고 말했다. 이는 단순한 육체적 편안함보다 인간의 고차원적 능력과 가치를 추구해야 함을 의미한다. 몸의 배열과 움직임도 단순한 효율이나 편안함만을 추구하는 것이 아니라, 더 높은 가치와 의미를 표현할 때 진정한 메시지가 된다. 우리의 자세, 움직임, 공간 구성에는 우리의 가치관과 세계관이 담겨 있다.

삶의 배열은 반드시 '미니멀'이나 '멋짐'으로 귀결되지 않는다. 중요한 것은 일관성과 리듬감, 그리고 그 안에서 나를 감각할 수 있는 여백이다. 내 방, 내 책상, 내 걸음걸이—그 안에 내가 숨 쉬고 있는가. 그 공간과 동작이 나의 현재를 반영하고 있는가. 삶을 배열하는 힘은 결국 자기 감각의 정밀도에서 나온다.

몽테스키외는 『법의 정신』에서 각 사회에 맞는 법체계를 선택해야 한다고 주장했다. 이는 환경과 맥락에 따라 적절한 구조와 배열이 달라질 수 있음을 의미한다. 마찬가지로, 우리 개인의 삶에서도 상황과 맥락에 맞는 몸의 배열과 공간 구성이 필요하다. 삶의 상황에 따라 유연하게 적응하면서도 일관된 메시지를 전달할 수 있는 몸의 지혜가 중요하다.

나는 더 이상 공간을 소비하지 않는다. 나는 공간을 감각하고, 몸의 움직임을 관찰하며, 삶의 속도를 내 안에서 조율한다. 그렇게 하루하루를 구성하며, 나는 말보다 더 강력한 문장을 남기고 있다.

몸의 배치가 이루어지는 모든 순간, 나는 나를 쓰고 있다.
그 배치는 곧 나의 메시지다.

4절. 존재를 남기는 언어

우리는 말로 세상을 설득하지 않는다. 진짜 설득은 삶의 방식으로 이루어진다. 아무리 좋은 말을 해도, 그것이 그 사람의 움직임, 리듬, 관계 속에서 드러나지 않으면 설득력은 사라진다. 반대로 말은 부족해도 삶의 방식이 단단한 사람은, 묵묵히 주변을 변화시킨다. 삶의 방식은 말보다 오래 남는 언어다.

성경의 마태복음에서 예수는 "너희는 세상의 빛이라…이같이 너희 빛을 사람 앞에 비추게 하여 저희로 너희 착한 행실을 보고 하늘에 계신 너희 아버지께 영광을 돌리게 하라"고 가르쳤다. (마태복음 5:14-16) 이는 진정한 메시지는 말이 아니라 행동과 삶의 방식을 통해 전달된다는 것을 의미한다. 우리의 존재 자체가 하나의 메시지가 되고, 그 메시지가 타인에게 영향을 미치는 것이다.

고대 그리스의 수사학 전통에서는 '에토스(ethos)'—연설자의 인격과 신뢰성을 설득의 가장 중요한 요소로 보았다. 아무리 논리가 정교하고 감정을 잘 자극해도, 말하는 사람의 삶이 그 말을 뒷받침하지 않으면 진정한 설득은 일어나지 않는다는 것이다. 현대에도 이 원리는 변하지 않았다. 우리는 누군가의 말이 아니라, 그 사람의 존재 방식에 감화된다.

『꾸란』에서는 "모든 인간은 죽음을 맛보며 심판의 날 보상을 받게 되리라"

라고 가르친다. 이는 우리의 모든 언행이 기록되고 궁극적으로 그에 따른 결과를 맞게 된다는 의미다. 현세의 삶이 덧없다 하더라도, 우리가 남긴 행적과 영향은 영원히 남는다는 것이다. 이런 관점에서 삶의 모든 순간은 영원한 메시지를 작성하는 과정이 된다.

삶을 메시지로 만든다는 것은, 단순히 무언가를 꾸며 보여주는 일이 아니다. 그것은 살아 있는 철학을 구성하는 작업이다. 내가 무엇을 믿고, 어떻게 느끼며, 무엇을 우선순위에 두는가. 그 모든 선택의 조각들이 하루라는 시간 안에 배치되고, 그 하루들이 모여 하나의 메시지를 만든다. 그 메시지는 말보다 깊고, 기록보다 선명하며, 타인의 감각에 닿아 머무는 울림이 된다.

철학자 한나 아렌트는 『인간의 조건』에서 "행동은 인간의 정체성을 드러내는 유일한 방식"이라 말했다. 우리는 결국 '무엇을 말했는가'보다, '무엇을 했는가'로 기억된다. 그리고 '어떻게 했는가'로 평가된다. 내가 어떤 방식으로 하루를 살았는가, 어떤 감각으로 타인을 대했는가, 어떤 질감으로 나를 유지했는가. 그것이 바로 내가 남긴 삶의 언어다.

칸트는 『실천이성비판』에서 "그대가 하고자 꾀하고 있는 것이 동시에 누구에게나 통용될 수 있도록 행하라"고 가르친다. 이는 우리의 행동 원칙이 보편적 법칙이 될 수 있을 만큼 도덕적이어야 함을 의미한다. 삶을 메시지로 남긴다는 것은 결국 이러한 보편적 가치에 부합하는 삶을 사는 것,

그리고 그 삶이 타인에게 모범이 될 수 있을 만큼 일관되고 진실된 것임을 의미한다.

역사를 통틀어 가장 강력한 메시지를 남긴 이들은 종종 말보다 행동으로 기억된다. 간디의 비폭력 저항, 테레사 수녀의 헌신적 봉사, 만델라의 용서와 화해—이들의 말이 아닌 삶의 방식이 전 세계에 영감을 주었다. 그들은 자신의 존재 자체를 하나의 강력한 메시지로 만들었다.

불교에서는 업(業)의 개념을 통해 우리의 행동이 미래에 미치는 영향을 설명한다. "선한 행위는 상속되는 재산과 같다"는 가르침은 우리가 하는 모든 행동이 단순히 사라지는 것이 아니라 세상에 흔적을 남기고, 그것이 우리 자신과 타인에게 영향을 미친다는 것을 의미한다. 설령 육신은 사라져도, 우리가 남긴 행동의 흔적은 계속해서 메아리친다.

이제 나는 삶을 질문으로 대한다. '나는 이 장면에서 무엇을 표현하고 있는가?', '이 행동은 어떤 감각의 연장선인가?', '지금 이 선택은 내 존재의 어떤 문장을 완성하고 있는가?' 질문은 나를 더 느리게 만들고, 동시에 더 깊게 만든다. 그것은 판단이 아니라, 감각의 윤리다. 나의 삶이 남길 수 있는 언어를 정제해가는 과정이다.

존 스튜어트 밀은 『자유론』에서 "자신에게만 관계되는 부분에서는 개인의 독립이 본질적으로 절대적이다. 자신의 몸과 마음에 관해서는 개인 자신이 주권자다"라고 선언했다. 이는 자신의 메시지를 형성하는 자유와 책임이 전적으로 개인에게 있음을 의미한다. 우리는 자신의 삶을 어떤 메시지로 남길지 스스로 선택할 수 있고, 또 그렇게 해야 한다.

그러나 이러한 접근이 삶을 성과나 완벽함으로 판단하는 것을 의미하지는 않는다. 일관성 있고 의미 있는 메시지를 남긴다는 것은 실패나 약점이 없다는 뜻이 아니다. 오히려 그 실패와 좌절을 어떻게 대하느냐, 그 안에서 어떤 의미를 발견하고 어떻게 다시 일어서느냐가 더 강력한 메시지가 될 수 있다. 완벽함이 아닌 진정성이 중요하다.

『바가바드 기타』에서는 "기쁨과 고통, 생사 모두 잠깐이고 인내하라"고 가르친다. 이 세상의 모든 경험은 일시적이지만, 그 경험을 통해 우리가 어떻게 성장하고 어떤 메시지를 남기느냐는 영원하다. 삶의 순간순간을 어떻게 대하느냐가 우리의 메시지를 형성한다.

삶을 메시지로 남기기 위해 필요한 건 특별함이 아니다. 감각을 유지하는 훈련, 관계를 감각하는 태도, 공간을 다루는 섬세함. 이 세 가지가 함께 모일 때, 존재는 단단한 언어가 된다. 그 언어는 인스타그램에 남기지 않아도 되고, 말로 설명하지 않아도 된다. 단지 삶이 살아낸 방식으로 타인에게 스며든다.

그리고 그 스며듦이 쌓일 때, 우리는 어떤 말보다 확실한 메시지를 남기게 된다. 존재는 표현될 때 확장되고, 표현된 존재는 반드시 누군가에게 흔적으로 남는다.

하루아침에 나오지 않는 질문으로 다음 삶의 문을 연다 "나는 어떤 메시지로 존재하고 있는가?"

6부 삶을 통합하다 – 표현, 창조, 그리고 확장으로

"표현은 드러냄이
아니라,
존재의 파장이다."

7부 삶을 수련하다
라이프 아티스트로 사는 법

7부 삶을 수련하다
– 라이프 아티스트로 사는 법

19장. 라이프 아티스트란 무엇인가

"Out of life's school of war — what doesn't kill me, makes me stronger."(삶이라는 전쟁의 학교에서, 나를 죽이지 못하는 것은 나를 더욱 강하게 만든다) — 프리드리히 니체(Friedrich Nietzsche), 『황혼의 여신상』

"These virtues are formed in man by his doing the actions. The good of man is a working of the soul in the way of excellence in a complete life."(덕은 행위를 통해 형성된다. 인간의 선은 온전한 삶에서 탁월함에 따라 영혼이 활동하는 것이다) — 아리스토텔레스(Aristotle), 『니코마코스 윤리학』

"삶이라는 전쟁터에서, 나를 죽이지 못한 것은 나를 더욱 강하게 만들었다." 이제, 우리는 매일을 훈련하고, 매일의 회복을 통해 매 순간 자신을 다시 구성한다. 우리는 라이프 아티스트로 살아간다.

1절. 고통과 수련, 그리고 회복으로 이어진 여정

니체(Friedrich Nietzsche)는 『차라투스트라는 이렇게 말했다』에서 "예술가는 자기 자신을 극복하며 작품을 만든다"고 말했다. 이것은 수련자에게도 그대로 적용된다. 삶을 매일 다시 구성하는 사람, 자신이라는 존재를 매 순간 새롭게 창조하는 사람. 그것이 바로 라이프 아티스트다.

공자(孔子)는 『논어』에서 "學而時習之, 不亦說乎"(학이시습지, 불역열호)라고 하여 "배우고 때때로 복습하는 것은 즐겁지 아니한가?"라고 물었다. 이 간결한 질문 속에는 깊은 통찰이 담겨 있다. 배움과 수련은 단지 정보를 얻거나 기술을 습득하는 과정이 아니라, 그 자체로 삶에 기쁨을 가져다주는 활동이다. 진정한 라이프 아티스트는 수련의 과정 자체에서 의미와 즐거움을 발견하며, 그 과정을 통해 자신을 끊임없이 재창조한다.

이 책을 써오며 우리는 삶을 다시 들여다보게 되었다. 고통은 인간에게 익숙한 감정이다. 몸을 단련하며 겪는 고통, 부상과 회복의 반복, 그리고 무엇보다 '이겨야 한다'는 마음에서 오는 조용한 압박들. 우리는 그것들을 외면하지 않고 바라보는 법을 배우기 시작했다.

니체는 또한 『차라투스트라는 이렇게 말했다』에서 "고통 속에는 즐거움만큼의 지혜가 있다. 고통 또한 종(種)을 보존하는 최고의 힘 중 하나다"라고 말했다. 이는 고통이 단순한 불편함이나 피해야 할 경험이 아니라, 우리를 더 깊은 지혜로 이끄는 교사임을 일깨운다. 인생의 여정에서도 가장 큰 깨달음은 항상 가장 큰 고통 이후에 찾아온다.

1장부터 18장까지, 우리는 고통을 하나의 철학으로 받아들이고, 감각을 훈련을 통해 정련하며, 숨과 회복을 통해 존재를 다시 구성해 나가는 과정을 걸어왔다. 훈련은 단지 몸을 위한 것이 아니었다. 그것은 '나'라는 존재를 구성하는 방식에 대한 탐색이며, 철학은 머릿속 개념이 아니라 땀과 반복을 통해 몸에 각인된 감각이다.

노자(老子)는 『도덕경』에서 "천리지행, 시우일보"(千里之行, 始於一步)라 하여 "천 리 길도 한 걸음부터 시작된다"고 말했다. 우리의 여정은 하나의 작은 발걸음, 하나의 숨, 하나의 매트 위 움직임에서 시작되었다. 그리고 그 작은 시작들이 모여 지금의 우리를 만들었다. 라이프 아티스트의 여정은 거창한 목표 설정이나 획기적인 변화가 아니라, 매일의 작은 실천과 꾸준한, 의식적인 반복 속에서 형성된다.

우리는 고통을 피하지 않고 직면하는 연습을 했고, 감각을 억누르기보다 깨어나게 하는 방식으로 수련해왔다. 그리고 회복은 단지 상처를 치유하는 일이 아니라, 다시 숨 쉬는 법을 배우는 일, 존재의 리듬을 되찾는 감각적 귀환이다. 여기까지 오며 우리는 몸과 마음, 철학과 실천, 감각과 사유가 서로 어떻게 이어져 있는지를 반복해서 살펴보았다.

마르쿠스 아우렐리우스(Marcus Aurelius)는 『명상록』에서 "우리 각자는 오직 이 짧은 순간에만 산다"고 말했다. 이 통찰은 '지금 여기'의 중요성을 일깨운다. 과거의 고통이나 미래의 불안에 사로잡히지 않고, 현재의 순간을 온전히 경험하고 그 안에서 의미를 발견하는 것이 라이프 아티스트의 핵심 태도다. 수련은 바로 이 현재의 순간을 더 깊이, 더 완전하게 경험하는 능력을 키우는 과정이다.

이 모든 여정을 통해 우리는 확신하게 되었다. 수련은 목적지가 아니라,

삶을 살아가는 형식이다. 고통과 회복, 집중과 멈춤, 반복과 비움—이 모든 것이 하나의 리듬을 이루는 것이다. 그것은 단지 주짓수의 리듬이 아니라, 삶의 리듬이다. 그 리듬은 도장에서 시작되었지만, 이제는 식탁 위, 호흡의 길이, 인간관계의 균형 속에서 계속된다.

훈련은 어느새 삶 그 자체가 되었다. 매트 위에서 버티는 법을 배우며, 우리는 대화 중에도 버티는 법을 배웠고, 몸의 통증을 회복시키는 과정 속에서, 관계의 상처를 다루는 감각도 함께 배웠다. 수련은 결국 삶의 모든 영역으로 번져나간다.

아리스토텔레스(Aristotle)가 『니코마코스 윤리학』에서 말했듯이, 덕은 한 번의 행동이나 생각으로 형성되는 것이 아니라, 반복된 행위를 통해 서서히 형성된다. 우리의 성격, 능력, 내면의 강함은 매일의 작은 선택들과 행동들이 모여 만들어진다. 라이프 아티스트는 이 진리를 깊이 이해하고, 매일의 실천 속에서 자신을 조각해가는 사람이다.

그 리듬을 따르며 하나의 분명한 문장이 떠오른다. 우리의 직업도, 정체성도, 철학도 모두 이 말 안에 들어 있다:

우리는 라이프 아티스트다.

이것은 단지 '삶을 멋지게 꾸미며 사는 사람'이라는 뜻이 아니다. 오히려 그 반대의 삶, 어지럽고 복잡하고 때로는 흉하고 아픈 시간들 속에서, 어떻게 중심을 잡고, 어떻게 버티고, 어떻게 흘러가는가를 수련하며 살아가는 것이다.

니체의 작품 중 가장 시적인 면모를 보여주는 한 구절, "자신 안에 아직 혼돈을 품고 있어야 춤추는 별을 탄생시킬 수 있다"는 말은 라이프 아티스트의 정신을 담고 있다. 라이프 아티스트는 삶의 혼돈과 고통을 부정하거나 피하지 않고, 오히려 그것을 창조적 에너지로 변환시키는 사람이다. 내면의 혼돈과 갈등, 불확실성을 인정하고 받아들이면서도, 그 속에서 아름다움과 의미를 발견하고 창조해내는 것이 진정한 라이프 아트의 핵심이다. 그리고 이제 우리는 말하고 싶다. 우리가 흔히 쓰는 라이프스타일이라는 단어를, 새로운 의미로 다시 보자.

라이프스타일이 소비와 꾸밈의 언어였다면, 라이프 아티스트의 삶은 감각과 수련의 언어다.

라이프스타일이 일상을 '선택하는 것'이었다면, 라이프 아티스트는 그 일상을 반복하고 감각하고 구성하는 사람이다.

진짜 라이프스타일은 브랜드도, 취향도, 영상 속 장면도 아니다. 그것은 고통을 감각하고, 회복을 허용하고, 수련을 계속하는 존재의 방식이다.

우리는 그렇게 살기 시작했다. 무언가를 특별하게 만들려 하기보다는, 매일을 조율하고 훈련하고 구성하는 삶. 그것이 바로 우리가 선택한, 그리고 지금 제안하는 라이프 아트의 방식이다.

2절. 수련이 예술이 되기까지 - 존재 방식의 구성

처음 주짓수를 배웠을 때, 우리는 기술을 외우는 데 급급했다. 누가 더 빠르고 정확하게 움직이는가, 누가 더 많은 기술을 알고 있는가가 중요해 보였다. 그러나 반복되는 수련 속에서 진짜 중요한 것은 속도나 정보가 아니라, 어떻게 반응하고 조율하는가였다는 사실을 깨닫게 되었다. 수련의 전환점은 '정확성'에서 '조율력'으로 이동했다.

스피노자(Baruch Spinoza)는 『윤리학』에서 "현재를 과거와 다르게 만들고 싶으면 과거를 공부하라"고 조언했다. 이는 단순히 과거의 실수를 반복하지 말라는 의미를 넘어, 과거 경험의 패턴을 이해함으로써 현재의 반응과 선택을 더 의식적으로 조율할 수 있다는 깊은 통찰을 담고 있다. 수련의 과정에서도 과거에 어떻게 반응했는지, 어떤 습관과 패턴을 가지고 있었는지를 이해하는 것이 현재의 움직임과 감각을 새롭게 구성하는 데 핵심이 된다.

감각은 호흡에서 출발한다. 상대가 다가올 때, 숨이 어떻게 흔들리는지를 먼저 인식하게 되었고, 그에 따라 기술이 아니라 감각이 우선되었다. 감각이 깨어나면서 몸은 더 이상 외워진 기술을 재현하는 기계가 아니라, 현재의 상황에 맞춰 호흡하고 흐름을 타는 유기체로 작동한다. 이제는 어떤 기술이냐보다, 그 기술이 몸의 리듬과 어떻게 어울리는가가 중요해진다.

마르쿠스 아우렐리우스는 『명상록』에서 "아침녘에 일어나기 힘들 때 자신에게 말하라. '나는 인간으로서 할 일을 하러 가야 한다. 내가 태어난 이유를 이루러 가는데 무엇을 불평하겠는가?'"라고 조언했다. 이 말은 매일의 시작을 의식적으로 맞이하는 태도의 중요성을 일깨운다. 라이프 아티스트에게 매일 아침은 그저 습관적으로 시작되는 시간이 아니라, 자신의 존재 목적을 상기하고 하루를 어떻게 구성할지 의식적으로 결정하는 중요한 순간이다.

주짓수는 어느 순간부터 '싸움'이 아니라 '조율'이 되었다. 상대의 중심과 자신의 긴장이 서로 반응하는 장면은 마치 두 악기가 조화를 이루는 즉흥 연주와도 같다. 그 조율은 실전보다 일상에서 더 큰 파급력을 가진다. 매트를 벗어나서도 감정을 억누르지 않고 조율하려는 태도가 형성된다. 흐름을 억지로 통제하기보다 흐름과 협력하는 삶. 주짓수가 가르쳐주는 것은 싸우는 기술이 아니라 살아가는 자세다.

니체는 『즐거운 학문』에서 "우리는 진실 때문에 죽지 않기 위해 예술을 가지고 있다"고 말했다. 삶의 혹독한 진실과 현실을 그대로 직면하는 것은 때로 견디기 어렵다. 우리는 그 진실을 예술적 감각으로 변형하고 재해석함으로써 의미를 찾고 앞으로 나아갈 힘을 얻는다. 수련이 예술이 되는 과정은 바로 이런 변형과 재해석의 과정이다. 고통과 한계, 실패와 좌절을 단순히 견디는 것이 아니라, 그것을 통해 새로운 의미와 아름다움을 발견하고 창조하는 것이다.

이러한 깨달음은 자연스럽게 삶의 다른 영역으로 확장된다. 명상을 통해 우리는 생각을 없애는 것이 아니라, 감각을 더 깊이 알아차리는 법을 배운다. 호흡의 리듬을 따라가며 자신을 조율하는 시간으로 명상이 자리 잡는다.

요리에서도 이러한 감각의 확장이 이어진다. 칼을 쥐는 손끝의 긴장, 쌀을 만지는 손바닥의 감각, 생선을 자를 때의 저항—그 모든 것이 조율의 과정이 된다. 각 재료가 가진 고유한 텍스처와 리듬을 존중하며 움직임을 조율하는 과정은 주짓수 매트 위에서의 경험과 본질적으로 다르지 않다.

그림으로 넘어가면서 이 감각은 더 깊어진다. 그림은 말보다 느리고 감정보다 깊다. 붓을 드는 순간, 선 하나를 긋는 데 10분이 걸려도 괜찮다고 느끼게 된다. 그 10분이 감각과 중심을 다시 맞추는 시간이기 때문이다. 캔버스 위의 여백과 대화하며 침묵의 언어를 배우게 된다.

한나 아렌트(Hannah Arendt)는 『인간의 조건』에서 "역사의 모든 끝에는 반드시 새로운 시작이 포함되어 있다"고 말했다. 이 통찰은 모든 종결이 새로운 시작의 가능성을 품고 있음을 일깨운다. 우리가 익숙한 패턴과 습관의 끝에 도달했을 때, 그것은 좌절의 순간이기도 하지만 동시에 새로운 방식과 관점으로 나아갈 수 있는 기회의 순간이기도 하다. 라이프 아티스트는 이러한 끝과 시작의 순환을 인식하고, 각 전환점을 창조적 변화의 기회로 삼는다.

이제 우리는 알게 되었다. 때로는 바다를 바라보며, 때로는 골목길을 걸으며, 삶과 조용히 대화한다. 그 대화는 주짓수의 리듬에서 시작해, 명상의 호흡, 요리의 손끝, 그림의 붓끝으로 이어지며 결국에는 삶 전체를 감각하는 방식으로 확장된다. 내면을 조율하려는 모든 시도는 하나의 언어로 연결된다—살아 있는 감각이라는 언어다. 이들 각각은 몸의 움직임과 마음의 흐름이 만나는 지점에서 자신을 다시 감각하게 만들며, 일상과 존재를 정돈하는 도구가 된다. 매트 위에서의 몰입, 호흡을 의식하는 순간, 칼끝에 전해지는 긴장, 캔버스를 채우는 선 하나—모두가 같은 중심에서 출발하는 다양한 표현일 뿐이다. 단지 그 표현 방식이 다를 뿐, 중심을 잃지 않고 흐름을 타는 방식은 본질적으로 같다.

이런 방식으로 삶을 구성하기 시작한다. 이제는 모든 행위—주짓수, 명상,

요리, 그림, 심지어 대화까지도—기술의 축적이 아니라 감각의 조율로 접근하게 된다. 우리는 완벽하려고 하지 않는다. 대신 느끼고 반응하고 조율하려 한다. 그 흐름이 깨지면 다시 호흡을 느끼고, 중심을 되찾는다. 그리고 그 중심에서 다시 조용히 자신을 시작한다.

이것이 라이프 아티스트의 방식이다. 기술이 예술이 되기까지, 우리는 매일 느끼고, 흐름을 놓치고, 다시 찾고, 그 과정 자체를 살아낸다. 그 누구에게 보이기 위한 삶이 아니라, 살아있는 감각을 구성하는 방식으로서의 삶. 우리는 이제, 그렇게 수련한다. 라이프 아티스트로서의 하루하루를.

3절. 수련은 삶을 어떻게 바꾸는가

처음에는 그저 몸을 단련하는 일이었다. 하지만 그 단련이 반복되면서 어느 순간부터는 삶을 다루는 방식까지 바뀌기 시작한다. 단지 기술을 익히는 게 아니라, 매일 반복되는 수련 속에서 자신을 바라보는 감각이 깨어난다. 그 감각은 단순히 훈련 태도의 변화에 그치지 않고, 삶을 대하는 시선 자체를 새롭게 구성해나가는 계기가 된다.

아리스토텔레스가 『니코마코스 윤리학』에서 말했듯이, "덕은 행위를 통해 형성된다. 인간의 선은 온전한 삶에서 탁월함에 따라 영혼이 활동하는 것이다." 탁월함은 단번에 성취되는 것이 아니라 지속적인 실천과 수련을 통해 서서히 형성된다. 우리의 삶에서도 수련을 통한 작은 변화들이 쌓여 결국 큰 변화를 가져온다. 그리고 그 변화는 단순한 기술의 향상이 아니라, 삶을 바라보는 태도와 가치관의 근본적인 전환이다.

과거에는 힘든 일이 생기면 버티는 데 급급했다. 감정을 억누르고, 문제를 정면 돌파하려 애썼다. 그러나 수련은 우리를 더 넓게 보게 한다. 싸우는 방식보다 흐르는 방식을 택하는 법, 그것이 삶의 깊은 전환점이 된다. 몸이 경직되면 기술이 나오지 않듯, 마음이 경직되면 삶도 흐르지 않는다는 것을 몸으로 배우게 된다.

니체의 말처럼, "고통 속에는 즐거움만큼의 지혜가 있다." 수련 과정에서 겪은 고통과 한계는 단순한 장애물이 아니라, 우리를 더 깊은 지혜와 이해로 이끄는 교사다. 이를 통해 고통을 피하거나 거부하기보다, 그것을 통과하며 배울 수 있는 귀중한 교훈에 주목하게 된다.

라이프 아티스트는 문제 앞에서 먼저 멈춘다. 호흡을 정리하고, 감정을 조율하고, 그 순간의 감각을 다시 불러오는 사람이다. 조급하게 판단하거나 반응하기보다, 자신의 중심이 어느 방향을 향하고 있는지 먼저 살핀다. 이것은 단지 스트레스 대응 방식이 아니라, 삶을 스스로 설계해나가는 자세다.

관계도 달라진다. 예전에는 누가 옳은가를 따지는 데 에너지를 썼다. 지금은 대화에서 상대의 감정 흐름을 듣고 자신의 반응 속도를 조절하는 감각이 자리 잡는다. 싸움의 기술이 아닌, 연결의 리듬을 배우는 것이다. 자신이 조율되면 타인과의 관계도 자연스럽게 조화를 이루게 된다.

공자는 『논어』에서 "己所不欲, 勿施於人"(기소불욕, 물시어인)이라 하여 "자신이 행하지 않길 바라는 바를 남에게 베풀지 마라"고 가르쳤다. 이는 단순한 도덕적 교훈을 넘어, 자신과 타인이 하나의 연결된 존재임을 인식하는 깊은 통찰이다. 수련을 통해 자신의 감각과 한계를 더 깊이 이해하게 되었고, 이는 자연스럽게 타인에 대한 더 깊은 이해와 공감으로 이어진다.

삶의 태도 역시 달라진다. 과거엔 '얼마나 빨리', '얼마나 정확히'라는 척도로 자신을 평가했다. 지금은 '얼마나 깊게 감각하고 균형 있게 반복할 수 있는가'가 기준이 된다. 빠름보다 느림, 성취보다 균형, 기술보다 감각—이러한 기준이 삶을 더욱 정제된 리듬으로 이끌어준다.

무엇보다 큰 변화는 자신을 바라보는 관점이다. 과거에는 매일 자신을 시험대 위에 올려놓았고, 부족함은 곧 실패로 여겼다. 지금은 자신을 하나의 살아 있는 시스템으로 바라본다. 매일의 감정, 에너지, 집중력, 회복력을 관찰하고 조율한다. 더 이상 무언가를 완성해야 하는 존재가 아니라, 끊임없이 변화하며 조율되어야 할 존재임을 받아들인다.

이러한 변화는 단지 정신적 태도에 그치지 않는다. 말투, 식사 습관, 걷는 속도, 아침을 여는 방식, 잠드는 루틴까지도 서서히 달라진다. 수련이 내면에 스며들자, 일상이 감각의 언어로 다시 쓰이기 시작한다. 사람과의 관계는 더 느긋해지고, 실망은 견디는 힘으로 바뀌며, 실패는 자신을 더 잘 알게 해주는 과정이 된다.

주짓수에서 배운 리듬, 명상에서 배운 감각, 요리에서 배운 집중, 그림에서 배운 기다림—이 모든 것이 하나로 어우러져 일상을 구성하게 된다. 우리는 더 이상 수련을 따로 떼어놓고 살지 않는다. 삶이 곧 수련이고, 수련이 곧 삶이 된다. 그래서 우리는 매일을 기술로 살지 않는다. 매일을 감각으로 살고, 그 감각을 조율하며 산다.

마르쿠스 아우렐리우스는 『명상록』에서 "우리 각자는 오직 이 짧은 순간에만 산다"고 말했다. 과거나 미래가 아닌, 현재의 순간을 온전히 경험하는 것이 삶의 핵심이다. 수련은 우리에게 이 현재의 순간을 더 깊이, 더 충만하게 경험하는 능력을 가져다준다. 이전에는 과거의 실수에 얽매이거나 미래의 목표에 집착했지만, 이제는 지금 이 순간의 감각과 흐름에 더 주의를 기울이며 살아간다.

라이프 아티스트란 거창한 말이 아니다. 그것은 자기 삶의 리듬을 읽고, 조율하고, 구성하려는 사람, 자기 삶의 감각을 포기하지 않으려는 사람, 그리고 오늘을 다시 살아낼 준비가 된 사람을 뜻한다. 그리고 우리는, 오늘도 그렇게 살아간다.

4절. 라이프스타일이라는 미학

'라이프스타일'이라는 단어는 이제 소비의 언어처럼 들린다. 누구나 자신의 취향을 보여주고, 일상을 선택하며, 그것을 포장하고 기록한다. 하지만 근본적인 질문이 필요하다: 그 선택의 근육은 어디서 만들어졌는가? 그 선택을 가능하게 하는 감각, 그것을 조율하는 능력은 어디서 훈련되었는가?

니체는 『차라투스트라는 이렇게 말했다』에서 "자신 안에 아직 혼돈을 품고 있어야 춤추는 별을 탄생시킬 수 있다"고 말했다. 진정한 라이프스타일은 완벽하게 정돈된 외적 이미지가 아니라, 내면의 혼돈과 모순, 고통과 기쁨을 모두 포용하고 그것을 창조적 에너지로 변환시키는 능력에서 비롯된다. 라이프 아티스트는 자신의 내면 깊은 곳에서 울려 퍼지는 진실한 소리에 귀 기울이고, 그것을 삶의 형태로 표현해내는 사람이다.

진짜 라이프스타일은 감각을 구성하는 반복 속에서 만들어진다. 그것은 하루가 어떻게 시작되는지, 어떤 자세로 사람을 만나고, 어떤 감정으로 사건을 통과해가는지를 스스로 조율하는 능력에서 비롯된다. 스타일이란 멋을 내는 것이 아니라, 자신을 세상과 조율하는 방식이다.

아리스토텔레스는 『니코마코스 윤리학』에서 우리가 반복하는 행동이 우리의 인격을 형성한다고 가르쳤다. "덕은 행위를 통해 형성된다." 이와 마찬가지로, 우리의 라이프스타일은 매일의 작은 선택과 행동들, 반복되는 습관과 실천을 통해 형성된다. 외적인 포장이나 이미지가 아니라, 내면의 가치와 태도가 일상의 구체적인 행동으로 표현될 때 진정한 삶의 미학이 만들어진다.

라이프 아티스트는 바로 그 조율의 사람이다. 그는 중심이 무너지는 순간을 가장 예민하게 감지하고, 다시 호흡을 정리하는 법을 안다. 그는 멋있어 보이기 위해 사는 것이 아니라, 불균형 속에서 균형을 회복하는 리듬을 매일같이 훈련하며 살아간다. 그는 삶을 보여주는 사람이 아니라, 삶을 살아내는 방식 자체를 구성하는 사람이다.

존 스튜어트 밀(John Stuart Mill)은 『공리주의』에서 "만족하지 못하는 인간이 만족하는 돼지보다 낫다"고 말했다. 이는 단순한 편안함과 만족을 추구하는 삶보다, 자신의 한계에 도전하고 더 높은 가치와 의미를 추구하는 삶이 진정으로 인간다운 삶임을 시사한다. 라이프 아티스트는 편안함보다 의미를, 안주보다 성장을, 안정보다 탐험을 선택하는 사람이다.

라이프스타일이 표면의 미감을 꾸미는 것이라면, 라이프 아트는 그 이면의 반복을 견디는 일이다. 라이프스타일이 선택의 언어였다면, 라이프 아트는 구성의 언어다. 라이프스타일이 취향이라면, 라이프 아트는 태도다.

공자는 『논어』에서 "學而時習之, 不亦說乎"(학이시습지, 불역열호)라 하여 "배우고 때때로 복습하는 것은 즐겁지 아니한가?"라고 물었다. 진정한 라이프스타일은 소비와 전시가 아니라, 끊임없는 배움과 수련, 그리고 그 과정 자체에서 느끼는 깊은 기쁨과 충만함에 있다. 라이프 아티스트는 외부의 인정이나 평가가 아니라, 자신의 내적 성장과 깊이를 통해 삶의 의미와 가치를 찾는 사람이다.

조율은 외부의 기준에 맞추는 것이 아니라, 내면의 균형을 감각하는 일이다. 라이프 아티스트는 그 감각을 훈련한다. 흔들릴 수 있다는 것을 인정하되, 쉽게 무너지지 않는 구조를 만들어간다. 감각이 무뎌지는 일상을 다시 살아 있게 만들고, 반복되는 하루를 더 섬세하게 살아낸다.

노자(老子)는 『도덕경』에서 "上善若水"(상선약수)라 하여 "최상의 선은 물과 같다"고 말했다. 물은 가장 낮은 곳으로 흐르지만, 모든 것을 적시고 생명을 품는다. 저항 없이 흐르면서도 단단한 바위를 깎아내는 힘을 가지고 있다. 라이프 아티스트의 삶 역시 이러한 물의 성질을 닮아있다. 겸손하고 부드러우면서도 끊임없이 흐르며, 저항하지 않으면서도 변화를 만들어내는 삶이다.

그래서 완벽한 하루를 추구하기보다, 감각이 살아 있는 하루를 훈련한다.

그것이 비틀거릴지라도, 그 안에 자신의 중심이 있다면, 우리는 그 하루를 기꺼이 예술이라 부를 수 있다.

한나 아렌트는 『인간의 조건』에서 "역사의 모든 끝에는 반드시 새로운 시작이 포함되어 있다"고 말했다. 우리 삶의 모든 작은 끝, 좌절과 실패, 상실과 혼돈은 동시에 새로운 시작의 가능성을 품고 있다. 라이프 아티스트는 이러한 순환을 인식하고, 매 순간을 새로운 시작으로 바라볼 줄 아는 사람이다. 오늘의 끝은 내일의 시작이며, 실패의 끝은 새로운 도전의 시작이다.

라이프 아티스트는 흔들림을 두려워하지 않고, 조율을 멈추지 않는다. 그는 감각을 외면하지 않고, 중심을 매일 새로 구성한다. 그는 하루를 살지 않고, 하루를 감각한다.

누구나 라이프 아티스트가 될 수 있다.

니체가 말했듯이, "삶이라는 전쟁의 학교에서, 나를 죽이지 못하는 것은 나를 더욱 강하게 만든다." 우리가 겪는 모든 어려움과 도전, 고통과 좌절은 우리를 약화시키는 것이 아니라, 오히려 더 강하고 지혜롭고 온전한 존재로 만들어가는 과정이다. 라이프 아티스트는 이 진리를 알고, 삶의 모든 경험을 자신을 빚어가는 재료로 삼는 사람이다.

예술은 보는 것이 아니라, 사는 것이다. 훈련된 태도, 단련된 감각, 의식적인 선택의 반복. 그것이 라이프 아티스트가 추구하는 삶의 미학이다. 남과 다르기 위해서가 아니라, 자신에게 진실하기 위해. 그래서 우리는 오늘도 수련하고, 조용히 삶을 살아낸다.

20장. 고요 속에서 나를 다시 만난다

"Au milieu de l'hiver, j'ai découvert en moi un invincible été."(한겨울 속에서, 나는 마침내 내 안에 불멸의 여름이 있음을 알게 되었다.) — 알베르 카뮈(Albert Camus), 『여름』

"너희는 가만히 있어 내가 하나님 됨을 알지어다." — 시편 46:10

삶이 모든 방향에서 얼어붙을 때가 있다. 감정도, 열정도, 움직임조차 미세하게 얼어붙은 그 한겨울 속에서, 인간은 본능적으로 버티거나 도망치려 한다. 하지만 가만히 멈추어 보면, 그 깊은 정적 속에는 오히려 사라지지 않는 온기가 숨어 있다. 숨죽인 고요, 끝나버린 것 같은 정적의 틈 사이로, 우리는 내면에 살아 있는 무언가를 발견한다. 그것은 화려한 열정도, 거대한 결심도 아니다. 묵묵히 견디는 숨결, 흔들리지만 꺼지지 않는 작은 중심. 한겨울의 끝자락에서 비로소 알게 된다. 진짜 여름은 외부에 있는 것이 아니라, 내면에 있다는 것을.

이제 우리는 그 고요 속으로 걸어간다. 말보다 깊은 침묵으로, 다짐보다 부드러운 호흡으로. 삶을 밀어붙이던 힘을 거두고, 자신을 다시 만나기 위해.

1절. 정적(靜寂)

고요는 언제 오는가? 모든 감정이 소진되고, 더는 버틸 수 없을 때, 고요는 찾아온다. 수련 중 숨이 턱 막히고, 몸이 말을 듣지 않는 그 순간, 움직임을 포기한다. 그러나 그 자리에 찾아오는 것은 무기력이 아니라, 내면에 잠들어 있던 생명력의 가장 조용한 얼굴이다.

수피 시인 루미(Jalāl ad-Dīn Muhammad Rūmī)는 "침묵은 신의 언어이며, 다른 모든 것은 어설픈 번역이다"라고 말했다. 이 깊은 통찰은 고요의 본질을 드러낸다. 진정한 침묵은 단순한 소리의 부재가 아니라, 모든 것의 근원과 만나는 순간이다. 그 침묵 속에서 우리는 말로 표현할 수 없는 깊은 진리와 연결된다. 분주한 일상과 끊임없는 내적 대화를 멈추고 침묵에 귀 기울일 때, 우리는 비로소 자신의 본질을 발견한다.

많은 이들은 고요를 아무 일도 일어나지 않는 상태라 오해한다. 하지만 진짜 고요는, 내면의 소란을 뚫고 마침내 도달한 깊은 중심에서 피어난다. 고통을 지나고, 감정을 통과하고, 생각의 외곽까지 밀려났을 때, 우리는 오히려 가장 진실한 자신을 만난다. 고요는 흔들림 끝에 도달하는 감각의 절정이다. 그 순간 우리는 말보다 깊은 감각으로 삶을 이해하게 된다.

마르쿠스 아우렐리우스(Marcus Aurelius)는 『명상록』에서 "자기와 조화를 이루고 사는 자는 우주와도 조화를 이루고 산다"고 말했다. 이 로마 황제의 통찰은 내면의 고요가 단순한 개인적 평화를 넘어, 우주적 조화와 연결되어 있음을 보여준다. 정적은 단절이 아니라 연결이다. 자신과 깊은 조화를 이룰 때, 우리는 세상과도 더 깊은 조화를 경험할 수 있다. 수련을 통해 찾은 내면의 고요는 결국 삶 전체와의 관계를 재정립하는 계기가 된다.

불교의 『법구경』(Dhammapada)에는 "빈말 천 마디보다 평화를 가져오는 한 마디가 낫다"는 가르침이 있다. 이는 양보다 질의 중요성을 넘어, 말의 근원인 고요의 가치를 일깨운다. 진정한 지혜의 말은 침묵에서 태어난다. 내면의 소음이 잦아들고 마음이 고요해질 때, 우리는 비로소 의미 있는 말과 행동을 할 수 있게 된다. 수련은 이러한 내면의 고요를 찾아가는 여정이다

2절. 멈춤(停止)

멈춘다는 것은 도망이 아니다. 그것은 흐름을 위한 중력 중심을 다시 세우는 선택이다. 계속 움직이는 것만이 생존이 아니라는 것을, 수련은 가르쳐 준다. 조급함 속에서 우리는 자주 미끄러지고, 중심을 잃는다. 그러나 제때 멈추는 사람은 다시 나아갈 수 있는 여백을 안다.

"여호와의 구원을 잠잠히 기다리는 것이 좋도다"라는 예레미야 애가의 구절은 기다림과 멈춤의 가치를 보여준다. 이는 단순한 체념이 아니라, 깊은 신뢰와 지혜에서 비롯된 태도다. 때로는 적극적으로 행동하는 것보다, 잠시 멈추고 내면의 지혜와 외부의 흐름이 드러나기를 기다리는 것이 더 현명할 수 있다. 수련자는 이 멈춤의 가치를 몸으로 이해한다.

수련을 통해 배우는 것은 물러서는 용기다. 숨을 고르고, 다시 설 수 있도록 뿌리를 내리는 일. 멈춤은 전략이 아닌 감각의 조율이다. 이 조율 과정에서 우리는 자신의 경계를 더 명확히 느끼게 된다. 감각이 깨어날 때 우

리는 몸을 다그치지 않고도 회복을 시작할 수 있다.

단단함은 고요 속에서 완성되고, 유연함은 그 속에서 되살아난다. 멈춤은 패배가 아니라 회복의 시작점이다. 멈춘다는 것은 끝나기 위한 것이 아니라, 다시 살아나기 위한 간격이다.

중국 도가(道家)의 전통에서는 "無爲"(무위)를 강조한다. 이는 단순히 '아무 것도 하지 않음'이 아니라, 자연의 흐름에 역행하지 않고 조화롭게 행동하는 지혜를 의미한다. 노자(老子)는 『도덕경』에서 "爲無爲, 則無不治"(위무위, 즉무불치)라 하여 "무위를 행하면 다스려지지 않는 것이 없다"고 말했다. 이 역설적 지혜는 때로는 적극적인 행동보다 멈춤과 기다림이 더 큰 힘을 발휘할 수 있음을 보여준다. 수련에서도 이 원리는 중요하다. 강제로 밀어붙이기보다 자연스러운 흐름을 따를 때, 더 큰 변화와 발전이 일어난다.

3절. 회복(回復)

회복은 천천히 자란다. 드라마 없이, 박수도 없이. 삶이 가라앉은 틈 속에서 조용히 방향을 다시 잡는 힘. 수련의 피로, 인간관계의 마모, 감정의 불협화음—이 모든 것이 고요 속에서 녹아내리듯 흘러가고, 조용히 흡수된다.

부처(Buddha)는 "매일 아침 우리는 새롭게 태어난다. 오늘 하는 일이 가장 중요하다"고 가르쳤다. 이 말은 회복의 본질을 드러낸다. 진정한 회복은 과거에 얽매이지 않고 매 순간을 새로운 시작으로 바라보는 능력이다. 아무리 어제가 고통스럽고 실패로 가득했더라도, 오늘은 새로운 가능성의 날이다. 수련자는 이러한 날마다의 재탄생을 통해 자신을 다시 세운다.

알베르 카뮈(Albert Camus)의 "한겨울 속에서, 나는 마침내 내 안에 불멸의 여름이 있음을 알게 되었다"는 말은 외부 환경이 아무리 차갑고 어두워도, 내면에는 꺼지지 않는 따뜻함과 생명력이 있음을 일깨운다. 진정한 회복은 외부 조건의 변화를 기다리는 것이 아니라, 내면에 이미 존재하는 회복의 힘을 발견하고 믿는 것이다. 이것이 수련을 통해 얻는 가장 소중한 통찰 중 하나다.

우리는 그 고요 속에서 자신을 다시 만난다. 결과를 조작하려 하지 않아도 되고, 의미를 억지로 만들지 않아도 되는 자리다. 숨만 쉬어도 충분한 상태. 그곳은 자신을 다시 감각하는 장소이자, 스스로를 정비하고 재건하는 내면의 도장이다.

회복은 성과가 아니다. 그것은 흐트러짐을 견디며, 다시 균형을 구성하는 능력이다. 우리는 이제 빠르게 나아가는 힘보다, 오래 머무를 수 있는 힘이 더 귀하다는 것을 안다. 섬세함이야말로 회복의 또 다른 얼굴이다.

스토아 철학자 세네카(Seneca)는 『분노에 관하여』에서 "견디는 자가 결국 이긴다"고 말했다. 이 단순한 진리는 회복의 본질을 담고 있다. 견딘다는 것은 단순히 고통을 참는 것이 아니라, 내면의 균형과 중심을 잃지 않으면서 어려움을 통과하는 능력이다. 수련은 이러한 견딤의 능력을 키워준다. 어떤 상황에서도 내면의 중심을 지키고, 그 중심에서 다시 시작할 수 있는 힘을 길러주는 것이다.

4절. 부활(復活)

고요는 마지막이 아니다. 그것은 새로운 리듬을 맞이하기 위한 심호흡 같은 준비다. 수련은 고요를 종착점이 아닌 재시작을 위한 진동의 침묵으로 여긴다. 마치 숨을 들이쉬기 전의 멈춤처럼, 그 고요는 움직임으로 이어지는 필수적인 시간이다.

예수님은 "나는 부활이요 생명이니, 나를 믿는 자는 영원히 살리라"(요한복음 11:25)고 말씀하셨다. 이 말씀은 종교적 맥락을 넘어, 깊은 철학적 통찰을 담고 있다. 진정한 부활은 외부의 기적이 아니라, 내면에서 일어나는 근본적 변화와 재탄생이다. 고요 속에서 우리는 이전의 제한된 자아를 넘어, 더 크고 깊은 자아와 연결될 수 있다. 수련은 바로 이러한 내적 부활의 과정이다.

이 침묵의 간격은 우리가 다시 살아나기 위해 반드시 거쳐야 하는 과정이다. 고요는 퇴장이 아닌 재등장을 위한 공간이고, 다시 살아나기 위한 의식의 리셋 버튼이다. 수련은 고요를 받아들이는 연습이자, 다시 삶을 밀고 나갈 힘을 재충전하는 의식이다.

니체(Friedrich Nietzsche)는 『차라투스트라는 이렇게 말했다』에서 "깊은 우물에서 길어낸 진리는 쉽게 얻어지지 않는다. 그것은 깊은 곳에 있다"고 말했다. 진정한 자기 이해와 재생은 내면의 가장 깊은 곳으로 내려가는 용기를 필요로 한다. 부활은 피상적인 변화가 아니라, 자신의 가장 깊은 본질과 다시 연결되는 경험이다. 이러한 깊은 내면의 여정은 종종 고통스럽고 어려울 수 있지만, 그 여정을 통해 우리는 더 강하고 온전한 존재로 다시 태어난다.

고요는 단지 쉼이 아니라, 우리가 다시 살아나는 장소다.

이것이 우리가 배운 회복의 철학이다. 수련은 부드럽게 자신을 해체하고, 고요는 단단하게 자신을 재구성한다. 그리고 그 사이, 우리는 자신을 다시 만나고, 다시 흐르기 시작한다.

노자(老子)는 『도덕경』에서 "영원한 도(道)는 이름이 없다"고 말했다. 가장 깊은 진리는 말로 표현할 수 없다. 그것은 침묵 속에서, 고요한 존재의 순간에 체험되는 것이다. 수련의 궁극적 목적은 이러한 말로 표현할 수 없는 존재의 깊이와 만나는 것이다. 그리고 그 만남을 통해, 우리는 새로운 힘과 지혜를 얻어 일상으로 돌아가 더 충만하게 살아간다.'

5절. 고요를 통한 자기 재발견

명상가 틱낫한(Thich Nhat Hanh)은 "평화는 모든 발걸음 속에 있다"고 가르쳤다. 고요는 단지 외부 소음의 부재가 아니라, 매 순간 깨어있는 의식의 상태다. 수련은 우리에게 이 깨어있음을 가르친다. 동작 중에도, 대화 중에도, 일상의 모든 순간에도 내면의 고요를 유지하는 능력을 기르는 것이다.

도스토예프스키(Fyodor Dostoevsky)는 『카라마조프의 형제들』에서 "모든 것이 허용된다면, 신은 없는 것이다"라고 썼다. 이 통찰은 내면의 질서와 원칙의 중요성을 일깨운다. 고요 속에서 우리는 자신의 가치관과 원칙을 재정립하고, 그것을 일상에서 실천할 힘을 얻는다. 라이프 아티스트는 외부의 규칙이 아닌, 내면에서 울려 퍼지는 진실한 목소리에 따라 살아가는 사람이다.

고요는 현대사회에서 더욱 필요한 기술이 되었다. 끊임없는 정보의 홍수와 자극 속에서, 내면의 고요를 유지하는 능력은 귀중한 자산이다. 수련은 이 능력을 체계적으로 개발한다. 외부의 혼란에도 불구하고 내면의 중심을 지키는 법, 소음 속에서도 자신의 목소리를 듣는 법을 배우는 것이다.

모든 위대한 철학자와 수행자들은 고요의 가치를 강조했다. 소크라테스(Socrates)는 "자신을 알라"고 가르쳤고, 불교는 "마음을 관찰하라"고 말한다. 이 모든 가르침은 결국 내면의 고요한 공간으로 돌아가, 자신의 본질과 만나는 것의 중요성을 강조한다. 라이프 아티스트는 이 가르침을 삶의 중심에 둔다.

가끔은 아무것도 하지 않는 것이 최선의 행동이다. 침묵하는 것이 최고의 말이고, 멈추는 것이 가장 빠른 전진이다. 수련은 이 역설을 받아들이고, 그 속에서 새로운 가능성을 발견하는 과정이다.

고요 속에서 우리는 자신의 참된 모습을 다시 만난다. 성취와 실패, 칭찬과 비난, 기쁨과 고통을 넘어선 그 존재의 핵심. 그곳에서 우리는 다시 시작할 힘을 얻고, 더 깊은 의미와 목적을 발견한다.

중국 철학자 장자(莊子)는 "큰 지혜는 어리석음처럼 보인다"고 말했다. 때로는 세상의 기준에서 벗어나, 자신만의 리듬과 방식을 찾는 용기가 필요하다. 라이프 아티스트는 남들이 앞으로 달려갈 때 잠시 멈추어 숨을 고르고, 모두가 말할 때 침묵하며 듣는 법을 안다.

결국, 고요는 우리가 진정한 자신으로 돌아가는 여정이다. 수련은 그 여정의 지도이자 나침반이다. 그리고 그 여정의 끝에서, 우리는 항상 그곳에 있었지만 미처 보지 못했던 자신의 온전한 모습을 발견한다.

알베르 카뮈의 말처럼, 한겨울 속에서도 불멸의 여름을 발견하는 것. 그것이 바로 라이프 아티스트의 여정이자, 수련의 궁극적 목적이다.

맺음말

책을 다 쓰고 나서, 나는 잠시 멈춰 서서 나를 바라보았다. 이 책을 쓰는 내내, 나는 한 번 더 내 삶을 살아낸 셈이었다. 땀과 통증으로 가득했던 수련의 시간, 버거운 현실과의 싸움, 삶에 밀려 나 자신조차 밀어낸 순간들. 그 모든 시간들이 글이 되었고, 이제는 더 이상 나를 짓누르지 않는다. 나는 그것들과 더 이상 싸우지 않는다. 다만 그것들을 껴안는다. 그 모든 고통을 껴안고 나서야 나는 평온이라는 단어를 입에 올릴 수 있었다.

루미는 "침묵은 신의 언어다"라고 말했다. 내가 경험한 가장 깊은 진리들은 말로 표현하기 어렵다. 그것은 수련을 통해 몸으로 알게 된 지혜이며, 고통과 회복의 순간에 감각으로 깨달은 통찰이다. 이 책의 모든 언어는 그 침묵의 경험을 번역하려는 시도에 불과하다. 하지만 그 번역을 통해 누군가가 자신만의 고요를 찾아가는 여정에 도움이 되기를 바란다.

이 책의 구절구절은 고통으로 깨어졌던 나의 기억들이다. 브라질에서 여유가 없던 시절, 나는 지인의 아파트 베란다와 체육관 창고를 번갈아가며 숙식을 해결했다. 햇빛과 먼지 속에서 온몸으로 버티며 수련을 이어가던 그 시간들은 내게 많은 것을 가르쳐주었다. 특히, 그런 상황 속에서도 나를 믿고 응원해주던 가족들을 떠올릴 때마다, 말로 다 하지 못할 미안함이 고통처럼 밀려왔다. 그 미안함은 더 깊은 책임감이 되었고, 나를 다시 일으키는 힘이 되었다.

마르쿠스 아우렐리우스는 『명상록』에서 "자기와 조화를 이루고 사는 자는 우주와도 조화를 이루고 산다"라고 말했다. 내 안의 갈등과 혼란을 받아들이고 그것과 평화를 이루었을 때, 비로소 나는 외부 세계와도 더 깊은 조화를 이룰 수 있었다. 가족과의 관계, 제자들과의 만남, 심지어 낯선 이들과의 상호작용까지도 달라졌다. 내면의 고요가 외부의 관계에 반영되는 것을 경험하며, 나는 진정한 수련이 도장을 넘어 삶 전체로 확장됨을 깨달았다.

인도의 낡은 명상원에서 새벽의 차갑고 비위생적인 바닥에 앉아 들이쉰 숨결 하나하나. 그 모든 장면들이 이 책을 이루는 진실한 시간이었다. 어두운 시간 속에서 나를 지탱한 건 나의 숨, 나의 믿음, 그리고 묵묵히 함께 걸어준 제자들이었다. 그들의 신뢰는 내게 또 다른 책임을 안겨주었고, 동시에 두려움도 되었다. 흔들리는 마음속에서 나는 더욱 단단해졌다.

부처는 "매일 아침 우리는 새롭게 태어난다"고 가르친다.

가장 어두운 밤도 결국 새로운 아침을 맞이한다. 내 삶의 가장 어두운 시기들이 오히려 가장 강렬한 성장과 깨달음의 순간이 되었다. 그 고통스러운 시간들이 없었다면, 나는 진정한 고요와 회복의 의미를 이해하지 못했을 것이다. 고통이 나를 가르치는 스승이었음을 이제는 감사함으로 인정한다.

이 여정이 내게 가르쳐준 것은 단순했다. 고통은 나를 부수는 것이 아니라, 나를 완성하는 '통과의례'라는 사실. 고통을 통해 나는 내 몸을 이해했고, 감각을 회복했고, 철학을 몸으로 살아낼 수 있게 되었다. 나는 수많은 철학자들의 말 속에서 나를 발견했고, 과학적 사실들 속에서 나의 회복을 증명할 수 있었다. 그리고 깨달았다. 세상의 모든 원리는 같다. 무술도, 예술도, 인생도. 진리는 결국 흐름과 중심을 다루는 일이다.

고대 시편에는 "너희는 가만히 있어 내가 하나님 됨을 알지어다"(시편 46:10)라는 구절이 있다. 이 말씀은 깊은 진리를 담고 있다. 우리가 끊임없이 움직이고, 말하고, 행동할 때는 보이지 않던 것들이, 고요히 멈추고 침묵할 때 비로소 드러난다. 내면의 깊은 지혜, 우주의 근본적 질서, 그리고 자신의 진정한 본질을 발견하는 것은 고요 속에서 가능하다. 수련은 바로 그 고요의 순간을 찾아가는 여정이었다.

나는 이제 '훈련된 자'가 아니라, '조율하는 자'로 살고자 한다. 과거에는 더 강해지기 위해 수련했고, 이제는 더 깊어지기 위해 살아간다. 나는 라이프 아티스트로서, 내 일상과 감정과 생각을 매일 새롭게 다듬고자 한다. 더 많이 갖기 위한 삶이 아니라, 더 온전히 숨 쉬기 위한 삶을 추구한다. 외적인 강함이 아닌, 내면의 고요로부터 나오는 확신을 따른다. 그것이 진짜 중심이다.

카뮈는 『여름』에서 "한겨울 속에서도 우리 안에는 불멸의 여름이 있다"고 말했다. 삶의 가장 어두운 순간에도, 우리 내면에는 꺼지지 않는 빛과 열이 있다. 그것을 발견하고 믿는 것이 진정한 수련의 목적이다. 그 내적 여름을 통해 우리는 어떤 외적 한겨울도 견딜 수 있다. 이것이 내가 수련을 통해 얻은 가장 소중한 깨달음이다.

이 책을 덮는 당신에게 조심스레 말을 건넨다. 고통은 언제나 당신 편이 아니겠지만, 당신을 떠나지도 않을 것이다. 그 고통을 이해할 수 있다면, 당신은 훨씬 더 자유로워질 것이다. 이 책이 그 여정을 위한 하나의 지도였기를, 당신만의 숨으로 살아가기 위한 하나의 길잡이였기를 바란다.

"숨과 고통 사이에서, 우리는 다시 태어난다."

"숨을 의식하는 순간,
삶이 다시 시작된다."